古代歷史文化研究輯刊

十八編

王明蓀 主編

第7冊

唐代嶺南地區經濟發展研究

朱祖德 著

國家圖書館出版品預行編目資料

唐代嶺南地區經濟發展研究／朱祖德 著 — 初版 — 新北市：
花木蘭文化事業有限公司，2017〔民 106〕
目 2+224 面；19×26 公分
（古代歷史文化研究輯刊 十八編；第 7 冊）
ISBN 978-986-485-186-7（精裝）
1. 區域經濟 2. 經濟發展 3. 唐代
618   106014293

ISBN-978-986-485-186-7

9 789864 851867

古代歷史文化研究輯刊
十八編　第七冊　　　　　ISBN：978-986-485-186-7

唐代嶺南地區經濟發展研究

作　　者　朱祖德
主　　編　王明蓀
總 編 輯　杜潔祥
副總編輯　楊嘉樂
編　　輯　許郁翎、王筑　美術編輯　陳逸婷
出　　版　花木蘭文化事業有限公司
社　　長　高小娟
聯絡地址　235 新北市中和區中安街七二號十三樓
　　　　　電話：02-2923-1455 ／傳眞：02-2923-1452
網　　址　http://www.huamulan.tw 信箱 hml 810518@gmail.com
印　　刷　普羅文化出版廣告事業
初　　版　2017 年 9 月
全書字數　206957 字
定　　價　十八編 18 冊（精裝）台幣 36,000 元

唐代嶺南地區經濟發展研究

朱祖德 著

作者簡介

朱祖德，台北市人，祖籍湖北省黃陂縣，1965 年生於台北市。1991 年畢業於淡江大學歷史學系；1997 年獲中國文化大學史學研究所碩士學位；2005 年獲中國文化大學史學研究所博士。現爲環球科技大學通識教育中心副教授，曾任 96 年度教育部人文社會學科學術強化創新計畫「經典文獻史料研讀教學」三國志研讀會計劃主持人。並先後擔任「近代歷史文化與社會變遷」課程負責人及社會學科領域召集人。主要學術專長爲隋唐五代史、中古經濟史及區域經濟研究等領域。著有《唐五代時期淮南地區經濟發展之研究》，目前已在學術期刊上發表區域經濟史、城市經濟研究及手工業發展對自然生態影響等方面學術性論文二十餘篇。

提　　要

　　第一章「緒論」，首先闡述《唐代嶺南地區經濟發展研究》一書的撰寫動機及期望達成的目的；其次，並對本書的研究範疇及研究方法加以說明；再者，對於唐代嶺南地區及區域經濟等相關論著，加以簡要介紹。

　　第二章「唐代嶺南東道地區的經濟發展」，唐代的嶺南東道地區，大致爲今日的廣東、海南島及廣西部分地區，幅員相當遼闊。嶺南東道地區的廣州有良好的手工業基礎，加以是唐代第一大國際貿易港，商業貿易發達，因此相當繁榮；韶州、桂州及恩州等地因有良好的交通條件，因此亦有一定的發展。除上述地區之外，嶺南東道的部分地區在唐代仍是開發較遲之地。嶺南東道部分地區因地處偏遠及交通不便等因素，而與廣州、韶州、桂州及恩州等地的發展，存在著區域性的差異。然而即使是這些經濟發展較落後地區，也因嶺南東道地區交通路線的開闢，以及伴隨著廣州、韶州、桂州及恩州等地經濟發展的帶動下，在晚唐五代以後有進一步的發展。

　　第三章「唐代嶺南西道地區經濟發展析論」，唐代的嶺南西道地區，大致爲今日的廣西壯族自治區西半部、越南中北部地區。嶺南西道地區的交州有良好的手工業基礎，加以是秦漢至魏晉南北朝時期主要的國際貿易港，商業貿易發達，因此相當繁榮。邕州則因位於嶺南地區主要河流鬱水（西江水）支流的會合點上，擁有良好的交通條件，因此有一定的發展。除上述地區之外，嶺南西道的大部分地區在唐代仍是開發較晚之地。嶺南西道部分地區因地處偏遠及交通不便等因素，而與交州及邕州等地的發展，存在著差異。然而即使是這些經濟發展較落後地區，也因嶺南西道地區交通路線的開闢，以及伴隨著交州、邕州等地經濟發展的帶動下，在五代以後有進一步的發展。

　　第四章「唐代廣州的經濟發展──並論市舶使的設置」，唐代是廣州地區經濟發展的重要時期，此時期廣州不但以其優越的地理位置，取代了交州在海上絲路的終點站地位，而成爲當時第一大外貿港口，在農業、手工業及商業貿易等方面均相當地發達，同時人口也相對地快速地增加，並成爲唐廷極爲關注之地。本章從唐代廣州地區的農業、手工業、商業貿易發展及交通條件等方面加以探究，並且對於市舶使的設置、職權及廣州的胡商等課題，亦據相關史料加以辨析，期望藉以明瞭唐代廣州社會經濟的總體發展及其影響。

第五章「唐五代廣州的商業貿易」，唐代廣州以其優越的地理位置和便捷的交通網絡，成為當時第一大外貿港口。在農業生產、手工業技術及商業貿易等方面均相當地發達，同時人口也相對地增加。本章以廣州的商業貿易為研究對象的主要原因，在於廣州可以大庾路及靈渠等路線通往淮南及中原地區，且境內河川縱橫，有利於交通運輸，因此國內貿易相當興盛；由於廣州擁有良好的地理位置，因此在海外貿易方面亦佔有舉足輕重的地位。本章從唐代廣州的地理環境及交通條件、國內貿易及海外貿易等方面發展加以探究，並且對於學界意見較為分歧的舶腳、稅率，以及「南貨」等課題，依據相關史料及研究成果加以分析，期望藉以明瞭廣州在有唐一代經濟的發展及其影響。

　　第六章「結論」，總結《唐代嶺南地區經濟發展研究》一書的研究成果及未來展望，並期望在未來能對於五代時期和宋代的嶺南地區的區域經濟，有進一步的探究。

　　附錄「劉宋時期廣州地區的經濟發展」，廣州地區的區域經濟在劉宋時期，已較前代有進一步的發展。農業方面由於本區氣候溫暖多雨，適宜農作物的生長，加以自東漢以來耕作技術的改良和進步，使農業生產量有所增加。冶金業、紡織業、製鹽業、造船業及鑄錢業等手工業的製造技術亦有相當進步。廣州地區境內河流密佈，鬱水、溱水及涅水及其支流可以說幾乎遍佈全區，因此本區的水上交通可謂便捷；加以可從靈渠北通湘水，對外交通運輸亦相當方便。在商業貿易方面，由於航路的改變，三國時期以後南海郡的番禺已逐漸取代徐聞、交州，成為嶺南地區最大的對外貿易港口，因此遠來的商舶絡繹於途。

目次

第一章　緒　論

第一節　研究動機及目的

　　唐代的嶺南地區，南臨大海，北以五嶺與江西、湖南等省爲界，包括今天的廣東、廣西、海南島及雲南部分地區，以及越南中、北部等地區，幅員相當遼闊。由於與嶺北有五嶺之隔，嶺南地區與中原地區的交通受到一定程度的阻礙，因此除廣州、交州、桂州及韶州等個別地區，受惠於海外貿易或位於交通要道上，而經濟有一定程度發展外，嶺南大部分地區在唐代仍是開發較遲之地，有些地區甚至人煙稀少，猛獸橫行〔註1〕。同時也因嶺南地區距中原地區十分遙遠，因此成爲官員的貶放之地。

　　在中唐以後，由於經濟重心南移的影響，再加上大庾嶺路的開鑿及靈渠的重修，使得嶺南地區通往中原地區的交通，較以往更爲便捷，因此在經濟上有進一步的發展。特別在安史之亂後，由於藩鎮割據，貢賦不入，因此唐政府對嶺南的經營，較以往更爲積極。如唐代兩次重修靈渠，第一次是在敬宗寶曆（825～827）時，第二次在懿宗咸通九年（868），均在安史之亂後。

　　嶺南道由於幅員遼闊，舊分爲五管，即廣府、容府、邕府、容府及安南〔註2〕，因嶺南道幅員遼闊，管理不易，加上唐末嶺南道西部有南詔侵擾等

〔註1〕　如韓愈撰寫〈鱷魚文〉之地，即潮州，因人口稀少，以致鱷魚橫行。見唐·韓愈撰，馬通伯校注，《韓昌黎文集校注》（香港，中華書局，1991 年 12 月重印），卷 8，〈鱷魚文〉，頁 329～331。
〔註2〕　唐·李吉甫撰、賀次君點校，《元和郡縣圖志》（北京，中華書局，1995 年 1月），卷 34，〈嶺南道一·嶺南節度使〉，頁 886。

問題，因此在唐懿宗咸通三年（862）五月，分爲嶺南東道及嶺南西道二道。

嶺南東道的廣州，自南北朝以來，逐漸取代了交州在海上絲綢之路的終點站地位，而成爲當時最大的對外貿易港口，同時交州的海外貿易並未完全衰退下去，並且仍有一定數量的海外商舶停靠，從事交易〔註3〕。韶州因位於往北通往江西地區的大庾路上，因此較早接受新進的耕作技術，同時商業貿易也相當地繁榮。桂州也因位於靈渠的交通路線上，而相當繁榮，可以說嶺南地區城市的經濟發展，與交通因素存在著有密不可分的關係。

嶺南西道的交州有良好的手工業基礎，加以是秦漢至魏晉南北朝時期主要的國際貿易港，商業貿易發達，因此相當繁榮。嶺南西道治所邕州，則因位於嶺南地區主要河川鬱水（西江水）的支流左、右溪會合點上，擁有良好的交通條件，因此經濟上有一定的發展。

不過唐代嶺南地區，除了個別地區如廣州、韶州、桂州、交州及邕州等，有相當程度的發展外，大部分地區的經濟開發，相對仍較爲落後，因此未達到全面性的經濟發展；然而隨著交通路線的開通，使得嶺南地區的經濟有進一步的發展，相當程度地帶動了廣州、韶州、桂州、交州及邕州等州鄰近地區的經濟發展，使得唐代時期，嶺南地區的經濟景況，較之前代，有更進一步的發展，過去較爲落後地區也有一定程度的開發。

由於唐代嶺南道幅員遼闊，因此雖在懿宗咸通三年（862）時，始分爲嶺南東道及嶺南西道二道，不過爲了呈現東、西道的經濟情形和特色，因此本書將分爲嶺南東道地區及嶺南西道地區等部分加以探究；嶺南道首府廣州擁有優越的地理位置，爲唐代最大外貿港口，對內、對外貿易均相當發達，城市經濟呈現繁榮景象，因此立專章加以探究。此外，爲探討嶺南地區在唐以前的經濟景況，亦上溯至魏晉南北朝時期，這部分研究成果撰寫成〈劉宋時期廣州地區的經濟發展〉一文，今列爲本書的附錄。

本書目的，旨在探討嶺南東道、嶺南西道及廣州等地區，人口分佈及變化、農業發展、手工業及商業貿易等方面的發展；並結合史料及考古發現等，對相關課題加以深入分析及探究，以期明瞭唐代嶺南地區整體的經濟發展情形，以及在有唐一代經濟上所發揮的影響。

〔註3〕 參見唐‧陸贄撰，劉澤民校點，《陸宣公集》（杭州，浙江古籍出版社，1988年），卷18，〈論嶺南請於安南置市舶中使狀〉，頁186。

第二節　研究範圍、研究方法

　　本書所指的「嶺南地區」，約包括今天的廣東、廣西、海南島及雲南部分地區，以及越南中、北部等地區，幅員相當遼闊。唐玄宗開元二十一年（733）於邊境置節度經略使，廣州為嶺南五府經略使理所〔註4〕，肅宗至德元載（756）時升嶺南五府經略討擊使為嶺南節度使〔註5〕。

　　由於嶺南道幅員遼闊，管理不易，加上唐末嶺南道西部交州等地常遭南詔侵擾，因此在懿宗咸通三年（862）五月，分為嶺南東道及嶺南西道等二道，其中嶺南東道主要包括廣府、容府及桂府等所管州，並以廣州為治所，嶺南西道則主要包括邕管屬州及安南屬州，以邕州為治所〔註6〕。

　　本書旨在對唐代嶺南地區的經濟發展經過、成果及影響，作深入的分析和探究，其目的不僅在於增進對嶺南地區的經濟發展的瞭解，乃是要更進一步探討嶺南地區經濟發展的大環境背景因素及與其他鄰近地區的關連性。

　　另一方面，嶺南雖地處偏遠，大部分地區開發較晚，然因農業及手工業技術的進步、交通運輸的持繼改善及海外貿易的興盛，因此在唐後期嶺南地區也成為糧食輸出地，並對唐王朝財政方面亦給予支持。因此期望藉著探討嶺南地區經濟發展所呈現出的經濟力量，闡明嶺南地區在中晚唐時期對唐帝國財政收入所產生的影響，以期對唐代嶺南地區在經濟、政治等方面所發揮的影響力，有較全面性的瞭解。

　　本書在寫作過程中，除廣泛蒐集《舊唐書》、《新唐書》、《資治通鑑》、《舊五代史》及《新五代史》等史籍，以及《元和郡縣圖志》、《太平寰宇記》、《敦博第58號敦煌石室寫本》等相關資料外，並結合了農業及手工業方面的考古發現，以期對唐代嶺南地區的整體經濟發展，有進一步的瞭解。

　　戶口的多寡是一地經濟發展的指標之一，雖唐代的戶口數字仍存在著隱匿等問題，但藉由戶口數字仍可作為瞭解當地經濟發展程度的一個切入點。不過嶺南地區的戶口資料，因《元和郡縣圖志》缺卷及部分州郡旋置旋廢，因此對於戶口的統計及分析上，造成了一定的限制，本書仍企圖透過現存資料的分析，以明瞭嶺南地區各州經濟發展的軌跡。

　　本書主要運用了統計、分析及比較等研究方法，並運用國內外學者有關

〔註4〕　《元和郡縣圖志》，卷34，〈嶺南道一·嶺南節度使〉，頁886。
〔註5〕　《新唐書》，卷69，〈方鎮表〉，頁1934～1935。
〔註6〕　《舊唐書》，卷19上，〈懿宗紀〉，頁652。

區域空間理論及研究方法，如影響甚大的美國學者施堅雅的區域理論〔註7〕，成一農有關地緣政治結構的論述及張偉然有關文化區域、地理觀念的論述等〔註8〕，從多角度對唐代嶺南地區的經濟發展及城市經濟等課題，作深入的探討，其目的在於探究嶺南地區在唐代所發揮的作用及影響。

第三節　文獻回顧

本書重點雖主要在於嶺南地區的經濟發展，然而嶺南地區在唐時期的經濟發展，並非孤立的，而是和湖南、江西及福建等地區的經濟景況有密切的關連，因此涉及嶺南地區及鄰近地區經濟發展的相關研究，均屬本節之範疇。

一、區域經濟研究

有關嶺南地區經濟發展的研究成果，在專書方面，廖幼華的《歷史地理學的應用：嶺南地區早期發展之探討》，為研究嶺南地區歷史地理方面的鉅作，作者長期致力於嶺南地區區域及交通研究，在廣州取代交州的過程及交通路線等方面研究已取得重要成果。張榮芳的《秦漢史與嶺南文化論稿》及司徒尚紀的《嶺南史地論集》等二本專書，對於研究秦漢隋唐時期的廣州，以及嶺南地區經濟文化均有相當助益。

曾華滿的《唐代嶺南發展的核心性》一書，對於唐代廣州經濟發展相對於嶺南其他地區，所顯現的獨特性加以論述。論文部分，則有曾一民的〈李唐對嶺南之經營〉一文，探討唐王朝對嶺南地區的經營和建設。此外，譚其驤的〈自漢至唐海南島歷史政治地理〉，及〈再論海南島建置沿革〉，對海南島建置經過及政治經濟等方面的發展進行研究。

二、農業發展

在農業方面，專書則有張澤咸的《隋唐時期農業》等專著，在論文方面，廣東省文物管理委員會，〈廣東佛山市郊瀾石東漢墓發掘報告〉一文，從考古

〔註7〕　施堅雅所主張的區域理論，參見施堅雅主編，葉光庭等譯，陳橋驛校，《中華帝國晚期的城市》(北京，中華書局，2002 年 4 月初版 2 刷)

〔註8〕　成一農有關地緣政治結構的論述及張偉然有關文化區域、地理觀念的論述等，參見成一農撰，〈唐代的地緣政治結構〉，載李孝聰主編，《唐代地域結構與運作空間》(上海，上海辭書出版社，2003 年 8 月初版)，頁 8～59 及張偉然撰，〈唐人心目中的文化區域及地理意象〉，載李孝聰主編，《唐代地域結構與運作空間》(上海，上海辭書出版社，2003 年 8 月初版)，頁 307～412。

資料論證東漢時期佛山地區已採用牛耕；向安強、張巨保，〈淺論廣東出土的漢晉水田模型〉，共舉出七件漢代到晉代的水田模型，說明在漢晉時期，廣東地區的農業生產及耕作技術有長足的進步。

張澤咸的〈試論漢唐間的水稻生產〉一文，對再熟稻、三熟稻進行了探究，認為唐代除嶺南地區等氣溫較高的地區，或是有溫泉等特殊原因的個別地區外，應不存在實質意義的再熟稻。司徒尚紀的〈歷史時期廣東農業區的形成、分佈和變遷〉一文，對於探究唐代嶺南東道地區的農業發展有所助益。

三、手工業

張澤咸的《唐代工商業》一書，對唐代手工業及商業作全面性的評述，為目前工商業方面較完備的著作。唯該書所涉及唐代商業部分為綜論性質，對區域或個別城市的經濟發展則著墨不多。魏明孔的《隋唐手工業研究》一書，則對隋唐時期手工業的發展及經濟重心南移問題頗多著墨。在各種手工業的研究方面，則以冶金業、製瓷業、紡織業及製鹽業等研究成果較多。

冶金業以楊遠的《唐代的礦產》及張澤咸的〈唐代的五金生產〉，較具代表性。金銀生產方面，日本學者加藤繁的《唐宋時代之金銀研究》是加藤繁在《中國經濟史考證》外的另一部重要著作，對唐宋時期的金銀製造研究頗有啟發性。齊東方的《唐代金銀器》，內容結合了文獻及出土實物，並詳述唐代金銀的生產、製造、販售及南北方器物的差距等。

製瓷業方面，馮先銘的《中國陶瓷》、中國硅酸鹽學會主編的《中國陶瓷史》、葉喆民的《中國陶瓷史》、香港大學馮平山博物館出版的《廣東唐宋窯址出土陶瓷》、陳歷明主編《潮汕文物志》，以及陳萬里的《中國青瓷史略》等書，對唐代的嶺南地區的瓷器製造、廣東地區的瓷窯等均有相當詳細的介紹。論文方面，楊少祥的〈廣東梅縣市唐宋窯址〉及廣東省文物考古研究所、新會市博物館，〈廣東新會官沖古窯址〉等文，對於本書的製瓷業部分的探討有所助益。

紡織業方面，專書以盧華語的《唐代桑蠶絲綢研究》較具代表性，唯該書因體例關係，對區域性的紡織業發展著墨不多，僅作大致介紹。論文方面，嚴耕望的〈唐代紡織工業之地理分佈〉及王永興的〈試論唐代紡織業的地理分佈〉二文，對唐代紡織業的種類、技術、前後期差異及南北分布等，作了較深入的探究。

製鹽業方面，陳衍德、楊權合著的《唐代鹽政》及郭正忠編的《中國鹽業史》（古代篇）較爲重要，是值得參考的書籍；而日本學者佐伯富在《中國鹽政史の研究》第三章及第四章唐及五代部分，對巡院、鹽商及鹽法等方面多所著墨，頗値得參考。

在茶葉的生產及銷售方面，專書主要有孫洪升的《唐宋茶葉經濟》一書；論文則有林文勛的〈唐代茶葉產銷的地域結構及對全國經濟聯繫的影響〉、王洪軍的〈唐代的茶葉生產——唐代茶葉史研究之一〉等數篇論文，對於唐代茶葉的生產、製作、運銷及茶稅等重要課題的研究有所助益。

王承文的〈晉唐時代嶺南地區金銀的生產和流通〉，以敦煌博物館第 58 號地志殘本，所載的各州公廨公錢進行研究，從中發現，即使是在金銀流通量相當大的嶺南地區，公廨公錢以銅錢計算者，仍有 27%，並且唐代最大外貿港口－廣州，其公廨公錢仍以銅錢計算。日本學者日野開三郎的〈唐代嶺南に於ける金銀の流通〉，則是對嶺南地區金銀流通及香藥等貿易商品，進行探究的長篇論文。

四、商業貿易

專書方面，桑原騭藏著的《唐宋貿易港研究》和《蒲壽庚考》，以及凍國棟的《唐代的商品經濟與經營管理》等書均有相當參考價值。其中桑原騭藏《唐宋貿易港研究》一書，對於伊本・胡爾達茲比赫（Ibn khordadhbeh）所著的《道里邦國志》一書內容加以研究，認爲書中所指的四大港口分別是交州、廣州、泉州及揚州。美國學者薛愛華著，吳玉貴譯的《撒馬爾罕的金桃——唐代舶來品研究》探討嶺南地區的香料生產和香料的進口等課題，具有相當參考價值。此外，關履權的《宋代廣州的海外貿易》一書，雖其內容主要是宋代的部分，對唐代廣州的對外貿易研究亦有啓發，亦有參考價值。

論文方面，在市舶使及海外貿易的性質、稅率方面，則有黎虎的〈唐代的市舶使與市舶管理〉、陳明光、靳小龍的〈論唐代廣州的海外交易、市舶制度與財政〉等二文，對於「舶腳」問題進行了探討。曾一民的〈唐魯國公孔戣治廣州之政績〉一文，則對「下碇稅」的性質提出了看法。

李慶新的〈論唐代廣州的對外貿易〉、〈略論南漢時期的嶺南經濟〉，朱鵬的〈淺議唐代廣東的海上絲綢貿易〉，以及王元林的〈論唐代廣州內外港與海上交通的關係〉、〈淺議地理環境對北方、南方陸上絲路及海上絲路的影響〉

等數篇論文，對於廣州的海上絲綢之路、對外貿易及南海神廟等課題，進行了研究，亦具有相當的參考價值。王仲犖的〈唐和南海各國的經濟文化交流〉一文，則詳述南海的航行路線及各國風俗民情。

五、交通運輸

專書方面，法國學者伯希和著，馮承鈞譯的《交廣印度兩道考》，論證廣州逐漸取代交州在海外貿易上地位的原因和經過。劉希爲的《隋唐交通》一書，對於賈耽的通海夷道及安南道等交通路線均有所敘及。曾一民的《唐代廣州之內陸交通》一書詳論廣州的陸路交通路線，具有參考價值。

論文方面，則有史念海的〈隋唐時期的交通與都會〉一文，對隋唐時期的交通路線及城市有廣泛性的探討。廖幼華就歷史地理角度研究嶺南地區的交通路線，發表了〈唐宋時代鬼門關及瘴江水路〉、〈隋唐時期廣東地域發展與特色〉、〈唐宋之際北部灣沿海交通發展〉、〈唐宋時期邕交之間陸路三道〉等數篇，質量均屬上乘的研究論文，對於嶺南地區的發展特色、區域性交通發展及交通路線的變化等課題，均有深入論述。

日本學者石橋五郎的〈唐宋時代の支那沿海貿易並貿易港に就て〉，詳論包括廣州在內，唐宋時期沿海的主要港口。中村久四郎的〈唐時代の廣東〉一文，則爲較早研究唐代廣東地區的專文，此二篇論文雖發表時間較早，然對廣州的對外貿易及經濟發展研究均有相當助益，仍具有一定的參考價值。

六、人口研究

在人口研究方面，以凍國棟所著《唐代人口問題研究》及《中國人口史》第二卷（隋唐五代時期）〔註9〕二書最具代表性，對唐代整體人口的分佈、流動及結構均作了完整的敘述，其中凍國棟的《唐代人口問題研究》一書，對於嶺南西道邕府管州的人口減耗，以及經濟情形提出了看法。

再者，翁俊雄的《唐初政區與人口》、《唐朝鼎盛時期政區與人口》、《唐代人口與區域經濟》及《唐後期政區與人口》等專書，爲翁氏一系列有關唐代前、中、後期人口的研究，呈現出唐代人口在各階段的不同發展，《唐代人口與區域經濟》一書更說明了唐代各地人口成長，與包括嶺南地區在內的區域經濟發展的關連性，同時也揭示了唐代人口研究的進一步方向。此外，吳

〔註9〕 此書原則上爲氏著《唐代人口問題研究》一書的增訂本。

松弟的《中國移民史》（隋唐五代部分），則針對移民問題作了大量的實例考察及深入探討，在唐代移民史方面研究具有代表性。

七、城市經濟研究

城市經濟研究方面，專書有黃新亞的《消逝的太陽——唐代城市生活長卷》及程存潔的《唐代城市史研究初篇》等二書，其中《唐代城市史研究初篇》一書，上篇為東都（洛陽）研究，下篇則為包括廣州在內的唐王朝邊城及唐代嶺南道城市的發展研究。其次，施堅雅主編，葉光庭等譯，陳橋驛校訂的《中華帝國晚期的城市》，則完整的呈現了各國學者治區域史的方法和概念，值得借鏡。再者，曾一民的《唐代廣州考》，係作者的博士論文，為研究唐代廣州的專論，雖成書較早，有關市舶使設置時間等論點仍具有影響力。

由於國內外學者對嶺南地區的地理環境、交通條件和經濟發展，以及廣州、交州的商業貿易、城市經濟等方面相關研究，已有一定的成果，對本書的撰寫有相當的助益，特此致謝。

第二章　唐代嶺南東道地區的經濟發展

第一節　前　言

　　唐代的嶺南東道，位在今天的廣東、海南島及廣西部分地區，幅員相當遼闊。除廣州、韶州、桂州及恩州等個別地區外，嶺南東道的大部分地區在唐代仍是開發較晚之地，有些地區甚至人煙稀少，猛獸橫行〔註1〕。同時也因嶺南地區距中原地區十分遙遠，因此被當成官員的貶放之地。

　　在中唐以後，由於靈渠的重修及大庾嶺路的開鑿，使得嶺南地區通往中原地區的交通較以往為便捷，加以廣州自南北朝以來，逐漸取代了交州，而成為當時最大的對外貿易港口，並且交州也仍然有一定數量的海外商船停泊，從事交易〔註2〕。韶州因位於北通江西的大庾路上，因此較早接受新進的耕作技術，商業貿易也相當地繁榮。桂州也因位於靈渠的交通路線上，而相當繁榮。因此唐代嶺南東道地區雖非全面性的開發，然由於上述地區的經濟發展，相當程度地帶動了鄰近地區的經濟發展，使得唐五代時期，嶺南東道地區經濟較之前代有更進一步的發展，較為落後地區也有一定程度的開發。

〔註1〕　如韓愈撰寫〈祭鱷魚文〉之地，即潮州，就因人口稀少，以致鱷魚橫行。見唐·韓愈撰，馬通伯校注，《韓昌黎文集校注》（香港，中華書局，1991年12月重印），卷8，〈鱷魚文〉，頁329～331。
〔註2〕　參見唐·陸贄撰，劉澤民校點，《陸宣公集》（杭州，浙江古籍出版社，1988年），卷18，〈論嶺南請於安南置市舶中使狀〉，頁186。

第二節　行政區劃與人口分佈

由於嶺南道是在唐懿宗咸通三年（862）始分爲東西二道，因此本節將對嶺南東道地區的行政區劃，加以探討；由於嶺南東道地區各州經濟發展的程度不一，因此人口分佈呈現不均衡的情形，本節亦將對嶺南東道地區在唐代各時期人口的分佈及增減，加以分析。

一、行政區劃

唐代嶺南道舊分爲五管，五管爲廣、桂、邕、容及安南，皆隷於廣府統攝〔註3〕，其中廣府管州爲廣、韶、循、潮、康、瀧、端、新、封、春、勤、羅、潘、高、恩、雷、辯、崖、瓊、振、儋、萬安及藤等 22 州；邕府所管爲邕、貴、橫、欽、澄、賓、嚴、羅、淳、瀼、山、田及籠等 13 州；桂管所管州爲桂、梧、賀、連、柳、富、昭、蒙、嚴、環、融、古、思唐及冀等 14 州；安南管州爲交、陸、峯、愛、驩、長、福祿、芝、武峨、演及武安等 11 州；容管所州爲容、白、禺、牢、繡、黨、竇、廉、義、鬱林、湯、岩、辯、平琴等 14 州〔註4〕。開元二十一年（733），於邊境置節度經略使，廣州爲嶺南

〔註3〕　後晉・劉昫等撰，《舊唐書》（臺北，鼎文書局，民國 81 年），卷 41，〈地理志・嶺南道・南海節度使〉云「永徽後，以廣、桂、容、邕、安南府，皆隷廣府都督統攝，謂之五府節度使，名嶺南五管」，頁 1712，按此則嶺南分爲五管在高宗永徽（650～655）以後，然志文未說明確切時間。《元和郡縣圖志》，卷 34，〈嶺南道一・嶺南節度使〉云「開元二十一年，又於邊境置節度經略使，式遏四夷，廣州爲嶺南五府經略使理所，以綏靜夷獠」，既云「嶺南五府經略使」，足見是時尚未設置節度使，見唐・李吉甫撰，賀次君點校，《元和郡縣圖志》（北京，中華書局，1995 年），卷 34，〈嶺南道一・嶺南節度使〉，頁 886。嶺南設節度使的時間，據《新唐書・方鎮表》載應在肅宗至德元載（756），其文云：「至德元載（756）升〔嶺南〕五府經略討擊使爲嶺南節度使」，見宋・宋祁、歐陽修等撰，《新唐書》（臺北，鼎文書局，民國 82 年），卷 69，〈方鎮六〉，頁 1934～1935。綜上所述，廣州爲嶺南五府經略使和設置嶺南節度使明顯是二個不同階段，《舊唐書・嶺南道》所載除未說明分爲五管的確切時間外，復將五管隷廣府之事與設置節度使混爲一談。
〔註4〕　此處嶺南五府所管州爲《新唐書》，卷 69，〈方鎮表〉所載各府初置時領州，見《新唐書》，卷六九，〈方鎮表〉，頁 1929～1935。由於各府所管州及領州數，從設置時到唐末分爲東、西道其間約百餘年，變化甚大。本節限於篇幅，不能窮其改易經過，敬請諒解。其中桂管所領連州，《舊唐書》及《元和郡縣圖志》均繫於江南西道湖南觀察使，唯《新唐書・方鎮表》及《新唐書・地理志》均繫於嶺南道，其原因待考。見《舊唐書》卷 40，〈江南西道・連州〉，頁 1619 及《元和郡縣圖志》，卷 29，〈江南道五〉，頁 711～712。

五府經略使理所〔註5〕。至德元載（756）升嶺南五府經略討擊使爲嶺南節度使〔註6〕。至於嶺南道之分爲東、西二道，是在唐末懿宗時，《舊唐書》，卷十九上，〈懿宗紀〉載懿宗咸通三年（862）五月敕：

> 嶺南分爲五管，誠已多年。居常之時，同資禦捍，有事之際，要別改張。邕州西接南蠻，深據黃洞，控兩江之獷俗，居數道之游民。比以委人太輕，軍威不振，境連內地，不並海南。宜分嶺南爲東、西道節度觀察處置等使，以廣州爲嶺南東道，邕州爲嶺南西道，別擇良吏，付以節旄。其所八州，俗無耕桑，地極邊遠，近罹盜擾，尤甚凋殘。將盛藩垣，宜添州縣。宜割桂州管內龔州、象州，容州管內藤州、巖州，並隸嶺南西道收管。〔註7〕

《資治通鑑》卷二五〇，懿宗咸通三年（862）五月則載「五月，敕以廣州爲東道，邕州爲西道，又割桂管龔、象二州，容管藤、巖二州隸邕管」〔註8〕，與《舊唐書・懿宗紀》所載略同，又從「割桂管龔、象二州，容管藤、巖二州隸邕管」一句來看，嶺南東道大致上包括廣州、容州及桂州所領州郡，嶺南東道則主要爲邕管及安南都護府（交州）所管諸州。

　　此外，《新唐書》，卷二二二中，〈南詔中〉云：「（蔡）京還奏，得意甚，復詔爲宣慰安撫使。即建析廣州爲嶺南東道，邕州爲西道，以龔、象、藤、巖爲隸州」〔註9〕，此段記載可以作爲《舊唐書・懿宗紀》的補充。

　　由於嶺南道之分爲東西二道，爲唐末之事，因此完成於唐憲宗時期的《元和郡縣圖志》固然未及呈現，就連完成於五代時期的《舊唐書・地理志》及完成於北宋時期的《新唐書・地理志》及《太平寰宇記》等書，對於嶺南東道的領州，都無詳細的記載。據前述資料分析，嶺南東道地區主要包括廣府所管諸州、桂管所管諸州（其中龔州、象州改隸嶺南西道），以容管所管諸州（其中藤州、巖州改隸嶺南西道），嶺南西道則主要爲邕管及安南都護府所管諸州，及上述的龔州、象州、藤州及巖州等四州。

　　至於晚唐時期嶺南東道的經濟情形，李磎在〈授楊詔嶺南東道節度供軍

〔註5〕　《元和郡縣圖志》，卷34，〈嶺南道一・嶺南節度使〉，頁886。
〔註6〕　《新唐書》，卷69，〈方鎮表〉，頁1934～1935。
〔註7〕　《舊唐書》，卷19上，〈懿宗紀〉，頁652。
〔註8〕　宋・司馬光等撰，元・胡三省注，《資治通鑑》（臺北，世界書局，民國63年），卷250，懿宗咸通三年（862）五月，頁8098。
〔註9〕　《新唐書》，卷222中，〈南蠻・南詔中〉，頁6283。

判官張薦節度判官楊郚支使制〉中稱：

> 楊詔等，幕吏之選，委之將帥尚矣。況元勳大臣，而付以嶺表之重
> 者哉。……噫！以南越之雄富，類東閣之招延。爾等豈直陟金階躡
> 珠履而已，勉贊策畫，無惑盃觴。報恩酬知，於是乎在。可依前件
> 〔註10〕。

從詔書中提及「南越之雄富」及「爾等豈直陟金階躡珠履而已」等語來看，當時嶺南東道地區之富實可見一斑。

然而，嶺南地區西部交州一帶則因位置近南詔國，安史之亂後，因唐廷的國力大為下降，加上地方長官所用非人，遭到南詔連年侵擾，因此唐末嶺南西道地區的動亂與南詔及黃家蠻作亂問題脫離不了關係。

本文將主要以前述嶺南東道地區的經濟發展為主要研究對象，若有涉及嶺南西道地區者，亦一併敘及。

二、人口分佈

唐代嶺南東道的人口分佈呈現不均衡的情況，部分州郡在天寶時期戶口有所增加，但安史之亂後大部分州郡的人口減幅甚大。為明瞭唐嶺南東道地區唐代人口的分佈與變遷，據《舊唐書·地理志》、《新唐書·地理志》、《元和郡縣圖志》及《太平寰宇記》等史料，將唐代嶺南東道屬州在貞觀十三年（639）、開元十八年（730）、天寶十一載（752）及元和八年（813）等四個年代的戶數、口數，做成有關表格如下〔註11〕。

〔註10〕 《全唐文》，卷803，李磎，〈授楊詔嶺南東道節度供軍判官張薦節度判官楊郚
支使制〉，頁3739下。

〔註11〕 此四個時期戶口資料的斷限時間，參見日·岡武夫和市原亨吉所編的《唐代
的行政地理》（上海，上海古籍出版社，1989年），「序說」，頁1至15。其中
岑仲勉最早指出《舊唐書·地理志》中的「舊領縣」，即為貞觀十三年大簿的
戶口資料，見岑仲勉《舊唐書·地理志》「舊領縣」之表解），原刊於《中央
研究院歷史語言研究所集刊》，第二十本上冊（1948年），後收入氏著，《岑仲
勉史學論文選集》（北京，中華書局，1990年7月初版），頁562～588，岑仲
勉此說並已成為定論。此外，翁俊雄認為《舊唐書·地理志》所舉的天寶戶
口，雖來源為天寶十一載記帳，但「既然『天寶十二載簿』是唐中央政府的
正式文書，筆者認為，其所載各項數字仍應視為天寶十二載的較為妥當」，見
翁俊雄，《唐朝鼎盛時期政區與人口》（北京，首都師範大學，1995年），頁
18～29。不過現今學界大多仍據《舊唐書·地理志》序言所說，認為天寶十
一載為天寶戶記載的時間。

　　由於開元及元和戶數的主要來源《元和郡縣圖志》，今本已缺廣府所管春、新、雷、羅、高、恩、潘、辯、瀧、勤、崖、瓊、振、儋及萬安州等 15 州，以及容管所屬 11 州，加上部分州旋置旋廢，因此統計資料相當不完整，不過爲明瞭唐代嶺南東道人口的分佈情形，因此列表作爲參考。

表 2-1　唐代嶺南東道屬州各階段戶口數表〔註 12〕

時期　州名	貞觀十三年		開元十八年	天寶十一年		元和八年
	戶數	口數	戶數	戶數	口數	戶數
廣州	12,463	59,114	64,250	42,235	221,500	74,099
韶州	6,960	40,416	20,764	31,000	168,948	9,664
循州	6,891	36,436	9,525	9,525	---	2,089
潮州	---	---	9,337	4,420	26,745	1,955
康州	4,124	13,504	13,152	10,510	17,219	---
瀧州〔註13〕	3,627	9,439	---	3,627	9,439	---
端州	4,491	24,303	8,142	9,500	21,120	1,795
新州	7,388	35,025	---	9,500	---	---
封州	2,555	13,477	5,653	3,900	11,827	811
潘州	10,748	---	---	4,300	8,967	---
春州	5,714	21,061	---	11,218	---	---

〔註12〕其中貞觀十三年戶口數來源爲《舊唐書‧地理志》；開元十八年戶數來源爲《元和郡縣圖志》及《太平寰宇記》；天寶十一載的戶口數來源爲《舊唐書‧地理志》及《新唐書‧地理志》；元和戶來源爲《元和郡縣圖志》。資料來源：《舊唐書》，卷 40，〈地理志三〉，頁 1619～1620、卷 41，〈地理志四〉，頁 1711～1736、1743～1749 及 1761～1765；《新唐書》，卷 43 上，〈地理志〉，頁 1095～1101 及 1105～1111；《元和郡縣圖志》，卷 34，〈嶺南道一〉，頁 885～903 及卷 37，〈嶺南道四〉，頁 917～934；樂史（宋）撰，王文楚等點校，《太平寰宇記》（北京，中華書局，2007 年），卷 157 至卷 164，頁 3009～3140、卷 165，頁 3152～3157、卷 167，頁 3189～3203、卷 168，頁 3212～3214 及卷 169，頁 3226～3241。要說明的是，今本《元和郡縣圖志》缺卷 35 及卷 36，也就是無法呈現廣府所管的春州等 15 州，以及容管屬州等的開元及元和戶數，以致在人口統計及分析上會有不全面的情形，敬請見諒。遇《舊唐書‧地理志》及《新唐書‧地理志》記載天寶戶口不同時，本表以《舊唐書》戶口數爲主，《新唐書》戶口數置後，並以加括號方式表示。

〔註13〕瀧州，《舊唐書‧地理志》缺天寶戶口數，《新唐書‧地理志》所載瀧州天寶戶口數，與貞觀戶口數完全相同，疑誤。

勤州〔註14〕	---	---	---	682	1,933	---
羅州	5,460	8,041	---	5,460	8,041	---
辯州	10,350	---	---	4,858	16,209	---
高州	---	---	---	12,400	---	---
恩州	---	---	---	9,000	---	---
雷州	2,458	---	---	4,320	20,572	---
崖州	6,646	---	---	819	---	---
瓊州〔註15〕	---	---	---	649	---	---
振州	---	---	---	819	2,821	---
儋州	3,956	---	---	3,309	---	---
萬安州〔註16〕	---	---	---	2,997	---	---
桂州	32,781	56,526	36,265	17,500	71,018	8,650
梧州	3,084	5,423	2,209	1,209	---	1,871
賀州	6,713	18,628	2,537	4,552	20,570	449
連州〔註17〕	5,563	31,094	10,880	32,210	143,532（143,533）	5,270
柳州	6,674	7,637	1,374	2,232	11,550	1,287
富州〔註18〕	3,349	4,319	1,311	1,290（1,460）	8,586	243
昭州〔註19〕	4,918	12,691	7,003	3,500	---	1,578

〔註14〕 勤州,高祖武德四年置（621）,五年（622）州廢,萬歲通天二年（697）復置,故無貞觀戶、口數。

〔註15〕 瓊州,《舊唐書・地理志》載太宗貞觀十三年（639）州廢,以屬崖州,因此無貞觀戶口數,見《舊唐書》,卷41,〈地理志〉,頁1763。

〔註16〕 萬安州,高宗龍朔二年（662）始置,故無貞觀戶口數。按:《舊唐書》,卷41,〈地理志〉,頁1765,萬安州云「無戶口」,疑誤。

〔註17〕 《新唐書》,卷43上,〈地理志〉,頁1107,連州天寶口數作143,533。

〔註18〕 富州天寶戶數,《舊唐書・地理志》作1,290,見《舊唐書》,卷41,〈地理志〉,頁1728;然《新唐書・地理志》作1,460,《新唐書》,卷43上,〈地理志〉,頁1107,因無法斷定何者為正確,因此將兩組數字並存。

〔註19〕 昭州天寶戶數,《舊唐書・地理志》作3,500,見《舊唐書》,卷41,〈地理志〉,頁1727;然《新唐書・地理志》天寶戶作4,918、口12,691,與昭州貞觀戶口數完全相同,疑《新唐書・地理志》錯簡貞觀戶口數,應以《舊唐書・地理志》所載為是,見《新唐書》,卷43上,〈地理志〉,頁1107。

蒙州	1,069	---	1,637	1,059	5,933	272
嚴州	---	---	1,660	1,859	7,051	116
融州	2,794	3,335	1,707	1,232	---	242
思唐州〔註20〕	---	---	---	141	---	61
古州	---	---	---	285	---	---
容州	8,890	---	---	4,970	17,087（17,085）	---
牢州〔註21〕	1,641	11,756	---	1,641	11,756	---
白州	8206	---	---	2,574	9,498	---
順州〔註22〕	---	---	---	590	---	---
繡州	---	---	---	9,773	---	---
鬱林州	---	---	---	1,918	9,699	---
黨州〔註23〕	---	---	---	1,300（1,149）	7,400（7,404）	---
竇州	3,550	---	---	1,019	7,339	---
禺州	10,748	---	---	3,180	---	---
廉州	1,522	---	---	3,032	13,029	---
義州	---	---	---	1,110	---	---

　　從上表來看，貞觀年間萬戶以上的州，有廣州、潘州、辯州、桂州及禺州等 5 州，到了開元時除原萬戶以上的廣州、桂州外，還有韶州、康州及連州等 3 州成為萬戶州。天寶時期除廣、韶、康、桂及連州外，還增加了春州和高州等二個萬戶州，共有 7 個萬戶州。

〔註20〕思唐州，高宗永隆二年（681）始置，故無貞觀戶口數。
〔註21〕牢州貞觀戶口數，《舊唐書・地理志》載戶 1,641、口 11,756，缺天寶戶口，見《舊唐書》，卷 41，〈地理志〉，頁 1745；然《新唐書・地理志》載牢州天寶戶口亦作戶 1,641、口 11,756，與《舊唐書・地理志》所載牢州貞觀戶口數完全相同，疑錯簡，見《新唐書》，卷 43 上，〈地理志〉，頁 1109。
〔註22〕順州，代宗大曆八年（773）始置，故無貞觀戶口數。
〔註23〕黨州天寶戶數，《舊唐書・地理志》作 1,300，口數作 7,400，見《舊唐書》，卷 41，〈地理志〉，頁 1739；然《新唐書・地理志》天寶戶作 1,149，口數作 7,404，見《新唐書》，卷 43 上，〈地理志〉，頁 1110，因無法斷定何者為正確，因此將兩組數字並存。

　　不過，其中除廣州在開元時戶數一度減少，在唐代戶口數基本呈現上升趨勢外，其他如韶州及連州等州，雖在開元、天寶時，戶口顯著地成長，但在元和時期戶數則均劇減至不足萬戶，僅有廣州戶口數仍維持成長，與其為唐代最大外貿港口，經濟亦相當發達，有密不可分的關係。

　　在歷史上某一個地區戶口的增減，通常與經濟發展有著密不可分的關係，因此廣州人口的增長，與其自身的農業、手工業及商業貿易等方面的發展程度有關。透過前述唐代各時期的戶口增減分析，可以瞭解廣州的經濟發展，在嶺南東道地區乃至於整個嶺南地區，並非在整個唐代均是一枝獨秀，而是在天寶以後，特別是元和以後，方才顯出獨特性。因此筆者認同唐代廣州的總體經濟發展，在安史之亂後相較於嶺南其他地區具有一定的獨特性，或可稱為「核心性」，但並不是在整個唐代均是如此。

第三節　農業及手工業發展

　　包括嶺南東道在內的嶺南地區，雖以盛產金銀而聞名於時，而農產品亦復不少。有關嶺南地區的物產，《新唐書》，卷四三上，〈地理志〉云：

　　嶺南道，蓋古揚州之南境，漢南海、鬱林、蒼梧、珠崖、儋耳、交趾、合浦、九眞、日南等郡。韶、廣、康、端、封、梧、藤、羅、雷、崖以東為星紀分，桂、柳、鬱林、富、昭、蒙、龔、繡、容、白、羅而西及安南為鶉尾分。為州七十有三，都護府一，縣三百一十四。其名山：黃嶺、靈洲。其大川：桂、鬱。厥賦：蕉、紵、落麻、厥貢：金、銀、孔翠、犀、象、綵藤、竹布。〔註24〕

可見嶺南地區主要的物產，主要以「蕉、紵、落麻、金、銀、孔翠、犀、象、綵藤、竹布」等為主，其中農產品有蕉、紵及落麻等，而綵藤〔註25〕、竹布則為手工業製品。

　　證之史實唐代嶺南地區的米糧生產也有相當的進步，《新唐書》，卷四三上，〈地理七上〉云：「先是楊（揚）州租、調以錢，嶺南以米，安南以

〔註24〕《新唐書》，卷43上，〈地理志〉，頁1095。

〔註25〕「綵」字為「彩」字之異體，意指彩色，見周何編，《國語活用辭典》（臺北，五南，民國95年），頁1565。《新唐書·地理志》載循州、振州土貢五色藤盤，因此此處綵藤應係指五色藤盤相關手工業產品，參見《新唐書》，卷43上，〈地理志〉，頁1095～1102。

絲，益州以羅、紬、綾、絹供春綵」〔註26〕，除揚州外，所舉之物，悉皆各地之特產〔註27〕，因此可見當時嶺南地區所生產的米糧，已有相當的進步。

一、農業生產的發展

由於安史之亂後，唐廷傾全力對其仍掌握地區加以建設，包括嶺南東道在內的嶺南地區亦因此受惠，加以廣州的商業貿易發達，人口相對增加。因而嶺南道地區在中晚唐時期遂成為唐廷重要的賦稅支柱之一。《新唐書・食貨志》載：

> 貞元初，關輔宿兵，米斗千錢，……（崔造）增江淮之運，浙江東、西歲運米七十五萬石，復以兩稅易米百萬石，江西、湖南、鄂岳、福建、嶺南米亦百二十萬石，詔浙江東、西節度使韓滉，淮南節度使杜亞運至東、西渭橋倉。〔註28〕

文中雖未說明嶺南道米的數量，但出嶺南等五道運米共有一百二十萬石來看，表明嶺南道的糧食已是自給有餘，側面也顯示嶺南地區農業生產較前有相當的進步，才能向外運送相當數量的米糧。

在農業生產技術的進步方面，首述耕作技術，而牛耕技術則是其中較為重要者。古代的耕田向以人力為主，牛耕技術的採用，可大幅提高產量，間接可降低成本。據考古資料顯示，在佛山瀾石東漢墓中就已發現了陶製水田犁鏵模型〔註29〕，佛山在唐代地屬廣州，足見早在東漢時期廣州地區農業耕作技術已有相當進步。有學者並據模型推測已有使用牛耕的情形。〔註30〕不過當時牛耕技術是否僅侷限於唐時的廣州地區，或已推廣至鄰近地區，因受限於資料不足，尚未能斷言。

此外，由於唐代江南地區牛耕已較為普及，嶺南東道地區的韶州因地理位置與江南僅一嶺之隔，加以地方長官的領導，因而已採用牛耕技術。《新唐

〔註26〕《新唐書》，卷51，〈食貨志〉，頁1345。
〔註27〕關於「揚州租、調以錢」的相關論述，參見朱祖德，〈唐代淮南地區農業發展析論〉，《史學彙刊》第32期（2013年6月），頁72～73詳論。
〔註28〕《新唐書》，卷53，〈食貨志〉，頁1369～1370。
〔註29〕參見廣東省文物管理委員會，〈廣東佛山市郊瀾石東漢墓發掘報告〉，《考古》，1964年第9期，頁448～457。
〔註30〕司徒尚紀，〈歷史時期廣東農業區的形成、分佈和變遷〉，《中國歷史地理論叢》，1987年第1輯，頁79。

書》，卷一四三，〈徐申傳〉即提到：

> 徐申字維降，京兆人。擢進士第，累遷洪州長史。嗣曹王皋討李希烈，檄申以長史行刺史事，任職辦，皋表其能，遷韶州刺史。韶自兵興四十年，刺史以縣爲治署，而令丞雜處民閭。申按公田之廢者，募人假牛犁墾發，以所收半畀之，田久不治，故肥美，歲入凡三萬斛。諸工計所庸，受粟有差，乃徙治故州。未幾，邑閈如初。創驛候，作大市，器用皆具。州民詣觀察使，以其有功於人，請爲生祠，申固讓，觀察使以狀聞，遷合州刺史·始來韶，户止七千，比六年，倍而半之。〔註31〕

「募人假牛犁墾發」表明韶州刺史徐申募人給牛耕田，而有「歲入凡三萬斛」的績效。由於徐申之後升任嶺南節度使〔註32〕，因此鄰近地區在徐申任韶州史刺時，或至遲在徐申任嶺南節度時，應已採用牛耕相關技術。由於古代農業生產主要靠人力，而利用牛耕可提高生產力，又可減少人力的消耗，牛耕的普及對於嶺南地區農業生產有重大的貢獻。

由於徐申曾任洪州長史〔註33〕，洪州地區的農業技術相當進步〔註34〕，故在江南地區較廣泛使用的稻麥複種制〔註35〕及移栽〔註36〕等技術，廣州地區至遲在徐申任嶺南節度時，應已採用。而嶺南地區因緯度較低，平均氣溫較高，有利於稻麥複種制的實行，特別是稻米的二熟，甚至三熟的機率也比

〔註31〕 《新唐書》，卷 143，〈徐申傳〉，頁 4694。

〔註32〕 《新唐書》，卷 143，〈徐申傳〉，頁 4695。

〔註33〕 徐申擔任洪州長史在德宗建中四年（783）～興元元年（784），見郁賢皓撰，《唐刺史考全編》（合肥，安徽大學出版社，2000 年）第 4 冊〈江南西道·洪州〉，頁 2256。

〔註34〕 洪州及江西地區的農業發展，參見朱祖德，〈唐代江西地區的經濟發展〉，載《淡江史學》第 19 期（2008 年 9 月），頁 40～43 詳論。

〔註35〕 稻麥複種制可見張澤咸，〈試論漢唐間的水稻生產〉，載《文史》，第 18 輯；李伯重，《唐代江南農業的發展》（北京，農業出版社，1990 年），頁 108～120 及鄭學檬，《中國古代經濟重心南移和唐宋江南經濟研究》（長沙，嶽麓出版社，2003 年），頁 85～87。其中鄭學檬考察了李伯重書並且進行了史料考證工作，認爲稻麥複種制從理論上及當時地區性的條件來看，基本上可成立，但尚有若干問題需要澄清，如應考慮種植的時間及所種植的是旱田或水田。

〔註36〕 移栽（插秧）技術除可大大提高除草和施肥的效率外，稻苗先在秧圃中培植，又可使春季缺水時能充分利用水源，並縮短大田的種植時間，提高稻米產量。參見林立平，〈唐代主糧生產的輪作複種制〉，載《暨南學報》（哲社版），1984年第 1 期，頁 46。

江南地區提高不少；《太平寰宇記・嶺南道・潮州》云「稻得再熟，蠶亦五收」〔註37〕，《太平寰宇記・嶺南道・雷州》亦云「又云再熟稻，五月、十一月再熟」〔註38〕，使得米糧的生產量也因此而有所增加，而有餘糧得以北運〔註39〕。

　　嶺南東道地區在唐代見於史籍的水利設施量並不多，並且大部分集中於廣州和桂州，如《新唐書・地理志》云：廣州南海縣「山峻水深，民不井汲，都督劉巨麟始鑿井四」〔註40〕，此條資料雖不能說明水井是專門用來灌溉農田的，然推測亦可能包括取汲飲水及灌溉功能。另增城縣有石陂，「石陂〔水〕，在縣東北一百五十里。溉田口餘頃」〔註41〕，此處「口」字，據前後文意，應為「百」字。

　　桂州亦有水利建設，即相思埭和回濤堤等，《新唐書・地理志》云：相思埭「長壽元年築，分相思水使東西流，又東南有回濤堤，以捍桂水，貞元十四年築」〔註42〕，均對桂州的防潦及農業生產有所助益。

　　此外，中宗時王晙在桂州都督任內，在增加糧食生產上著力甚深，《舊唐書》，卷九十三，〈王晙傳〉載：

> 桂州舊有屯兵，常運衡、永等州糧以饋之，晙始改築羅郭，奏罷屯
>
> 兵及轉運。又堰江水，開屯田數千頃，百姓賴之〔註43〕。

其後王晙上疏請歸鄉拜墓，桂州人民詣闕請王晙留任，中宗乃下敕慰留王晙〔註44〕。從王晙本傳的記載來看，足見桂州地區在中宗時已有相當面積的屯田，對嶺南東道地區的糧食作物生產相當有助益。

〔註37〕宋・樂史撰，王文楚等點校，《太平寰宇記》（北京，中華書局，2007年），卷158，〈嶺南道・潮州〉，頁3035。

〔註38〕《太平寰宇記》，卷169，〈嶺南道・雷州〉，頁3231。

〔註39〕張澤咸對於唐代的二熟稻所具備的條件，抱持著相當嚴謹的態度，然亦肯定在嶺南地區，種植雙季稻的可能性相當大，參見張澤咸，〈試論漢唐間的水稻生產〉，《文史》，第18輯，頁56～57。

〔註40〕《新唐書》，卷43上，〈地理志〉，頁1095。

〔註41〕《元和郡縣圖志》，卷34，〈嶺南道一〉，頁889。

〔註42〕《新唐書》，卷43上，〈地理志〉，頁1105。

〔註43〕《舊唐書》，卷93，〈王晙傳〉，頁2985。

〔註44〕其過程參見《舊唐書》，卷93，〈王晙傳〉，頁2985。中宗敕文見《舊唐書》，卷93，〈王晙傳〉，頁2985～2986；另《全唐文》亦載此敕，見清・董誥等編，《全唐文》（上海，上海古籍出版社，1993年），卷17，中宗，〈賜王晙敕〉，頁83中。

在其他經濟作物方面，早在東漢時期廣州地區已有龍眼及荔支（枝）的生產，《後漢書》，卷四，〈孝和孝殤帝紀〉注引《交州記曰》：「龍眼樹高五六丈，似荔支而小。」而《後漢書‧孝和孝殤帝紀》注引《廣州記》的記載尤詳，其云：

> 子似荔支而員，七月熟。荔支樹高五六丈，大如桂樹，實如雞子，
> 甘而多汁，似安石榴。有甜醋者，至日禺中，翕然俱赤，即可食。
> 〔註45〕

而唐代廣州地區所產荔枝已相當有名，張九齡的〈荔枝賦〉云：

> 南海郡出荔枝焉，每至季夏，其實乃熟，狀甚瑰詭，味特甘滋，百
> 果之中，無一可比〔註46〕

對廣州所產荔枝的風味，可謂讚譽有加。《新唐書‧地理志》即記載，廣州土貢中有「荔支」一項〔註47〕。在玄宗時，楊貴妃好食荔枝，《唐國史補》云「南海所生，尤勝蜀者，故每歲飛馳以進，然方暑而熟，經宿則敗，後人皆不知之」〔註48〕。足見廣州所產荔枝品質優良，較之蜀地所生者尤佳。

而唐代廣州地區龍眼及荔枝等熱帶水果的生產，應已上軌道，唯應以野生樹為主，是否有人工種植的情形，擬於日後再作進一步研究。

包括嶺南東道在內的嶺南地區，由於農業生產技術的進步，糧食生產量較前增加，而有餘糧得以外運。德宗建中二年（781）時，田悅、李惟岳、李正己及梁崇義連袂拒命，運河漕運及襄鄧路均絕時，杜佑建議「疏雞鳴崗首尾，可以通舟，陸行纔四十里，則江、湖、黔中、嶺南、蜀、漢之粟可方舟而下」〔註49〕，印證了包括嶺南東道在內的嶺南地區農業生產較前大為進步，自足有餘，並有糧食可以供軍糧。《新唐書‧食貨志》亦載德宗貞元初：「（崔造）增江淮之運，浙江東、西歲運米七十五萬石，復以兩稅易米百萬石，江西、湖南、鄂岳、福建、嶺南米亦百二十萬石」〔註50〕，顯示在唐中後期，嶺南已與浙西、浙東及江西、湖南、鄂岳、福建等地區成為糧食出口地區。

〔註45〕 《後漢書》，卷4，〈孝和孝殤帝紀〉注引《廣州記》，頁194。
〔註46〕 參見張九齡，〈荔枝賦〉，收入唐‧張九齡撰，熊飛校注，《張九齡集校注》（北京，中華書局，2008年），卷5，頁415～417。
〔註47〕 《新唐書》卷43上，〈地理志〉，頁1095。
〔註48〕 唐‧李肇，《唐國史補》（臺北，世界書局，民國80年），卷上，頁19。
〔註49〕 《新唐書》，卷53，〈食貨志〉，頁1369。
〔註50〕 《新唐書》，卷53，〈食貨志〉，頁1369～1370。

包括嶺南東道在內的嶺南地區能在唐中後期，農業上有如此進步，除歸功於生產技術的進步外，首府廣州戶口的持續增長〔註 51〕，意味著糧食需求量的增多，因而促使嶺南東道地區的糧食生產量有所增加，亦是原因之一。

二、手工業的進步

嶺南東道地區因富於多種礦藏，且手工業技術相當進步，故鑄錢業、冶鑄業、製瓷業、造船業及製鹽業等多種手工業均十分發達。

而在唐代著名詩人李白的〈為宋中丞請都金陵表〉中就已提到包括嶺南在內的東南地區物產之富饒，其文云：

> 臣伏見金陵舊都，地稱天險，龍盤虎踞，關扃自然，六代皇居，五福斯在，雄圖霸跡，隱軫猶存，咽喉控帶，縈錯如繡，天下衣冠士庶，避地東吳，永嘉南遷，未盛於此。……況齒革羽之所生，梗枏豫章之所出，元龜大貝充仞其間，銀坑鐵冶，連綿相屬，鏟銅陵為金穴，煮海水為鹽山。以征則兵強，以守則國富。〔註 52〕

從李白此文可瞭解到唐中葉時南北經濟的變化，以及南北經濟重心易位的趨勢〔註 53〕。其言「況齒革羽之所生，梗枏豫章之所出，元龜大貝充仞其間，銀坑鐵冶，連綿相屬，鏟銅陵為金穴，煮海水為鹽山。」〔註 54〕形容包括嶺南在內的東南地區物產富饒，且富有金、銀、銅、鐵等礦藏，冶金業、製鹽業及木材業等均十分發達，一片欣欣向榮的情景，實是唐代東南經濟快速發展的最佳寫照。其中所提及嶺南東道地區的冶金業及製鹽業均相當發達，而齒、革、羽及

〔註 51〕 如《舊唐書・地理志》載廣州貞觀戶 12,463，廣州在安史之亂後，各道戶口普遍下降時仍保持增長趨勢。《元和郡縣圖志・嶺南道一・廣州》載廣州開元戶 64,250，元和戶 74,099，戶數增長率達 15%；並且從貞觀至元和時期，廣州戶數成長更達 494%，足見廣州自唐初到元和時期，戶數幾乎呈現直線上升的趨勢。廣州貞觀戶見《舊唐書》，卷 41，〈地理志〉，頁 1712。廣州開元及元和戶數，見《元和郡縣圖志》，卷 34，〈嶺南道一・廣州〉，頁 885；然因《元和郡縣圖志》缺廣府所管 15 州及容管的戶數，因此無法與開元時期戶口加以比較。

〔註 52〕 唐・李白撰，清・王琦注，《李太白全集》（北京，中華書局，2003 年），卷 26，頁 1212～1214。

〔註 53〕 參見魏明孔，〈隋唐手工業與我經濟重心的南北易位〉，《中國經濟史研究》，1999 年第 2 期，頁 56。

〔註 54〕 《李太白全集》，卷 26，頁 1214。

元龜大貝等亦爲包括嶺南東道在內的嶺南地區的特有產品或土貢。

唐代廣州的手工業技術不但十分進步且項目繁多，因篇幅所限，故僅舉冶鑄業、鑄錢業、製瓷業、造船業、紡織業及製鹽業等手工業加以說明。

（一）冶鑄業

嶺南東道地區礦藏豐富，尤富於金、銀，銅、鐵等產量亦不在少數，故金屬製造業十分發達。其實早在東漢時期廣州的當地土著即已具有鑄銅技術，如《後漢書‧馬援傳》注引《裴氏廣州記》云：

> 俚獠鑄銅爲鼓，鼓唯高大爲貴，面闊丈餘。初成，懸於庭，尅晨置
> 酒，招致同類，來者盈門。豪富子女以金銀爲大釵，執以叩鼓，叩
> 竟，留遺主人也。〔註55〕

從廣州的當地土著鑄銅爲鼓，面積寬達丈餘，以當時的技術水準而言，其製作技術已具有相當的水準。

降及唐代，桂州的鑄銅業亦相當發達，《元和郡縣圖志‧嶺南道四》桂州條云桂州「開元貢：銅鏡四十四面」〔註56〕，足見當時桂州的鑄銅業相當發達，才能與生產銅鏡聞名於時的揚州、太原等地並列爲貢鏡州〔註57〕。此外，《太平寰宇記‧嶺南道》亦載桂州土產有「銅器」一項，足見桂州的製銅業亦有一定的發展。

在唐代以前，嶺南地區即有產銀的記載，唐代嶺南地區則以金、銀生產著名，《新唐書‧地理七上》即云：「厥貢：金、銀、孔翠、犀、象、綵藤、竹布。」〔註58〕廣州地區因富於金、鐵、鉛及錫等礦藏，加以鄰近地區產金銀州甚多〔註59〕，故冶金業十分發達，成爲重要的金、銀等金屬產地及冶金業中心。

〔註55〕《後漢書》，卷24，〈馬援列傳〉，頁841注引《裴氏廣州記》。
〔註56〕《元和郡縣圖志》，卷37，〈嶺南道四‧桂州〉，頁918。
〔註57〕揚州及太原生產的銅鏡列爲土貢，參見《新唐書》，卷41，〈地理志‧淮南道‧揚州〉，頁1051、《新唐書》，卷39，〈地理志‧河東道‧太原府〉，頁1003。《元和郡縣圖志》，卷13，〈河東道二‧太原府〉，頁362載太原府開元貢「人參、黃石鍮、柏子仁、蒲萄、甘草、龍骨、特生草、銅鏡」。揚州的銅鏡生產及特色，參見朱祖德，〈唐代揚州手工業析論〉，載《淡江史學》第24期（2012年9月），頁127～129詳論。
〔註58〕《新唐書》卷43上，〈地理志〉，頁1095。
〔註59〕廣州（廣府）所管共22州中，僅雷州、潮州及循州均無金、銀生產。

表 2-2　唐代嶺南東道地區礦藏產地一覽表〔註 60〕

州名	金	銀	銅	鐵	鉛	錫	玉	其他
廣府	廣、勤、康、新、恩、崖、瓊、振、儋、萬安 10 州	廣、勤、端、康、封、韶、春、新、羅、高、恩、潘、辯、瀧、崖、萬安 16 州	廣、勤州	廣州	廣州	廣州	韶州	
桂管	連、蒙、融 3 州	桂、梧、賀、連、柳、富、昭、蒙、嚴、思唐 10 州	桂、連、賀州	連、賀 2 州		賀州		賀州（白蠟）、古州（蠟）、連州（水銀、丹沙、白蠟）
容管	白、繡、黨 3 州	容、牢、白、順、黨、寶、禺、廉、義 9 州						容州（丹沙、水銀）
合計	16 州	35 州	5 州	3 州	1 州	2 州	1 州	

　　從表 2-2 來看，嶺南東道地區產金州共有 16 州，產銀州 35 州，有生產銅的州數僅 5 州，遠較生產金、銀的州爲少。其他如鐵、鉛、錫、玉、丹沙、水銀及白蠟（蠟）等則有 1～3 州有生產。

　　其中以廣府的領州產金、銀的州較多，爲明瞭廣府所領各州的礦藏及生產情形，以《新唐書・地理志》和《元和郡縣圖志・嶺南道一》等資料製作表 2-3「廣府所管州郡礦藏表」，從表 2-3 可以看出廣州的礦藏相當豐富，除了有金礦外，尚有鐵、鉛及錫等礦藏，且管內的勤州銅陵亦有銅的生產，因此對於廣州的冶鑄業、鑄錢業等手工業提供了原料。

〔註 60〕　本表主要參考《新唐書》，卷 43 上，〈地理志〉，頁 1095～1115 製作，並參考《元和郡縣圖志》，卷 34，〈嶺南道一〉、卷 37，〈嶺南道四〉及卷 38，〈嶺南道五〉，頁 885～966，以及楊遠，《唐代的礦產》（臺北：臺灣學生書局，1982 年初版），頁 29～33 等資料製作。

表 2-3　廣府所管州郡礦藏表〔註61〕

州　名	金	銀	銅	鐵	鉛	錫	玉
廣州	四會	義寧	義寧	懷集、滇陽	化蒙、義寧	化蒙、義寧	
端州		V					
康州	V	V					
封州		V					
韶州		曲江					曲江
勤州	V	V	銅陵				
春州		V					
新州	V	V					
羅州		V					
高州		V					
恩州	V	V					
潘州		V					
辯州		V					
瀧州		V					
崖州	V	V					
瓊州	V						
振州	V						
儋州	V						
萬安州	V	V					
合計	10 州	16 州	2 州	1 州	1 州	1 州	1 州

〔註61〕參見《元和郡縣圖志》，卷34，〈嶺南道一〉，頁885～915、《新唐書》，卷43
上，〈地理志〉，頁1095～1101及楊遠，《唐代的礦產》（臺北：臺灣學生書局，
1982年初版），頁29～30等資料製作。表內注明文字者，爲所產縣名。廣府
所管州數，各書所載頗有不同，《元和郡縣圖志》爲22州，《新唐書‧地理志》
不僅州數與《元和郡縣圖志》同，就連這22州的州名，也是完全一樣；另《舊
唐書‧地理志》則云領17州，且有些州名不見於其他二書者，如藥州；而有
的州則漏記，如潮州；也有數州據他書記載並非廣州所管者，待考。嶺南地
區有關銅的生產記載，比起金、銀的生產來說，相對較少，然《新唐書》，卷
43上，〈地理志〉記載勤州銅陵縣產銅，勤州與廣州之間相距不遠，故廣州的
冶鑄業亦有銅原料可供使用。此外，《太平寰宇記‧嶺南道‧廣州》云：「又
有銅石山，又有銀銅山，又有鉛穴山，出錫、鉛」，見宋‧樂史撰，王文楚等
點校，《太平寰宇記》（北京，中華書局，2007年），卷157，〈嶺南道‧廣州〉，
頁3023，然既云「銅石山」、「銀銅山」，則應有銅的生產，故列入表中。

　　嶺南地區雖以金銀生產聞名，但不若江西饒州有明確的產量記載，如《元和郡縣圖志》云饒州：「每歲出銀十餘萬兩，收稅山銀七千兩」〔註62〕，但包括廣州在內的嶺南地區金銀產量應相當大，惜目前尚未有數字可資證明。而《新唐書・食貨志》記載：

> 凡銀、銅、鐵、錫之冶一六八，陝、宣、潤、饒、衢、信五州，銀
> 冶五十八，銅冶九十六，鐵山五，錫山二，鉛山四，汾州明礬山七。
> 麟德二年，廢陝州銅冶四十八。〔註63〕

包括嶺南東道在內的嶺南地區盛產銀，而志文未列入，是否缺列，仰或撰寫者認為嶺南地區在全國的銀生產中不甚重要，是仍需要探討的問題。

　　《朝野僉載》，卷二載「陳懷卿嶺南人也，養鴨百餘頭，後於鴨欄中除糞，糞中有光燦燦然，以盆水沙汰之，得金十兩。乃覘所食處，於舍後山足下，因鑿有麩金，銷得數十斤，時人莫知，卿遂巨富，仕至梧州刺史」〔註64〕，由陳懷卿事可知，嶺南地區盛產金，誠非虛語。廣州及鄰近的康州均產金，廣州亦因為唐代第一大貿易港，商業繁盛，人物薈萃，擁有大量的能工巧匠，故成為嶺南地區的主要金屬鑄造中心。

（二）鑄錢業

　　在鑄錢業的原料生產部分，徵之史籍，嶺南東道地區僅廣州、勤州、桂州、連州及賀州等5州有銅的生產記載〔註65〕，其他州縣則未見記載，可能因產量較少，而未列入史籍。《新唐書・食貨志》云：「天下有銀之山必有銅」〔註66〕，是因銀銅多為共生礦。嶺南地區自古即為金、銀的主要生產地，故銅的產量應不少。其他鑄錢所需的原料，如鉛及錫等金屬，嶺南東道地區皆有生產。

　　《新唐書・食貨志》云：「武德四年，鑄『開元通寶』，徑八分，重二銖四參，積十錢重一兩，得輕重大小之中，其文以八分、篆、隸三體。洛、并、幽、益、桂等州皆置監，賜秦王、齊王三鑪，右僕射裴寂一鑪以鑄。」〔註67〕，

〔註62〕《元和郡縣圖志》，卷28，〈江西觀察使〉，頁672。

〔註63〕《新唐書》，卷54，〈食貨志〉，頁1383；明有陝、宣、潤、饒、衢、信等6州而云5州，可能有誤。

〔註64〕唐・張鷟，趙守儼點校，《朝野僉載》（北京，中華書局，1997年），卷2，頁29。

〔註65〕參見《新唐書》，卷43上，〈地理志〉，頁1095～1115。

〔註66〕見《新唐書》，卷54，〈食貨志〉，頁1389。

〔註67〕見《新唐書》，卷54，〈食貨志〉，頁1384。《舊唐書・食貨志》將桂州設鑪時間，繫於武德五年，見《舊唐書》，卷48，〈食貨志〉，頁209。

桂州因有銅礦，管內賀州亦有錫礦，故早在唐初，桂州即曾設鑪鑄錢。武宗會昌五年（845）滅佛，許諸道觀察使可銷毀佛像取銅鑄錢，武宗會昌五年滅佛後，「鹽鐵使以工有常力，不足以加鑄，許諸道觀察使皆得置錢坊。」〔註68〕淮南節度使李紳遂請以天下州名鑄錢，其大小尺寸皆如開元通寶，交易禁用舊錢〔註69〕。這應是古代鑄幣史中首次以州名鑄於錢面〔註70〕，堪稱是鑄幣史上的一件大事，在這段時間，嶺南道首府廣州亦以州名來鑄錢。

如宋代洪遵在《泉志》中記載「廣州以『廣』字穿在右」〔註71〕，而《新唐書‧食貨中》雖未明確記載廣州在武宗會昌前曾設鑪鑄錢，然在敦煌文書《開元水部式》殘卷中，提到「桂、廣二府鑄錢，及嶺南諸州庸調並和市、折租等物，遞至揚州訖，令揚州差綱部領送部，應須運腳，於所送物內取充」〔註72〕，這段記載可茲證明廣州、桂州在開元時期皆曾設鑪鑄錢。故可以說廣州在武宗會昌以前，至少在玄宗時期曾設鑪鑄錢，但因史籍語焉不詳，致使容易產生誤會。

鑄錢需銅及錫、蠟等原料，據表 2-2「唐代嶺南東道地區礦藏產地一覽表」，桂州除有銅礦外，同時亦有錫、蠟等礦，因具備此種優勢，在武德時即曾設鑪鑄錢。但《通典》，卷九，〈食貨典〉提及「諸州凡置九十九鑪鑄錢，絳州三十鑪，揚、潤、宣、鄂、蔚各十鑪，益、鄧、郴皆五鑪，洋州三鑪，定州一鑪」〔註73〕，桂州卻未在其列；宋代洪遵的《泉志》卷三載「桂陽監以「桂」字在穿右」〔註74〕，認為桂字錢並非桂州所造，而是桂陽監所鑄造。但《開元水部式》中有提到「桂、廣二府鑄錢」，足見桂州從唐初一直到開元時期仍持續鑄造錢幣，然桂州卻未出現在《通典‧食貨典》所載玄宗天寶時鑄錢州中，推測應與造幣主原料——銅的礦藏枯竭或產量減少有關。其次，唐代史籍的記載常有脫漏，如揚州就是一個顯例，據史料記載，揚州在

〔註68〕《新唐書》，卷54，〈食貨志〉，頁1391。
〔註69〕見《新唐書》，卷54，〈食貨志〉，頁1391。
〔註70〕見張澤咸，《唐代工商業》（北京，中國社會科學出版社，1995年），頁49。
〔註71〕見宋‧洪遵，《泉志》，卷3，收入《叢書集成新編》（臺北市，新文豐出版公司，民國75年），第二六冊，頁534。
〔註72〕見葉式，《水部式殘卷》，收入《敦煌寶藏》（臺北市，新文豐出版公司，民國70年），第121冊，頁271。
〔註73〕《通典》，卷9，〈食貨典〉，頁204。
〔註74〕見宋‧洪遵，《泉志》，卷3，〈正用品下〉，收入《叢書集成新編》，第26冊，頁534中。此次幣制改革參見王怡辰，〈由武宗會昌錢看經濟領域的割據〉，《中國歷史學會史學集刊》第37期（2005年7月）一文詳論。

武則天時期就已設鑪鑄錢〔註75〕，然若據《通典‧食貨典》所載，揚州則應遲至天寶時期才設鑪鑄錢。

　　唐代嶺南地區在交易上的確常使用金、銀爲貨幣，然銅錢亦同時流通〔註76〕，只是使用的比例上較金銀爲低〔註77〕，故會昌年間在各道及觀察使駐所設鑪鑄錢地，廣州亦應包括在內〔註78〕。然宣宗即位後，乃盡廢會昌之政，各地新鑄銅錢復銷鑄爲佛像。

（三）造船業

　　造船業方面，《唐國史補》云：「凡東南郡邑，無不通水。故天下貨利，舟楫居多。」〔註79〕，表明包括嶺南東道地區在內的東南地區，是以舟船爲主要交通工具。廣州地區瀕臨大海，船舶使用十分頻繁，故造船業應相當發達。如元開和尚在欲東渡日本時，即曾用八十萬買正鑪錢向嶺南道採訪使劉巨鱗，買得軍船一艘〔註80〕，這艘船很明顯的是一艘海船，雖不能肯定是在廣州所造，然其可能性相當大。唐代造船技術已相當進步，據考古發現，唐代船隻的船身已使用隔艙技術，並且具有速度快、容積大及船身嚴密堅固等優點〔註81〕。

　　《太平寰宇記》，卷一五七，〈嶺南道一〉載廣州的土貢，有「番舶」一項，且「番舶」所指的應係海船，足見廣州的造船技術已然十分地高超，並且受到了肯定，故所造的船隻才能列爲廣州的土貢項目之一〔註82〕。《嶺外代答》，卷六，〈藤舟條〉云：「深廣沿海州軍，難得鐵釘桐油，造船皆空板穿藤

〔註75〕　參見朱祖德，〈唐代揚州手工業析論〉，載《淡江史學》第 24 期（2012 年 9月），頁 129~135 詳論。

〔註76〕　銅錢在嶺南的流通情形，請參考王承文，〈晉唐時代嶺南地區金銀的生產和流通〉，《唐研究》第 13 卷（2007 年），頁 528～533 詳論。

〔註77〕　從對敦煌所藏《唐天寶初年地志殘卷》的分析中，可得出嶺南地區以銅錢爲公廨本錢的州，約佔全數的百分之 27，其他爲使用銀兩者。此數字雖不一定代表所有嶺南貨幣使用的情形，卻可作爲嶺南地區仍然是金銀與銅錢並用的明證。參見王承文，〈晉唐時代嶺南地區金銀的生產和流通〉，《唐研究》第 13卷（2007 年），頁 519。

〔註78〕　然因目前相關資料仍不充分，故尚不能排除《泉志》中所記載的背「廣」字錢，是淮南道的「廣陵監」所製造的可能性。

〔註79〕　李肇，《唐國史補》，卷下，頁 62。

〔註80〕　日‧元開撰，汪向榮校注，《唐大和上東征傳》（北京，中華書局，2000 年），頁 47。

〔註81〕　南京博物館，〈如果發現唐代木船〉《文物》，1974 年第 5 期，頁 84～90。

〔註82〕　《太平寰宇記》，卷157，〈嶺南道一‧廣州〉，頁 3011。

約束而成，於藤縫中以海上所生茜草，乾而窒之，遇水則漲，舟爲之不漏矣。其舟甚大，越大海商販皆用之」〔註83〕，足見嶺南沿海地區的造船方式與江淮地區有相當大的差異性。

（四）製鹽業

唐代沿海地區大都產鹽，其中兩浙及淮南是海鹽的主要產區。而嶺南地區緊臨大海，由於日照較強，可減少曝曬的時間，故產量應不小，然其品質似不如浙鹽來的好。嶺南地區所生產的食鹽爲海鹽，早在漢代即設鹽官，據《漢書》，卷二十八下，〈地理志〉的記載：

> 南海郡，秦置。秦敗，尉佗王此地。武帝元鼎六年開。屬交州。戶萬九千六百
>
> 一十三，口九萬四千二百五十三。有圃羞官。縣六：番禺，尉佗都。有
>
> 鹽官……。〔註84〕

番禺即唐代的廣州地區，足見番禺的食鹽生產量相當大，漢廷才會專門設置鹽官來管理。由於嶺南地區南臨大海（漲海），因此食鹽的生產相當爲普遍，《新唐書‧食貨志》就記載了廣州新會縣「有鹽」〔註85〕，而《太平寰宇記‧嶺南道》則進一步指出，廣州新會縣的上川洲、下川洲「在縣南二百六十里大海中，其洲帶山，灣浦極廣，出煎香，有鹽田，土煎鹽爲業」〔註86〕。廣州東莞縣，孫吳時曾置司鹽都尉〔註87〕，足見其地亦生產食鹽。廣州信安縣，即廢岡州，「煮鹽，轉久彌密」〔註88〕，足見其地亦產鹽。

《新唐書‧地理志》載潮州海陽縣「有鹽」〔註89〕，《元和郡縣圖志‧嶺南道一》所載則更爲詳細，其云：「鹽亭驛，近海。百姓煮海水爲鹽，遠近取給」〔註90〕。端州的高要縣亦設鹽官〔註91〕，足見亦有食鹽生產。在海南島上的振州的寧遠縣、瓊州的瓊山縣及儋州的義倫縣等，皆有食鹽生產〔註92〕。

〔註83〕宋‧周去非撰，楊武泉校注，《嶺外代答校注》（北京，中華書局，2006年），卷6，〈藤舟條〉，頁218。

〔註84〕《漢書》，卷28下，〈地理志〉，頁1628。

〔註85〕《新唐書》，卷43上，〈地理志〉，頁1096。

〔註86〕《太平寰宇記》，卷157，〈嶺南道‧廣州〉，頁3021。

〔註87〕《太平寰宇記》，卷157，〈嶺南道‧廣州〉，頁3019。

〔註88〕《太平寰宇記》，卷157，〈嶺南道‧廣州〉，頁3022。

〔註89〕《新唐書》，卷43上，〈地理志〉，頁1097。

〔註90〕《元和郡縣圖志》，卷34，〈嶺南道一〉，頁895。

〔註91〕《元和郡縣圖志》，卷34，〈嶺南道一〉，頁896。

〔註92〕《新唐書》，卷43上，〈地理志〉，頁1100～1101。

羅州招義郡「郡旁海，海有煮海場三，然郡民盜煮，亦不能禁」[註93]，足見羅州一地亦生產食鹽。此外，《太平寰宇記・嶺南道・化州》載化州土產有「煎鹽」[註94]，化州即唐代廣州所管的辯州[註95]，不過唐代辯州未瀕海，《太平寰宇記》所載應為入宋後，產鹽的羅州吳川等縣併入化州後的情形。

表2-4　唐代嶺南東道地區食鹽產地表 [註96]

州　名	縣　名	備　　註
廣州	新會縣	鹽出「上川洲、下川洲」
廣州	東莞縣	
廣州	信安縣	
潮州	海陽縣	鹽出「鹽亭驛」
振州	寧遠縣	
瓊州	瓊山縣	
儋州	義倫縣	
端州	高要縣	
羅州		

（五）製瓷業

唐代包括廣州在內的嶺南地區製瓷業，雖不如越窯及邢窯來的有名，而考古所發現的瓷窯遺址卻相當多。如僅嶺南道東部就有瓷窯遺址 23 處，分佈在廣州、潮州、瑞州、封州、高州、羅州及雷州等地，南漢時廣州更增加了皇帝崗窯、南海官窯、澄海程洋崗窯、官隴窯、北洋窯及窯東窯等處瓷窯[註97]，製瓷業可謂蓬勃發展。

[註93] 宋・李昉等編，《太平廣記》（臺北，文史哲出版社，民國76年），卷269，頁2112，〈胡湎條〉引《投荒雜錄》。

[註94] 《太平寰宇記》，卷167，〈嶺南道・化州〉，頁3196。

[註95] 唐末朱全忠因「辯」、「汴」音近，曾表辯州更名為「勳州」，見《新唐書》，卷43上，〈地理志〉，頁1099。，宋太平興國五年（980）復更名為化州，見《太平寰宇記》，卷167，〈嶺南道・化州〉，頁3195。

[註96] 《新唐書》，卷43上，〈地理志〉，頁1095～1101、1105～1111 及《太平寰宇記》，卷157～159，頁3009～3066、卷169，3226～3249。

[註97] 參見廣東博物館等，《廣東唐宋窯址出土陶瓷》（香港，香港大學馮平山博物館，1985年），頁11；陳歷明主編，《潮汕文物志》上冊（廣東，汕頭市文管會，1985年），頁68～73 及陳萬里，《中國青瓷史略》（上海，上海人民出版社，1962年），頁50。

再者，廣東梅縣及新會均發現唐代瓷窯遺址。其中廣東梅縣的瓷窯爲水車窯，水車窯有兩處窯口，均爲橢圓形饅頭窯；不過與一般饅頭窯的構造大不相同，水車窯做了一些改良，促進了瓷窯的產量和質量〔註98〕。另廣東新會所發現的唐窯爲官沖窯，有四座窯爐，窯場分佈達二萬餘平方公尺，足見窯場規模甚大。該窯的產品以青瓷與素燒瓷爲主，亦有個別的醬黑釉瓷〔註99〕。

1954 年南漢昭陵出土了青釉四耳罐、六耳罐及夾耳罐等，研究者表示這些瓷器「鐵還原燒製十分成功，釉色晶瑩，均極精美」〔註100〕。綜上所述，廣州的燒製瓷器技術在唐代已有相當水準，到了南漢時期更有相當大的進步。

（六）紡織業

廣州在唐代紡織業比起江南的蘇州、潤州等地所生產的精美絲織品，並不出色，但仍據有一席之地。如《新唐書·地理志》即云：「厥賦：蕉、紵、落麻。厥貢：金、銀、孔翠、犀、象、綵藤、竹布。」〔註101〕其中紵、落麻爲紡織品的原料，竹布則爲紡織手工業的成品。

《元和郡縣圖志》，卷三四，〈嶺南道一·嶺南節度使〉載廣州開元貢絲布、竹布、蕉布，潮州開元貢蕉葛布、元和貢細蕉布，端州開元貢蕉布、麻布，康州開元貢蕉布、麻布，封州開元貢蕉布、麻布，韶州開元貢麻布、竹布十五匹〔註102〕。左思在《吳都賦》中即提到「蕉葛升越，弱於羅紈」〔註103〕，這裡的蕉葛，有學者據其注文〔註104〕解釋爲「葛之細者」〔註105〕，因此推而廣之，嶺南各州所產的蕉布，亦應爲「布之細者」之意。此外，《太平寰宇記》

〔註98〕 參見楊少祥，〈廣東梅縣市唐宋窯址〉，載廣州省文物局、廣東省文物考古研究所、廣州市文物考古研究所、深圳市文物考古鑒定所編，《廣東文物考古三十年》（廣州，暨南大學出版社，2009 年），頁 479～483。

〔註99〕 參見廣東省文物考古研究所、新會市博物館，〈廣東新會官沖古窯址〉，載《廣東文物考古三十年》，頁 487 及 497～498。

〔註100〕 參見曾廣億等，〈廣東陶瓷的歷史〉，載《中國陶瓷全集》（京都，美乃美出版社，1982 年），頁 194。

〔註101〕 《新唐書》，卷 43 上，〈地理志〉，頁 1095。

〔註102〕 參見《元和郡縣圖志》，卷 34，〈嶺南道一·嶺南節度使〉，頁 885～903。

〔註103〕 蕭梁·蕭統編，唐·李善注，《文選》（臺北，華正書局，民國 73 年），卷 5，左思，〈吳都賦〉，頁 89 上。

〔註104〕 其注文云：「蕉葛，葛之細者；升越，越之細者」，《文選》，卷 5，左思〈吳都賦〉，頁 89 上。

〔註105〕 馬植杰，《三國史》（北京，人民出版社，1994 年），頁 307。

載韶州有單竹「練爲麻，可以爲布」〔註106〕。

《元和郡縣圖志》，卷三七，〈嶺南道四‧桂管經略使〉載賀州開元貢蕉布、竹布，富州開元貢班布、元和貢班布十五匹〔註107〕。此外，桂布在當時亦頗負盛名，唐代著名詩人白居易，有詩云：「桂布白似雪，吳綿軟於雲。布重綿且厚，爲裘有餘溫。朝擁坐至暮，夜覆眠達晨」〔註108〕，白居易到了杭州又說：「吳綿細軟桂布密，柔如狐腋白似雲」〔註109〕，從詩中形容桂布「白似雪」等，足見白居易對桂布的推崇。不過諸史籍未見桂州土貢有布一項，僅「有古終藤，俚人以爲布」的記載〔註110〕，有可能是史籍漏載。此外，還有一種可能，「桂布」是指，桂管領州所生產白紵細布、蕉布、竹布及班布其中的一種，而非僅指桂州所生產的紡織品。

不過由於《元和郡縣圖志》嶺南道部分，缺廣府部分領州及容管經略使部分，因此未能完整呈現嶺南東道地區的紡織業發展情形。

再從《新唐書》，卷四十三上，〈地理志〉所載各州土貢來看，嶺南東道地區部分州郡有其特殊紡織品，名稱則不盡相同。如廣府所領韶州有竹布，雷州有「絲電」，振州有班布、食單；桂管所領富州有班布，連州有白紵細布、竹紵練等〔註111〕。從這些由各州上貢紡織品或絲織品的名稱來看，足以說明唐代嶺南東道地區，雖不以紡織品著名於世，然紡織業仍然有一定程度的發展。

此外，《太平寰宇記》，卷一五七，〈嶺南道‧廣州〉信安縣條云：「又有勾緣藤，南人績以爲布」〔註112〕，同書卷一五九，〈嶺南道‧韶州〉樂昌縣條引《郡國志》云：「仁化縣有錦石溪，里人績竹爲布」〔註113〕，從二處記載來看，嶺南東道地區的藤布、竹布等紡織品生產是相當普遍的。

由表2-5來看，循州、牢州及鬱林州等州，開元時期並無紡織品上貢，到了穆宗長慶年間（821～824）則有「布」一項土貢；桂州及瓊州，開元貢及

〔註106〕 《太平寰宇記》，卷160，〈嶺南道‧南雄州〉，頁3075。南雄州本韶州湞昌縣地，南漢時置雄州於此，領湞昌、始興二縣；北宋時，以北有雄州，因此加「南」字，以爲區別。

〔註107〕 參見《元和郡縣圖志》，卷37，〈嶺南道四‧桂管經略使〉，頁917～934。

〔註108〕 《白居易集》，卷1，頁24，〈新製布裘〉。

〔註109〕 《白居易集》，卷12，頁244，〈醉後狂言酬贈蕭殷二協律〉。

〔註110〕 《太平寰宇記》，卷162，〈嶺南道‧桂州〉，頁3107。

〔註111〕 參見《新唐書》，卷43上，〈地理志〉，頁1095～1115。

〔註112〕 《太平寰宇記》，卷157，〈嶺南道‧廣州〉，頁3023。

〔註113〕 《太平寰宇記》，卷159，〈嶺南道‧韶州〉，頁3056。

長慶貢均無紡織品，《太平寰宇記》載土產分別有「藤布」及「吉貝布」等紡織品；連州開元貢「細布」，長慶時則有「竹紵練」及「白紵細布」等項紡織品上貢，足見上述地區的紡織業均有不同程度的發展。不過廣州開元貢尚有三項紡織品，長慶貢卻無一項土貢是紡織品，其原因有待進一步探究。

表 2-5　唐代嶺南東道地區土貢「紡織品」表〔註114〕

州名＼來源	《元和郡縣圖志》	《新唐書·地理志》	《太平寰宇記》
廣州	開元貢：絲布、竹布、蕉布	---	藤布
韶州	開元貢：麻布、竹布	竹布	竹布
康州	開元貢：蕉布、麻布	---	---
封州	開元貢：蕉布、麻布	---	---
端州	開元貢：蕉布、麻布	---	---
雷州	（今本缺）	絲電	---
潮州	開元貢：蕉葛布 元和貢：細蕉布	---	蕉布
振州	（今本缺）	班布、食單	---
瓊州	---	---	吉貝布
桂州	---	---	藤布
連州〔註115〕	開元貢：細布	竹紵練、白紵細布	---
富州	開元貢：班布 元和貢：班布	班布	---
賀州	開元貢：蕉布、竹布	---	---
牢州	---	布	---
鬱林州	---	布	---
循州	---	布	---

〔註114〕　《元和郡縣圖志》，卷34，〈嶺南道一·嶺南節度使〉，頁885～903、卷37，〈嶺南道四·桂管經畧使〉，頁917～934及《新唐書》，卷43上，〈地理志〉，頁1095～1115及《太平寰宇記》，卷157～162，頁3009～3107。唐代各史籍所載土貢時間參見王永興，〈唐代土貢資料繫年〉，《北京大學學報》，1982年第4期，頁60～65。其中《元和郡縣圖志》所載「開元貢」，爲開元二十六至二十九年間的土貢資料；而《新唐書·食貨志》所載土貢，王永興先生認爲是「長慶貢」。

〔註115〕　連州，據《元和郡縣圖志》載爲湖南觀察使所管，見《元和郡縣圖志》，卷38，〈江南道五·湖南觀察使〉，頁711。

（七）木材業

　　嶺南地區因高溫多雨的自然環境，適合樹木生長，加上部分地區開發程度較低，因此森林相當茂密，提供木材業充足的原料。如《太平廣記》，卷二六九，〈韋公幹條〉載韋公幹爲瓊州刺史，家中「有攻珍木爲什具者」〔註116〕。

　　並且自公幹到任後，瓊州「多烏文呿㕙，皆奇木也，公幹驅木工泅海探伐，至有不中程，以斤自刃者」〔註117〕，足見瓊州一帶木材業也有一定的發展。

（八）製茶業

　　據《茶經·八之出》記載，包括嶺南東道的韶州，以及象州等地所產茶「往往得之，其味甚佳」〔註118〕。《太平寰宇記·嶺南道·容州》載容州土產有「竹茶」一項，注文：「《茶經》云：『容州黃家洞有竹茶，葉如嫩竹，土人作飲，甚甘美』」〔註119〕。

　　此外，邕州上林縣有都茗山「在縣西六十里，其山出茶，土人食之，因呼爲都茗山」〔註120〕，足見邕州亦爲茶葉產地。《茶經·八之出》尚有一條記載云：「黔中生恩州」〔註121〕，按：恩州南臨大海爲廣州所管，與黔中道相距甚遠，又《太平寰宇記·黔中道·思州》載思州土產有「茶」一項，故此處「恩州」爲「思州」之誤。

　　包括嶺南東道在內的嶺南地區手工業的發達，可以從《舊唐書·玄宗紀》所載開元二年（714）時一事觀之：

　　　　時右威衛中郎將周慶立爲安南市舶使，與波斯僧廣造奇巧，將以進

　　　　內。監選使、殿中侍御史柳澤上書諫，上嘉納之。〔註122〕

因安南當時未設市舶使，故安南應爲「嶺南」之誤〔註123〕，從上文來看，不僅表明廣州精品製造業的進步，側面也顯示中西文化的交流。

〔註116〕宋·李昉等編，《太平廣記》（臺北，文史哲出版社，民國76年），卷269，頁2113，〈韋公幹條〉引《投荒雜錄》。

〔註117〕《太平廣記》，卷269，頁2113，〈韋公幹條〉引《投荒雜錄》。

〔註118〕張宏庸輯校，《陸羽全集》（臺北，茶學文學出版社，民國74年3月初版），卷下，〈八之出〉，頁24～25。

〔註119〕《太平寰宇記》，卷167，〈嶺南道·容州〉，頁3191。

〔註120〕《太平寰宇記》，卷166，〈嶺南道·邕州〉，頁3174。

〔註121〕張宏庸輯校，《陸羽全集》，卷下，〈八之出〉，頁24。

〔註122〕《舊唐書》，卷8，〈玄宗上〉，頁174。

〔註123〕參見朱祖德，〈唐代廣州的經濟發展〉，《國立彰化師範大學文學院學報》，第十一期（民國104年3月），頁99～101。

在《太平廣記》中有一條資料顯示，即使遠在海南島上的瓊州，也有存在著手工業作坊，瓊州刺史韋公幹：

> 貪而且酷，掠良家子爲臧獲，如驅犬豕。有女奴四百人，執業者太半。有織花縑、文紗者；有伸角爲器者；有鎔鍛金銀者；有攻珍木爲什具者。其家如市，日考月課，惟恐不程。〔註124〕

從嶺南東道地區較爲偏遠的瓊州，亦有頗具規模的紡織、金銀製造及木器等手工業作坊來看，廣州地區的手工業，有可能已朝向手工業作坊的方向發展〔註125〕。此外，《舊唐書・敬宗紀》云：

> 九月丙午朔。丁未，波斯大商李蘇沙進沉香亭子材，拾遺李漢諫云：「沉香爲亭子，不異瑤臺、瓊室。」上怒，優容之。……詔浙西織造可幅盤條繚綾一千匹・觀察使李德裕上表論諫，不奉詔，乃罷之。……己巳，浙西、淮南各進宣索銀粧奩三具。〔註126〕

波斯商人李蘇沙欲進貢沉香建造涼亭，很可能是爲了討好敬宗皇帝，沉香在當時是相當貴重的香料，李蘇沙所進沉香的數量多到能建造亭子，可見價值不斐。觀此後詔浙西織造可幅盤條繚綾一千匹及浙西、淮南各進敬宗宣索的銀粧奩，可見敬宗務求華奢及享受，李蘇沙乃投其所好，無奈被不識好歹的李漢給看破了，波斯商人李蘇沙若從海路來則應由廣州北上，亦可能從陸上絲路來；但若要運沉香這樣貴重且數量較大的珍貨，則勢必要從水路運送，即從廣州登岸，再經由水路北運入京。

〔註124〕詳見宋・李昉等編，《太平廣記》（臺北，文史哲出版社，民國76年），卷269，頁2113，〈韋公幹條〉引《投荒雜錄》。

〔註125〕根據考古發現及史料記載，在唐代江南的潤、湖等州已發現官營及私營的金銀器手工業作坊，在揚州更發現金屬熔鑄及雕刻製骨等大型手工業作坊；而北方的定州等地亦有相當規模的紡織業作坊。而據《太平廣記・韋公幹條》的記載，甚至遠在海南島上，竟也出現相當進步的手工業作坊，足見手工製造業已朝向集中化、商品化的方向發展。有關上述各地手工業作坊考古成果的介紹及史料探討，參見朱祖德，〈唐代揚州的盛況及其繁榮因素試析〉，載《淡江史學》第10期（1999年6月），頁288、朱祖德，《唐五代兩浙地區經濟發展之研究》（台北，中國文化大學史學研究所博士論文，2005年6月），頁58～60、張澤咸，《唐代工商業》（北京，中國社會科學出版社，1995年），頁105等。

〔註126〕《舊唐書》，卷17上，〈敬宗紀〉，頁512。

第四節　交通佈局及商業發展

交州在兩漢及魏晉南北朝時期長期爲遠洋航行之終點站〔註 127〕，而到了唐代交州的地位則由鄰近的廣州所取代，著名漢學家伯希和在他所著的《交廣印度兩道考》一書中認爲，由於「航舶漸取直接航線徑赴中國，交州之地位，遂終爲廣州所奪。七世紀時如義淨等即在廣州登舶，然其間興替不無競爭也」〔註 128〕，可見廣州在唐初已取代交州的海上絲路終點地位，而廣州因而成爲當時第一大外貿港口。然交州仍有不少外舶停靠，如當時嶺南節度經略使就上奏，希望派遣中使到安南（交州）以負責收市的工作，而陸贄則以〈論嶺南請於安南置市舶中使狀〉〔註 129〕一文加以駁斥，側面說明交州仍有一定程度的對外貿易收入。本節將就嶺南東道地區的交通運輸、商業發展及城市經濟等方面加以探究。

一、交通運輸的發展

在交通運輸上，嶺南東道地區可透過靈渠通往湖南地區，也可透過大庾嶺路北連江西地區，因而交通運輸相當便捷。嶺南地區的廣州，因位於三江之交會點，又是海上絲綢之路的轉繼站，海外客商到達廣州後，如欲北上，仍需透過廣州的交通網絡，北連江西、湖南等地，因而水陸交通均十分繁忙。廣州也因其優越的地理位置，而使得商業貿易大盛，誠如《舊唐書·盧奐傳》所云：「南海郡利兼水陸，環寶山積」〔註 130〕，《元和郡縣圖志·河南府》亦云：「自揚、益、湘南至交、廣、閩中等州，公家漕運，私行商旅，舳艫相繼」〔註 131〕，生動描繪了從揚州到廣州等地，舟船川流不息的景象。

武則天長安（701～704）年間，有司表稅關市，鳳閣舍人崔融上疏勸諫，其諫文據《舊唐書·崔融傳》載：

> 四海之廣，九州之雜，關必據險路，市必憑要津。……且如天下諸
> 津，舟航所聚，旁通巴、漢，前指閩、越，七澤十藪，三江五湖，

〔註 127〕參見法·伯希和著，馮承鈞譯，《交廣印度兩道考》（北京，中華書局，2003年），頁 184，上卷，「陸道考·交廣之興替」一節詳論。

〔註 128〕伯希和著，馮承鈞譯，《交廣印度兩道考》，頁 184。

〔註 129〕參見《陸宣公集》，卷 18，〈論嶺南請於安南置市舶中使狀〉，頁 186。

〔註 130〕《舊唐書》，卷 98，〈盧奐傳〉，頁 3070。

〔註 131〕《元和郡縣圖志》，卷 5，〈河南道一〉，頁 137。

> 控引河洛，兼包淮海，弘舸巨艦，千軸萬艘，交貿往還，昧旦永日
> 〔註132〕。

崔融此奏獲得武則天的同意，遂罷關市之征〔註133〕。可見在武則天時期，各地的關、市已是「舟航所聚」，交通十分繁忙，亦間接帶動當地經濟發展。

淮南船隻若走長江水域，由江州經洪蠡湖，並經顓水逆流南下，可達洪州；再翻越大庾嶺，經韶州，則可到達唐代最大的對外貿易港口廣州。其沿路所經各地及所需時間，李翱的〈來南錄〉有詳細記載：

> 元和三年十月，翱既受嶺南尚書公之命，四年正月己丑自旌善第以妻子上船於漕，乙未去東都。……庚子出洛下河，止汴梁口，遂泛汴流通河於淮。辛丑及河陰，乙巳次汴州。……二月丁未朔宿陳留，……乙酉次宋州，疾漸瘳，壬子至永城，甲寅至埇口，丙辰次泗州，見刺史。假舟轉淮上河如揚州。庚申，下汴渠入淮，風帆及旴眙，風逆天黑，色波水激，順潮入新浦。壬戌，至楚州，丁卯至揚州。。……辛未濟大江至潤州，戊寅至常州，壬午至蘇州。……戊子至杭州。……丙申至睦州。……辛丑至衢州。……（四月）丙戌去衢州，戊子自常山上嶺至玉山，庚寅至信州。……己亥直渡擔石湖，辛丑至洪州。……五月壬子至吉州，壬戌至虔州，辛未上大庾嶺，明日至湞昌。……六月己亥朔至韶州。……癸未至廣州。〔註134〕

除了對所走的路線及所經地點加以記錄外，《來南錄》並詳細記載了從東京（洛陽）到廣州的水勢的順逆流及里程，若走水道出衢州、信州的話，七千六百里；若出上元西江者，七千一百三十里，由於李翱是由衢、信州再到江西的，若由揚州西行長江，走直接路線的話，依他的估計約少四百七十里路程。李翱對於每段路程的里程及順逆流都有記錄，自洛下黃河、汴梁過淮至淮陰，一千八百三十里。順流自淮陰至邵伯埭三百五十里，自邵伯至大江九十里為逆流而上。自洪蠡湖到洪州，一百一十八里為逆流，自洪州至大庾嶺一千八百里逆流，是謂漳江。自大庾嶺至湞昌一百一十里陸道，謂之大庾嶺，自湞昌至廣州九百四十里順流，謂之湞江，出韶州謂之韶江。〔註135〕

〔註132〕《舊唐書》，卷94，〈崔融傳〉，頁2997～2998。
〔註133〕《舊唐書》，卷94，〈崔融傳〉，頁2996～3000。
〔註134〕清·董誥等編，《全唐文》（上海，上海古籍出版社，1993年），卷638，李翱，〈來南錄〉，頁2853下～2854上。
〔註135〕《全唐文》，卷638，李翱，〈來南錄〉，頁2854上～2854中。

　　按《來南錄》的路線，若從廣州抵達揚州後，若要北上，則可由邗溝往北經楚州，入淮水（淮河）後，可達泗州，再連汴渠（通濟渠）〔註136〕，抵宿州、宋州及汴州，入河水（黃河）後，連接洛水可達東都洛陽。再由黃河西行，接渭水或漕渠〔註137〕，可抵達長安。

　　如從嶺南通往唐代最大經濟都會揚州的通道，即由廣州鄰近的韶州，接大庾嶺，入江西，再循贛水北上，進入長江水道，而達到揚州。廣州是唐代海外貿易的最大港口，又是南海航線的起點〔註138〕，且設有市舶司，來自海外的商旅群集於廣州。在開元四年（716）張九齡重修了大庾嶺通道後，不但便於商旅的往來，更大大提高了此條路線的運輸量〔註139〕，此通道乃與靈渠成為淮南至嶺南的重要路線〔註140〕。至於修建大庾嶺南路的原因，張九齡的〈開鑿大庾嶺路序〉云：

> 先天二年，龍集癸丑，我皇帝御宇之明年也。理內及外，窮幽極遠，日月普燭，舟車運行，無不求其所寧，易其所弊者也。初，嶺東廢路，人苦峻急，行逕寅緣，數里重林之表，飛梁嶪巘，千丈層崖之半，顛躋用惕，漸絕其元。……而海外諸國，日以通商，齒革羽毛之殷，魚鹽蜃蛤之利，上足以備府庫之用，下足以贍江淮之求〔註141〕。

〔註136〕隋代所開鑿的通濟渠，唐代稱之為「汴渠」，宋代則稱為「汴河」。有關隋唐時期汴渠的興修與演變，參見陳橋驛主編，《中國運河開發史》，第四篇第五章，頁278～295詳論。然考諸史籍，唐代史籍亦有稱汴渠為「汴水」者，其云：「自喪亂以來，汴水堙廢，漕運者自江、漢抵梁、洋，迂險勞費，胡注：自安祿山作亂，關、洛路阻，漕運泝江入漢，抵梁、洋，故汴渠堙廢不治。三月己酉，以太子賓客劉晏為河南、江、淮以來轉運使，議開汴水。」參見《資治通鑑》，卷223，〈唐紀四四〉，代宗廣德二年（764）二月，頁7164。

〔註137〕此渠係韋堅在隋代廣通渠舊渠的基礎上開鑿的，參見潘鏞，《隋唐時期的運河與漕運》，頁59～62詳論。

〔註138〕劉希為，《隋唐交通》（臺北，新文豐出版社，民國81年），頁283。

〔註139〕參見張九齡，〈開鑿大庾嶺路序〉，收入唐·張九齡撰，熊飛校注，《張九齡集校注》（北京，中華書局，2008年），卷17，頁890～891。

〔註140〕有關靈渠的交通路線，參見《全唐文》，卷804，魚孟威，〈桂州重修靈渠記〉，頁3747下；並參閱何榮昌，〈隋唐運河與長江中下游航運的發展〉，中國唐史學會等編，《古代長江中游的經濟開發》（湖北，武漢出版社，1988年），頁375～376。

〔註141〕參見張九齡，《張九齡集校注》，卷17，頁890～891；並參閱朱祖德，〈試論唐代揚州在中西交通史上的地位〉，《興大歷史學報》第18期（2007年6月），頁205。

從文中可知在張九齡開大庾嶺路前，由南向北及由北向南的交通均相當的不方便，而此路關係到國家府庫的充實與否，故此路開成後，對南北交通乃至於唐廷均有相當大的助益，〈開鑿大庾嶺路序〉云：「而海外諸國，日以通商，齒革羽毛之殷，魚鹽蜃蛤之利，上足以備府庫之用，下足以贍江淮之求」〔註142〕，表明江淮地區及唐廷對舶來品的需求甚殷。

不過從序文「先天二年」等語來看，張九齡並不是首倡並執行開鑿大庾嶺路的負責人，因張九齡在開元四年（716）始參與此事，文中提到先天二年（713），即早在三、四年前，此工程即已動工，因此首倡者，應另有其人〔註143〕。

另一條交通路線是靈渠，靈渠是溝通湘水與灕水的人工河道，開鑿甚早，到唐代已因年代久遠而廢置，唐寶曆（825～826）初觀察使李渤「立斗門十八以通漕」〔註144〕，不過因工程質量較差，不久即廢置。

咸通九年（868），桂州刺史魚孟威又加重修，增置斗門並改築石堤，《新唐書‧地理志》云：「以石為鏵隄，亙四十里，植大木為斗門，至十八重，乃通巨舟。」〔註145〕魚孟威，〈桂州重修靈渠記〉所載則更為詳細，其云：

> 其鏵隄悉用巨石堆積，延至四十里，切禁雜束篠也。其斗門悉用堅木排豎至十八里，切禁其間散材也。濬決磧礫，控引汪洋。防阨既定，渠遂洶湧。雖百斛大舸，一夫可涉。繇是科傜頓息，來往無滯。
>
> 〔註146〕

重修過後的靈渠通航比過去方便非常多，故文中有「雖百斛大舸，一夫可涉」及「來往無滯」等之稱頌語。〔註147〕透過靈渠這條渠道，連結了長江與珠江兩大水系，嶺南船隻可經由湘水、灕水進入長江而到達江淮地區，大大增進了南北間的交通。〔註148〕而從靈渠進入嶺南地區後，經桂州，可順灕水往南，

〔註142〕 參見張九齡，《張九齡集校注》，卷17，頁890～891；並參閱朱祖德，〈試論唐代揚州在中西交通史上的地位〉，《興大歷史學報》第18期（2007年6月），頁205。

〔註143〕 參見張九齡，〈開鑿大庾嶺路序〉一文注釋，《張九齡集校注》，卷17，頁892～893。

〔註144〕 見《新唐書》，卷43上，〈地理志〉，頁1105～1106。

〔註145〕 見《新唐書》，卷43上，〈地理志〉，頁1105～1106。

〔註146〕 參見《全唐文》，卷804，魚孟威，〈桂州重修靈渠記〉，頁3747下。

〔註147〕 《全唐文》，卷804，魚孟威，〈桂州重修靈渠記〉，頁3747下。

〔註148〕 參閱何榮昌，〈隋唐運河與長江中下游航運的發展〉，頁375。

再接鬱水（西江水），可達唐代最大國際貿易港口廣州。〔註 149〕

　　而從波斯及阿拉伯遠道而來的胡商，在中唐以前就已由波斯灣沿海，經麻六甲和北部灣抵廣州，或在福建沿岸登陸，再由梅嶺（大庾嶺）、贛水，經洪州及江州沿長江至揚州〔註 150〕。而張九齡開大庾嶺路一事，則值得大書特書的，由於嶺東的道路廢棄，故以往翻越五嶺，由於缺乏道路，是相當艱難的，自從張九齡開大庾嶺後，不論由廣州北上或由長江沿線南下廣州，在交通上均相當便捷，如從韶州經大庾嶺，可抵達虔州，接贛水支流貢水及贛水，再由彭蠡湖，經江州入長江，過揚子可達唐代最大經濟都會揚州。

　　在當時淮南廬州有「二京路」，可通達長安和洛陽，而江州與廬州之間只隔著舒州〔註 151〕，若經由廬州到達二京（長安和東都洛陽），可謂十分便捷。而廣州北上可由江州經舒州、廬州等地，而抵達二京。洪州、江州〔註 152〕、廬州等地均因位於自廣州往北，至淮南及河北、河南等地交通路線的必經之地，因而商業貿易十分發達。

　　由嶺南東道西部的容州往南，抵達交州、海南島等地的路線則需經「鬼門關」〔註 153〕，「鬼門關」位於容州北流縣南，當地因地形原因，崎嶇難行，又有瘴氣為害，據稱南去生還者十人才有一人，因而號為「鬼門關」〔註 154〕。合浦位於「瘴江路」的南段南流江出海口，自漢代以來香料、合浦珍珠均由此路線北達中原，由於南流江的河床積砂問題而影響通航，因此其商業貿易不如廣州之盛〔註 155〕。

　　此外，雷州半島南端的徐聞，是漢代以來嶺南地區的主要港口之一〔註 156〕，

〔註 149〕此條路線，曾一民氏稱之為「桂州越城嶺路」，詳見氏著，《唐代廣州之內陸交通》（臺中，國彰出版，民國 76 年），頁 115～140 詳論。

〔註 150〕參見俞永炳，〈試談絲綢之路上的揚州唐城〉，載《漢唐與邊疆考古研究》第一輯（北京，科學出版社，1994 年），頁 170。

〔註 151〕史念海，《唐代歷史地理研究》，頁 335。

〔註 152〕洪州、江州的地理位置及商業貿易情形，請參見朱祖德，〈唐代江西地區的經濟發展〉，載《淡江史學》第 19 期（2008 年 9 月），頁 49～50；53。

〔註 153〕廖幼華，〈唐宋時代鬼門關及瘴江水路〉，收入《第四屆唐代文化學術研討會論文集》（臺南，國立成功大學教務處出版組，民國 88 年），頁 549。

〔註 154〕《舊唐書》，卷 41，〈地理志·容州下都督府〉「北流縣條」，頁 1743。

〔註 155〕廖幼華，〈唐宋時代鬼門關及瘴江水路〉，頁 580～581。有關「瘴江路」的位置、交通上的重要性及交通路線參見廖幼華，前引文，頁 562～581 詳論。

〔註 156〕參見廖幼華，〈唐宋之際北部灣沿海交通發展〉，載《白沙歷史地理學報》，第 7 期（2009 年 4 月），頁 5。

《舊唐書・地理志》雷州徐聞縣條云「《漢志》曰『合浦郡徐聞南入海,達珠崖郡,即此縣』」〔註157〕,《舊唐書・地理志》崖州條亦云「雷州徐聞縣南舟行,渡大海,四百三十里達崖州」〔註158〕,足見徐聞爲通往海南島的主要港口。

　　早在漢代,番禺(唐廣州地區)即因地理位置優越,而成爲漢武帝時南征大軍的集合地,《漢書・武帝紀》即云:

> 遣伏波將軍路博德出桂陽,下湟水;樓船將軍楊僕出豫章,下湞水;
> 歸義越侯嚴爲戈船將軍,出零陵,下離水;甲爲下瀨將軍,下蒼梧。
> 皆將罪人,江淮以南樓船十萬人。越馳義侯遺別將巴蜀罪人,發夜
> 郎兵,下牂柯江,咸會番禺。〔註159〕

足見番禺(廣州)的戰略地位及交通位置均十分重要,伐南越的南征大軍才會在此集合。降至唐代,廣州的地理位置及交通條件,仍對其城市經濟的繁榮,乃至在中西文化交流上的地位,均有相當大的影響。斯波義信就指出「與交通的關係,對該都市的發展,具有決定性的作用」〔註160〕,廣州就是顯例。

　　在海外交通方面,廣州自從取代了交州在海上絲綢之路終點站的地位後,海舶即絡繹不絕地來到廣州,從事商業貿易等活動,其中與阿拉伯國家的來往亦十分地頻繁〔註161〕。唐貞元時宰相賈耽所考察方域道里數最爲詳細,《新唐書・地理七下》列出賈耽之入四夷道有七,其云:

> 一曰營州入安東道,二曰登州海行入高麗渤海道,三曰夏州塞外通
> 大同雲中道,四曰中受降城入回鶻道,五曰安西入西域道,六曰安
> 南通天竺道,七曰廣州通海夷道〔註162〕。

其中第七條即爲廣州通海夷道,其原文如下:

〔註157〕見《舊唐書》,卷41,〈地理志〉,頁1760。
〔註158〕見《舊唐書》,卷41,〈地理志〉,頁1762。
〔註159〕漢・班固等撰,《漢書》(臺北,鼎文書局,民國80年),卷6,〈武帝紀〉,頁186。
〔註160〕日・斯波義信著,布和譯,《中國都市史》(北京,北京大學出版社,2013年),頁136。
〔註161〕參見李慶新,〈論唐代廣州的對外貿易〉,載《中國史研究》,第1992年第4期,頁12～21、李金明,〈唐代廣州與阿拉伯的海上交通〉,《湛江師範學院學報》,第23卷第2期(2002年4月),頁1～6及周偉洲,〈唐朝與南海諸國通貢關係研究〉,載《中國史研究》,第2002年第3期,頁59～74等詳論。
〔註162〕《新唐書》,卷43下,〈地理志〉,頁1146。

廣州東南海行，二百里至屯門山，乃帆風西行，二日至九州石。又南二日至象石。又西南三日行，至占不勞山，山在環王國東二百里海中。又南二日行至陵山。又一日行，至門毒國。又一日行，至古笪國。又半日行，至奔陀浪洲。又兩日行，到軍突弄山。又五日行至海硤，蕃人謂之「質」，南北百里，北岸則羅越國，南岸則佛逝國，佛逝國東水行四五日，至訶陵國，南中洲之最大者。又西出硤，三日至葛葛僧祇國，在佛逝西北隅之別島，國人多鈔暴，乘舶者畏憚之。其北岸則箇羅國。箇羅西則哥谷羅國。又從葛葛僧祇四五日行，至勝鄧洲。又西五日行，至婆露國。又六日行，至婆國伽藍洲。又北四日行，至師子國（今斯里蘭卡），其北海岸距南天竺大岸百里，又西四日行，經沒來國，南天竺之最南境。又西北經十餘小國，至婆羅門西境。又西北二日行，至拔颶國。又十日行，經天竺西境小國五，至提颶國，其國有彌蘭太河，一曰新頭河，自北渤崑國來，西流至提颶國北，入于海。又自提颶國西二十日行，經小國二十餘，至提羅盧和國，一曰羅和異國，國人於海中立華表，夜則置炬其上，使舶人行不迷。又西一日行，至烏剌國，乃大食國之弗利剌河，南入于海。小舟泝流，二日至末羅國，大食重鎮也。又西北陸行千里，至茂門王所都縛達城（今伊拉克巴格達）。自婆羅門南境，……西北至康國七百里〔註163〕。

早在劉宋末年，扶南王僑陳如闍耶跋摩就遣商貨至廣州，天竺道人那伽仙於廣州附舶欲到扶南國，但回程遇風飄至林邑，為人所掠財物皆盡〔註164〕。這段記載顯示當時即是以廣州為交易地點。

此外，唐代嶺南東道地區的近海海運也相當地發達，僖宗時由於南蠻陷交阯，朝廷徵諸道兵赴嶺南。並由湖南水運，自湘水入靈渠，江西造切麵粥以饋行營。由於經由湘水、灘水運送糧食，運輸量有限，因此諸軍屯於廣州者缺乏糧食。因此，當時潤州人陳磻石「詣闕上書，言：『江西、湖南，泝流運糧，不濟軍師，士卒食盡則散，此宜深慮。臣有奇計，以饋南軍。』天子召見，磻石因奏：『臣弟聽思曾任雷州刺史，家人隨海船至福建，往來大船一

〔註163〕《新唐書》，卷43下，〈地理志〉，頁1146。
〔註164〕南朝梁・蕭子顯撰，《南齊書》（臺北，鼎文書局，民國82年），卷58，〈南夷・扶南國〉，頁1014～1015。

隻,可致千石,自福建裝船,不一月至廣州。得船數十艘,便可致三萬石至廣府矣。』又引劉裕海路進軍破盧循故事。執政是之,以磠石為鹽鐵巡官,往楊子院專督海運。於是康承訓之軍皆不闕供。」〔註165〕,足見嶺南東道地區的海運,因唐末的平亂需要,而有一定程度的發展。

二、商業貿易的發展

唐代廣州〔註166〕位於富饒的珠江三角洲上,不僅瀕臨大海,並且位於西江、東江及北江之交會點〔註167〕,故交通十分便捷,也因此成為嶺南東道乃至嶺南地區的最重要商業城市。廣州因擁有良好的地理位置及交通條件,在魏晉南北朝時期已成為嶺南地區最大的貿易港口〔註168〕。其實早在漢代,廣州就已成為嶺南地區的經濟中心,《史記・貨殖列傳》云:「番禺亦其一都會也,珠璣、犀、瑇瑁、果、布之湊。」〔註169〕番禺即約為唐代的廣州地區,《史記》的記載說明了廣州的優越的交通條件及商業的繁榮,早在西漢時期已受到重視。

魏晉南北朝時期,廣州的商業貿易有進一步的發展,《南齊書・王琨傳》載劉宋時,王琨「出為持節、都督廣、交二州軍事,建威將軍,平越將軍,平越中郎〔將〕,廣州刺史。南土沃實,在任者常致巨富,世云『廣州刺州但經城門一過,便得三千萬』也。琨無所取納,表獻祿俸之半。」〔註170〕,足見當時廣州刺史已成為收入豐厚的官職,王琨卻一介不取,堪為官吏表率。

《南齊書・南夷・交州》亦云:「商舶遠屆,委輸南州,故交、廣富實,

〔註165〕《舊唐書》,卷19上,〈懿宗紀〉,頁652〜653。

〔註166〕廣州一地在唐代以前,史籍多稱為「番禺」,原隸屬交州,吳孫皓時「以交州土壤太遠,乃分置廣州,理番禺。交州徙理龍編。晉代因而不改。……隋開皇九年平陳,於廣州置總管府,仁壽元年改廣州為番州,大業三年罷番州為南海郡。隋末陷賊,武德四年討平蕭銑,復為廣州。」參見唐・李吉甫撰,賀次君點校,《元和郡縣圖志》(北京,中華書局,1995年)卷34,〈嶺南道一・廣州〉,頁885〜886。

〔註167〕見張澤咸,《唐代工商業》,頁224。

〔註168〕廖幼華指出,因三國以後越洋航路的逐漸形成,自此「大型船舶逐漸捨棄沿海航線,轉走新的南海航線,自此廣州取代徐聞,成為嶺南最大的貿易港口」,參見廖幼華,〈唐宋之際北部灣沿海交通發展〉,載《白沙歷史地理學報》,第7期(2009年4月),頁5。

〔註169〕漢・司馬遷,《史記》(臺北,鼎文書局,民國75年),卷129,〈貨殖列傳〉,頁3268。

〔註170〕《南齊書》,卷32,〈王琨傳〉,頁578。

韌積王府」〔註171〕，以交、廣並舉，顯示當時廣州在海外貿易方面尚未取代交州的地位。蕭梁時，廣州是「郡常有高涼生口及海舶每歲數至，外國賈人以通貨易」〔註172〕，並且「舊時州郡以半價就市，又買而即賣，其利數倍，歷政以爲常」〔註173〕，王僧孺雖到職僅一個月，但因秉政清廉，一無所取，以致在朝廷下詔徵還時，郡民道俗 600 人詣闕請留〔註174〕，足見在廣州爲官清廉者並不常見。

　　六朝時期，廣州對外貿易的地位逐漸上升，並漸漸取代龍編（交州），成爲南方最重要的外貿港口。故《隋書・地理志》云：

> 南海、交趾，各一都會也，並所處近海，多犀象瑇瑁珠璣，奇異珍瑋，故商賈至者，多取富焉。〔註175〕

隋代南海郡約爲唐代的廣州地區，史言「故商賈至者，多取富焉」〔註176〕，足見廣州在六朝時期，商業貿易已相當地繁榮。唐初廣州的經濟情勢有進一步的發展，《新唐書》，卷五十六，〈刑法志〉云「廣州都督黨仁弘嘗率兵鄉兵二千助高祖起，封長沙郡公。仁弘交通豪酋，納金寶，沒降獠爲奴婢，又擅賦夷人。既還，有舟七十」〔註177〕，黨仁弘因擅賦夷人及以降獠爲奴婢等手法，竟有七十艘船，這是相當大的數量。

　　嶺南東道部分地區的商業，受惠於優越的地理位置及良好的交通條件，加以有較以往進步的農業生產及手工業而相當繁榮。嶺南地區除對外交通發達之外，與嶺北的交通及貿易往來亦十分頻繁。《全唐文》卷八十三，〈恤民通商制〉稱「安南寇陷之初，流人多寄溪洞，……如聞溪洞之間，悉藉嶺北茶藥，宜令諸道一任商人興販，不得禁止往來」〔註178〕，足見當時嶺南地區有不少商人遠赴嶺北購買茶、藥等物資，其購買地點應爲江淮一帶地區，尤其是揚州，揚州不但是江淮地區的經濟中心，同時也是全國茶、藥及瓷器等

〔註171〕《南齊書》，卷 58，〈南夷傳〉，頁 1018。
〔註172〕唐・姚思廉撰，《梁書》（臺北，鼎文書局，民國 82 年），卷 33，〈王僧孺傳〉，頁 470。
〔註173〕《梁書》，卷 33，〈王僧孺傳〉，頁 470。
〔註174〕《梁書》，卷 33，〈王僧孺傳〉，頁 470。
〔註175〕唐・魏徵、令狐德棻等撰，《隋書》（臺北，鼎文書局，民國 76 年），卷 31，〈地理志〉，頁 887～888。
〔註176〕《隋書》，卷 31，〈地理志〉，頁 888。
〔註177〕《新唐書》，卷 56，〈刑法志〉，頁 1412。
〔註178〕《全唐文》，卷 83，唐懿宗，〈恤民通商制〉，頁 380 下。

商品的集散地〔註179〕；距離較近的洪州〔註180〕，也是可能的選項之一。

自張九齡開大庾嶺路後，嶺南東道地區不論南來北往交通均十分便捷，如從韶州經大庾嶺，可抵達虔州，接贛水支流貢水及贛水，再由彭蠡湖，經江州入長江，過揚子可達唐代最大經濟都會揚州。或經由淮南廬州的「二京路」，可抵達京城長安和東都洛陽〔註181〕。

武后時名相陸贄說廣州「地當衝要，俗號殷繁，交易之徒，素所奔湊」〔註182〕，顯示廣州地理位置的優異及來往商旅之眾多。廣州是「利兼水陸，環寶山積」〔註183〕，故「舊帥作法興利以致富，凡為南海者，靡不梱載而還」〔註184〕。《舊唐書・王方慶傳》則云：「廣州地際南海，每歲有崑崙乘舶以珍物與中國交市，舊都督路元睿冒求其貨，崑崙懷刃殺之，方慶在任數載，秋毫不犯。……當時議者以為有唐以來，治廣州者無出方慶之右」〔註185〕，足見當時為官廣州，能以清廉自持者應不多見。

嶺南節度使因掌握市舶之利，故多懷珍藏，其中亦有富可敵國者，如《舊唐書・王鍔傳》云：「西南大海中諸國舶至，則盡沒其利，由是鍔家財富於公藏。日發十餘艇，重以犀象珠貝，稱商貨而出諸境。周以歲時，循環不絕，凡八年，京師權門多富鍔之財」〔註186〕。「京師權門多富鍔之財」一語雖有些誇張，卻也是嶺南藩帥「財」傾朝野的顯例。王鍔因歷經大藩，且常以錢財結交權貴，故他的富有，在當時是非常相當有名的。《唐國史補》就記載有人勸他散盡家財以避禍，他卻將所有錢財都分給他的親戚，令論者啞然的故事〔註187〕。

〔註179〕參見朱祖德，〈唐代揚州的商業貿易〉，載《史學彙刊》第30期（2012年12月），頁77～79、82～84詳論。

〔註180〕江西地區盛產茶葉、瓷器等，洪州是江西地區的經濟中心，加以洪州位於廣州從贛江北上的路線上，因此到洪州買辦茶藥等物資亦相當方便，參見朱祖德，〈唐代江西地區的經濟發展〉，《淡江史學》第19期（2008年9月），頁46～48詳論。

〔註181〕詳見史念海，《唐代歷史地理研究》（北京，中國社會科學出版社，1998年），頁335。

〔註182〕《陸宣公集》，卷18，〈論嶺南請於安南置市舶中使狀〉，頁186。

〔註183〕《舊唐書》，卷98，〈盧奐傳〉，頁3070。

〔註184〕《舊唐書》，卷177，〈盧鈞傳〉，頁4591。

〔註185〕《舊唐書》，卷89，〈王方慶傳〉，頁2897。

〔註186〕《舊唐書》，卷151，〈王鍔傳〉，頁4060。

〔註187〕李肇，《唐國史補》，卷中，頁43。

　　而廣州爲嶺南首府，擁有良好的地理位置，安史亂後人口持繼增加，加以手工業發達，產品的多樣化，使其商業交易十分繁榮。廣州在玄宗開元二年（714）時已設有市舶使〔註188〕，當時情形如《唐國史補》所云：

　　南海舶，外國船也。每歲至安南、廣州。獅子國舶最大，梯而上下數丈，皆積寶貨。至者本道奏報，郡邑爲之喧闐。有蕃長爲主領，市舶使籍其名物，納舶腳，禁珍異，蕃商有以詐欺入牢獄者。〔註189〕

由「梯而上下數丈」來看，足見獅子國船舶規模之大，其載貨量想必十分驚人。「至者本道奏報，郡邑爲之喧闐」的敘述，表明當地官民對海外商船靠岸的興奮與期待。據《新唐書・孔戣傳》云：「蕃舶泊步有下碇稅，始至有閱貨宴，所餉犀琲，下及僕隸，戣禁絕，無所求索」〔註190〕，其中「下碇稅」類似關稅性質〔註191〕。朱彧的《萍洲可談》所載更爲詳細：「凡舶至，帥漕與市舶監官蒞閱其貨而征之，謂之「抽解」，以十分爲率，眞珠龍腦凡細色抽一分，瑇瑁蘇木凡麤色抽三分，抽外官市各有差，然後商人得爲己物。象牙重及三十斤并乳香，抽外盡官市，蓋榷貨也。商人有象牙稍大者，必截爲三〔十〕斤以下，規免官市。凡官市價微，又準他貨與之，多折閱，故商人病之。舶至未經抽解，敢私取物貨者，雖一毫皆沒其餘貨，科罪有差，故商人莫敢犯」〔註192〕，此雖爲宋代的情形，亦可補充《唐國史補》所載資料。

　　如《唐國史補》僅云「納舶腳」，然未說明其稅率；《萍洲可談》則區分爲細色及麤色不同稅率，且其稅率與《宋史・食貨志》所載不盡相同〔註193〕，因此有可能《萍洲可談》與《宋史・食貨志》所反應的是不同時期的情形。再者，

〔註188〕　《舊唐書》，卷8，〈玄宗紀〉，頁174。並參見黎虎，〈唐代的市舶使與市舶管理〉，《歷史研究》，1998年第3期，頁32。

〔註189〕　《唐國史補》，卷下，頁63。海舶至廣州的課稅及官市等規定，可參閱宋・朱彧，李偉國點校，《萍洲可談》（北京，中華書局，2011年），卷2，頁132。

〔註190〕　《新唐書》，卷163，〈孔巢父附孔戣傳〉，頁5009。

〔註191〕　「下碇稅」參見曾一民，〈唐魯國公孔戣治廣州之政績〉，收入黃約瑟、劉健明編，《隋唐史論集》（香港，香港大學亞洲研究中心出版，1993年），頁94。

〔註192〕　《萍洲可談》，卷2，頁134。

〔註193〕　《宋史》，卷186，〈食貨志〉載隆興二年，臣僚言：「熙寧初，立市舶以通物貨。舊法抽解有定數，而取之不苛，輸稅寬其期，而使之待價，懷遠之意實寓焉。邇來抽解既多，又迫使之輸，致貨滯而價減。擇其良者，如犀角、象齒十分抽二，又博買四分；珠十分抽一，又博買六分。舶戶懼抽買數多，止販雜貨。若象齒、珠犀比他貨至重，乞十分抽一，更不博買」，「籠色」爲粗色之意，參見元・脫脫等撰，《宋史》（北京，中華書局，1977年），卷186，〈食貨志〉，頁4566。

《唐國史補》云「蕃商有以詐欺入牢獄者」〔註194〕，《萍洲可談》則「舶至未經抽解，敢私取物貨者，雖一毫皆沒其餘貨，科罪有差，故商人莫敢犯」〔註195〕，說明了蕃商之所以「詐欺入牢獄」的原因。

曾數次欲前往日本弘法，而遭風浪往南飄移的鑑真和尚，在《唐大和上東征傳》中也提到：

> 江中有婆羅門、波斯、崑崙等舶，不知其數；並載香藥、珍寶、積載如山，其舶深六、七丈。師子國、大石國、骨唐國、白蠻、赤蠻等往來居〔住〕，種類極多〔註196〕。

其中「大石國」即爲大食，「師子國」爲獅子國；「崑崙」應爲今日的馬來半島、印度尼西亞等東南亞國家〔註197〕。足見至廣州的海外商旅從事貿易甚多，「香藥、珍寶、積載如山」的描述，呈現出胡商的貴重貨物之多，價值甚高，側面顯示廣州商業貿易的發達。

在《太平廣記》中有許多對胡商經營珠寶、珍貝及犀角的記載；如卷三四的〈崔煒條〉中，崔煒將所得到的南越王趙佗陪葬寶珠〔註198〕，鬻於波斯邸，雖頗有神話意味，然以「波斯邸」來稱波斯胡商所聚集的交易地，足見廣州有「波斯邸」的存在，亦爲胡商群集廣州之證。廣州還有番坊的設置，朱彧，《萍洲可談》云：「廣州番坊，海外諸國人聚居，置蕃長一人，管勾蕃坊公事，專切招邀蕃商入貢，用蕃官爲之，巾袍履笏如華人」〔註199〕，《萍洲可談》所反映的雖是宋代情形，卻可見由唐入宋，在廣州的胡商人數仍維持一定人數，故需設「蕃坊」加以管理。

其次，《太平廣記》卷三一〇的〈張無頗條〉云，張無頗得到廣利王所贈的「駭雞犀、翡翠盌及麗玉明瑰」〔註200〕等珍寶，在廣州僅出售駭雞犀，就已獲巨萬〔註201〕。再者，《太平廣記》卷四七六的〈陸顒條〉〔註202〕，胡商

〔註194〕《唐國史補》，卷下，頁63。
〔註195〕《萍洲可談》，卷2，頁134。
〔註196〕日・元開撰，汪向榮校注，《唐大和上東征傳》（北京，中華書局，2000年），頁74。
〔註197〕參見《唐大和上東征傳》，頁75注。
〔註198〕見《太平廣記》，卷34，頁216～219，〈崔煒條〉引《傳奇》。
〔註199〕《萍洲可談》，卷2，頁134。
〔註200〕見《太平廣記》，卷310，頁2452，〈張無頗條〉引《傳奇》。
〔註201〕見《太平廣記》，卷310，頁2452，〈張無頗條〉引《傳奇》。
〔註202〕見《太平廣記》，卷476，頁3920～3922，〈陸顒條〉引《宣室志》。

以「珍貝數品遺於顗，貨於南越，獲金千鎰」〔註203〕。上述數例，均描寫胡商在廣州經營珠寶、珍貝等買賣，胡商往往出高價搶購他們認為珍貴的珠寶，可見珠寶交易在廣州不但興盛，且獲利是相當巨大的。

嶺南東道地區由於是唐代海鹽的產地之一，故食鹽的交易亦十分興盛，其中私鹽的交易如同嶺北，應佔有相當的比例。白居易〈鹽商婦〉詩云：「鹽商婦，多金帛，不事田農與蠶績，南北東西不失家，風水為鄉舟船作宅。……婿作鹽商十五年，不屬州縣屬天子，每年鹽利入官時，少入官家多入私，官家利薄私家厚，鹽鐵尚書遠不知」〔註204〕，生動說明鹽商販賣私鹽有厚利可圖；括廣州在內的嶺南東道地區，因盛產食鹽，且私販鹽有暴利可圖，故應有不少鹽商挺而走險，從事私鹽交易。

在貿易商品方面，金、銀、玳瑁、香藥、荔枝及水產品等物資，是嶺南東道地區最主要的貿易商品。

三、城市經濟的繁榮

在嶺南東道地區的城市經濟方面，將主要探討廣州、韶州、桂州及恩州等地的經濟發展。廣州地區舊稱番禺，早在漢代，番禺即為嶺南地區的經濟中心，《史記‧貨殖列傳》即云：

> 九疑、蒼梧以南至儋耳者，與江南大同俗，而楊越多焉。番禺亦其
> 一都會也，珠璣、犀、瑇瑁、果、布之湊〔註205〕。

將廣州與其他的區域經濟中心並列，足見其重要性。六朝時期，廣州對外貿易的地位逐漸上升，並漸漸取代龍編（交州），乃成為嶺南最重要的外貿港口。

廣州在唐代先後為廣州總管府、大都督府、中都督府及嶺南道采訪使駐所，其後為嶺南五府經略使兼節度使（下文簡稱「嶺南節度使」）駐所〔註206〕，足見廣州的軍事、政治及經濟地位均十分重要。廣州的農業生產進步，加以手工業發達，對外的商業交易又十分繁榮，故經濟相當發達。廣州在安史亂後，因經濟繁榮，人口增加快速，元和時戶數已躍居嶺南地區首位。

廣州的地理位置十分優異，如海外胡商在中唐以前，就在廣州或福建沿

〔註203〕見《太平廣記》，卷476，頁3920～3922，〈陸顗條〉引《宣室志》
〔註204〕《白居易集》，卷4，頁84，〈鹽商婦〉。
〔註205〕《史記》，卷129，〈貨殖列傳〉，頁3268。
〔註206〕《元和郡縣圖志》，卷34，〈嶺南道一‧嶺南節度使〉，頁886。

岸登陸，再由梅嶺（大庾嶺）、贛水，經洪州及江州沿長江至揚州。〔註 207〕故廣州乃成為主要的口岸。廣州因位居於對外商業貿易的第一要埠，外舶來往絡繹於途，因而商業貿易十分發達，故史稱：「南海有蠻舶之利，珍貨輻湊」〔註 208〕、「南海有市舶之利，歲貢珠璣」〔註 209〕，足見嶺南誠為唐廷財稅之所寄。

由於廣州的「海舶之利」相當重要，因此除要收市外〔註 210〕，還要不時視上意來進奉，且因置市舶使收取貨物稅及舶腳，故需倚重能臣幹吏，招徠商船，以收其效。而廣州則是嶺南東道地區的政治、經濟中心，人口稠密，物產富饒，且擁有便利的交通，加上充足的勞動力，使手工業及商業均相當發達。《新唐書》，卷一四三，〈徐申傳〉載：

> 踰年，進嶺南節度使。前使死，吏盜印，署府職百餘員，畏事泄，謀作亂。申覺，殺之，註誤一不問。遠俗以攻劫相矜，申禁切，無復犯。外蕃歲以珠、瑇瑁、香、文犀浮海至，申於常貢外，未嘗膌索，商賈饒盈。〔註211〕

以上文觀之，徐申任嶺南節度使時可謂理有善政，實為良吏之表率，且「外蕃歲以珠、瑇瑁、香、文犀浮海至，申於常貢外，未嘗膌索，商賈饒盈。」〔註212〕表明其處理外貿事務十分妥善。

而由唐代最大經濟都會揚州南下廣州，往往經由長江及贛水，翻越大庾嶺而達廣州。商旅在沿途並可匯集江西地區所盛產的茶葉及瓷器等物資，再南下廣州，故在這條路線上的江州、洪州、韶州及廣州等城市，商業貿易均相當發達。在當時淮南廬州有「二京路」，可通達長安和洛陽，而江州與廬州之間只隔著舒州〔註213〕，若從廣州北上，再經由江州、廬州而到達二京，可謂十分便捷。

〔註207〕參見俞永炳，〈試談絲綢之路上的揚州唐城〉，載《漢唐與邊疆考古研究》第一輯（北京，科學出版社，1994 年），頁 170。

〔註208〕《舊唐書》，卷 177，〈盧鈞傳〉，頁 4591。

〔註209〕《舊唐書》，卷 178，〈鄭畋傳〉，頁 4633。

〔註210〕「收市」參見陳明光、靳小龍，〈論唐代廣州的海外交易、市舶制度與財政〉，《中國經濟史研究》，2005 年第 1 期，頁 108～109 及黎虎，〈唐代的市舶使與市舶管理〉，《歷史研究》，1998 年第 3 期，頁 32。

〔註211〕《新唐書》，卷 143，〈徐申傳〉，頁 4695。

〔註212〕同前註。

〔註213〕史念海，《唐代歷史地理研究》，頁 335。

此外，在《全唐文》，卷七五，〈大和八年疾愈德音〉中提到：

> 其嶺南、福建及揚州蕃客，宜委節度觀察使常加存問，除舶腳、收
> 市、進奉外，任其來往通流，自爲交易，不得重加率稅。〔註214〕

此段記載表明廣州已設市舶司，唐文宗的〈大和八年疾愈德音〉表明了廣州、泉州及揚州是當時三大胡商聚集地，也是當時中國最大的三個國際港口之一。廣州不僅爲當時中外交流的樞紐，同時也是國際貿易的重要港口。如九世紀大食著名地理學家伊本・胡爾達茲比赫（Ibn khordadbeh）在所著《道里邦國志》一書中，已把廣州列爲與交州（龍編）、揚州、泉州齊名的四大港口〔註215〕。

韶州位於嶺南東道的東北部，在江西地區通往嶺南地區及嶺南通往江西地區的必經之路上，如從江西地區南下廣州，可由贛水逆流而上，至虔州，再由贛水的支流貢水抵大庾嶺，翻越大庾嶺後，則可抵達湞昌再由湞水（湞水）順流而下，即可達韶州、廣州等地〔註216〕。

由廣州北去揚州，則可由贛水順流北行，經彭蠡湖（鄱陽湖），接長江，北上往東可抵揚州、蘇州及杭州等地，或往西抵達江陵、襄陽等地〔註217〕。故皇甫湜的〈朝陽樓記〉云：「嶺南屬州以百數，韶州爲大，其地高，其氣清，南北之所同，貢朝之所途」〔註218〕，表明韶州爲嶺南大州，且因爲嶺南通往江西地區的咽喉，因此韶州亦爲「貢朝之所途」。

韶州因有擁有優越的地理位置及便捷的交通等條件，加以紡織業等手工業亦有一定的基礎〔註219〕，韶州在天寶時期戶數高達31,000戶，其戶數在嶺南東道地區僅次於廣州（42,235戶）及連州（32,210戶）〔註220〕，由於戶口數多寡與當地的經濟情形有密切關連，韶州天寶時期有如此多的戶口，足見其經濟相當繁榮。

〔註214〕《全唐文》，卷75，〈大和八年疾愈德音〉，頁342中。
〔註215〕見阿拉伯・伊本・胡爾達茲比赫（Ibn khordadhbeh）著，宋峴譯注，《道里邦國志》（北京，中華書局，1991年），頁72。
〔註216〕參見本節「交通運輸的發展」詳論。
〔註217〕史念海，〈隋唐時期運河和長江的水上交通及其沿岸的都會〉，載《河山集》第7輯（陝西，陝西師大出版社，1999年），頁205～206。
〔註218〕《全唐文》，卷686，皇甫湜，〈朝陽樓記〉，頁3113下。
〔註219〕韶州開元貢：麻布、竹布十五匹，參見《元和郡縣圖志》，卷34，〈嶺南道一〉，頁901。
〔註220〕韶州、廣州及連州天寶時期戶數，參見《新唐書》，卷43上，〈地理志〉，頁1095～1096、1107。

不過元和時期韶州戶數有所減損，僅有 9,664 戶〔註221〕，然《新唐書‧徐申傳》載徐申任職韶州刺史時，史云：「申按公田之廢者，募人假牛犁墾發，以所收半畀之，田久不治，故肥美，歲入凡三萬斛。……未幾，邑閭如初。創驛候，作大市，器用皆具」〔註222〕。顯示韶州的農業及商業貿易均有相當的發展，因而戶數增至 17,500 餘戶〔註223〕。徐申任韶州刺史時間，約爲德宗興元元年至德宗貞元四年（784～789）〔註224〕，如以貞元四年作爲徐申離任時間，則從貞元四年到元和年間，其間約二十餘年，戶數不應有如此大的變化，因此《元和郡縣圖志》所載韶州戶數是否有錯漏情形，有待進一步探究。

桂州因中宗時王晙大興屯田，使糧食生產量增加〔註225〕，且位於南來北往的要道——靈渠的交通路線上，因此過往商旅可謂絡繹於途。靈渠的開鑿時間甚早，到了到了唐代，已因年久失修而廢置，敬宗寶曆初（825～826）觀察使李渤加以修復〔註226〕，惟因工程質量較差，不久即廢置。咸通九年（868）時，桂州刺史魚孟威重修靈渠，增置斗門並改築石堤，重修過後的靈渠通航比過去方便非常多，史云「雖百斛大舸，一夫可涉」〔註227〕，足見透過重修後的靈渠，無論南來北往的航行均相當便利。

透過靈渠可連結長江與珠江兩大水系，嶺南船隻可經由湘水、灘水進入長江而到達淮南及江南地區〔註228〕，大大增進了南北間的交通。而從靈渠進入嶺南地區後，經桂州，可順灘水往南，再接鬱水（西江水），可達唐代最大國際貿易港口廣州〔註229〕。桂州因擁有良好的農業基礎及優越的交通條件，

〔註221〕《元和郡縣圖志》，卷34，〈嶺南道一〉，頁900。

〔註222〕《新唐書》，卷143，〈徐申傳〉，頁4694。

〔註223〕《新唐書》，卷143，〈徐申傳〉，頁4694。李翺，〈徐公行狀〉云「其始來也，韶之戶僅七千，凡六年遷合州，其去也，倍其初之數，又盈四千戶焉」，見《全唐文》，卷639，李翺，〈唐故金紫光祿大夫檢校禮部尚書使持節都督廣州諸軍事兼廣州刺史兼御史大夫充嶺南節度營田觀察制置本管經略等使東海郡開國公食邑二千戶徐公行狀〉，頁2861上。按〈徐公行狀〉記載，則韶州在徐申任職期滿前，較原戶數增加11,000戶，合計原戶數，則韶州戶數達18,000戶以上，較《新唐書‧徐申傳》所載17,500戶，增加了500戶。

〔註224〕見郁賢皓，《唐刺史考全編》，第5冊，〈嶺南道‧韶州〉，頁3187。

〔註225〕《舊唐書》，卷93，〈王晙傳〉，頁2985。

〔註226〕見《新唐書》，卷43上，〈地理志〉，頁1105～1106。

〔註227〕《全唐文》，卷804，魚孟威，〈桂州重修靈渠記〉，頁3747下。

〔註228〕何榮昌，〈隋唐運河與長江中下游航運的發展〉，頁375。

〔註229〕此條路線，曾一民氏稱之爲「桂州越城嶺路」，詳見氏著，《唐代廣州之內陸交通》（臺中，國彰出版，民國76年），頁115～140詳論。

加以製銅業、鑄錢業等金屬製造業均相當發達，而有一定的繁榮。

此外，恩州也因地居交通要道，而商業貿易亦相當地繁榮，《太平寰宇記》，卷一五八，〈嶺南道・恩州〉引《投荒錄》即云「恩州為恩平郡，涉海最為蒸濕，當海南五郡泛海路，凡自廣至勤、春、高、潘等七州，舊置傳舍。……既當中五州之要路，由是頗有廣陵、會稽賈人船循海東南而至，故吳越所產之物，不乏於斯」〔註230〕，足見恩州在嶺南東道地區交通上的地位，也因位於交通要衝，故遠從唐代最大經濟都會揚州及會稽等地的商船，均泛海而來從事交易。

此外，《朝野僉載》，卷二載「周恩州刺史陳承親，嶺南大首領也，專使子弟劫江。有一縣令從安南來，承親憑買二婢，令有難色。承親每日重設邀屈，甚殷勤。送別江亭，即遣子弟尋復劫殺，盡取財物」〔註231〕，此段記載益證恩州因位在水路要津，往來官吏、商旅絡繹於途。值得注意的是，揚州的近海運輸的目的地，唐前期主要在東北地區，唐末因用兵南詔，軍隊乏食，故曾由揚州海運糧食至廣州〔註232〕，《朝野僉載》此條記載顯示了遠從揚州、越州來的商船，均到恩州進行貿易，可見恩州確為該地區的經濟中心〔註233〕。

第五節　結　語

唐代的嶺南東道地區，幅員相當遼闊，除廣州、韶州及桂州等少數個別地區外，嶺南東道的大部分地區在唐前期仍是尚未開發或開發較遲之地。有些地區由於人煙稀少，以致猛獸橫行。同時也因嶺南地區距中原地區十分遙遠，因此被當成官員的貶放之地。唐代嶺南東道地區的經濟發展，儘管存在著地區性的差異，然包括廣州韶州及桂州等地的經濟景況，則因交通路線的開闢及海外貿易的日益活絡，而有顯著的發展。

在盛唐以後，由於大庾嶺路的開鑿及靈渠的重修，使得嶺南地區通往中原地區的交通，較以往便捷許多。加以廣州自南北朝以來，逐漸取代了交州的貿易地位，而成為當時最大的對外貿易港口，同時廣州的手工業及農業也

〔註230〕《太平寰宇記》，卷158，〈嶺南道・恩州〉，頁3037～3038。
〔註231〕《朝野僉載》，卷2，頁29。
〔註232〕揚州的近海海運及糧食南運至廣州濟軍，參見朱祖德，〈唐代淮南地區的交通運輸〉，《史學彙刊》第31期（2013年6月），頁41～42。
〔註233〕因恩州與廣州同為廣府所轄，而廣州為嶺南地區最大經濟都會，恩州屬於地區性的城市，從嶺南東道地區整體角度來看，恩州應為「次級經濟中心」。

有相當的進步。廣州北面的韶州也因位於北通江西的大庾路上，因此較早接受新進的耕作技術，商業貿易也相當地繁榮。桂州由於位於靈渠的交通路線上，故城市經濟上保持一定的繁榮。恩州也因位在廣州通往勤、春、高、潘等州的路線上，因此商業貿易上亦有一定程度的發展。

　　綜上所述，有唐一代嶺南東道地區雖並非全面性開發，而是存在著不均衡性，然由於上述廣州、韶州、桂州及恩州等地區的經濟發展，從而帶動了鄰近地區的經濟發展，使得唐五代時期，嶺南東道地區經濟較之前代有更進一步的發展，若干開發較晚地區，到了宋代也有相當程度的發展。

〔附註〕本章原以〈唐代嶺南東道地區經濟的發展〉爲題，發表於《史學彙刊》第三十三期（2014 年 12 月），承蒙兩位匿名審查委員惠賜卓見，特此致謝。現稍有增補，改題今名收入本書。

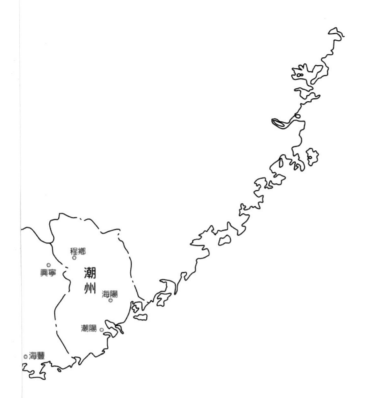

改繪

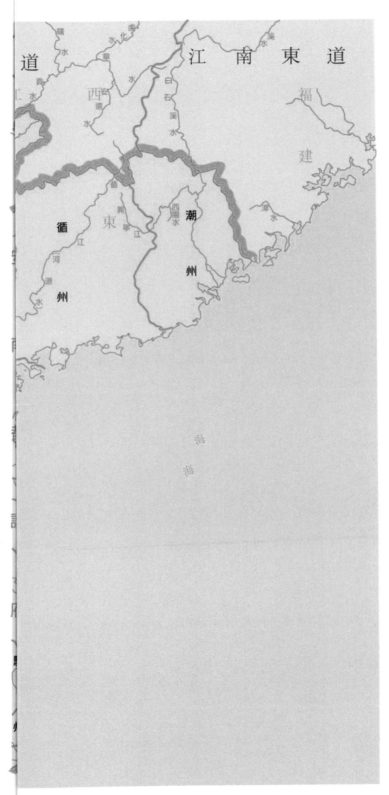

第三章　唐代嶺南西道地區經濟發展析論

第一節　前　言

　　唐代的嶺南西道，位在今日的廣西壯族自治區西半部、越南中北部地區，幅員相當遼闊。除交州、邕州等個別地區外，包括嶺南西道在內的嶺南地區大部分地區在唐代仍是開發較晚之地，有些地區甚至人煙稀少，猛獸橫行〔註1〕。同時也因嶺南地區距中原地區十分遙遠，因此被當成官員的貶放之地。

　　交州，舊稱交趾、龍編，自漢代以來，交州即長期作爲海外商舶遠洋航行的終點站。雖自南北朝以降，因「越洋航路逐漸成形，從江浙、廣州出發的船隻，不再行經徐聞、合浦及交州的沿岸港口，直接穿過海南島東面，抵達中南半島之林邑及南海諸國。大型船舶逐漸捨棄沿海航線，轉走新的南海航線。」〔註2〕因此交州在海外貿易方面的重要性，因此逐漸爲廣州所取代。

　　然九世紀大食著名地理學家伊本‧胡爾達茲比赫（Ibn khordadbeh）在所著《道里邦國志》一書中，仍將魯金（交州）列爲與漢府（廣州）、剛突（揚

〔註1〕　唐代嶺南地區的循州、潮州等地均有鱷魚，參見唐‧韓愈撰，馬通伯校注，《韓昌黎文集校注》（香港，中華書局，1991 年 12 月重印），卷 8，〈鱷魚文〉，頁 329～331 及翁俊雄，〈唐代嶺南社會經濟漫談〉，收入《唐代人口與區域經濟》（臺北，新文豐出版事業公司，民國 84 年），頁 488～489。

〔註2〕　參見廖幼華，〈唐宋之際北部灣沿海交通發展〉，載《白沙歷史地理學報》，第 7 期（民國 98 年 4 月），頁 5。

州）、漢久齊名的四大港口之一〔註3〕，桑原騭藏在《唐宋貿易港研究》一書中，亦對這四大港口詳加論證〔註4〕。再者，從陸贄，〈論嶺南請於安南置市舶中使狀〉來看，至中唐時，交州也仍然有一定數量的海外商船停泊，從事交易〔註5〕。

邕州因位於嶺南地區西部主要河川——鬱水支流左溪和右溪的會合點，由鬱水（或稱西江水，今稱西江）可向東連通淳州、貴州、繡州、潯州、龔州、藤州、梧州、封州、康州及端州，最後達到廣州，因此交通相當便捷。由於鬱水所經過的邕州、貴州等地礦產豐富，藤州、梧州亦為大州〔註6〕，因此所匯集運至廣州的物資肯定不在少數。因此雖唐代嶺南西道地區並非全面性開發，然由於上述地區的經濟發展，相當程度地帶動了鄰近地區的經濟發展，使得唐五代時期，嶺南西道地區經濟較之前代有更進一步的發展，較為落後地區也有一定程度的開發。

第二節　行政區劃及人口分佈

由於嶺南道是在唐懿宗咸通三年（862）始分為東西二道，因此本節將對嶺南西道地區的行政區劃及屬州，加以探討；由於嶺南西道地區各州經濟發展的程度不一，因此人口分佈也呈現不均衡的情形，本節亦將對嶺南西道地區屬州，在唐代各時期人口的分佈及增減，加以分析及探討。

一、行政區劃及分道背景

唐代嶺南道舊分為五管，五管為廣、桂、邕、容及安南，皆隸於廣府統攝〔註7〕，其中廣府管州為廣、循、潮、漳、韶、連、端、康、岡、恩、高、

〔註3〕 見阿拉伯·伊本·胡爾達茲比赫（Ibn khordadhbeh）著，宋峴譯注，《道里邦國志》（北京，中華書局，1991年），頁72。

〔註4〕 參見桑原騭藏（日）著，楊鍊譯，《唐宋貿易港研究》（臺北，臺灣商務印書館，1963年12月），頁72至154。至於《道里邦國志》所載四大港口中的「漢久」港，桑原騭藏考證後認為是福建地區的泉州，參見桑原騭藏著，楊鍊譯，《唐宋貿易港研究》，頁130～154。

〔註5〕 參見唐·陸贄撰，劉澤民校點，《陸宣公集》（杭州，浙江古籍出版社，1988年），卷18，〈論嶺南請於安南置市舶中使狀〉，頁186。

〔註6〕 參見廖幼華，〈唐宋時代鬼門關及瀼江水路〉，收入《第四屆唐代文化學術研討會論文集》（臺南，國立成功大學教務處出版組，民國88年），頁563。

〔註7〕 後晉·劉昫等撰，《舊唐書》，（臺北，鼎文書局，民國81年），卷41，〈地理志·嶺南道·廣州中都督府〉云「永徽後，以廣、桂、容、邕、安南府，皆

春、封、辯、瀧、新、潘、雷、羅、儋、崖、瓊、振等23州；桂府所管州爲桂、昭、富、梧、賀、龔、象、柳、宜、融、古、嚴等12州；容管所州爲容、藤、義、竇、禺、白、廉、繡、黨、牢、巖、鬱林、平琴等13州；邕府所管爲邕、賓、貴、橫、欽、潯、瀼、籠、田、武、環、澄等12州；安南管州爲安南、驩、愛、陸、峯、湯、長〔註8〕、福祿、龐等9州〔註9〕。

開元二十一年（733），於邊境置節度經略使，廣州爲嶺南五府經略使理所〔註10〕。至德元載（756）升嶺南五府經略討擊使爲嶺南節度使〔註11〕。至於嶺南道之分爲東、西二道，是在唐懿宗時，《舊唐書》，卷十九上，〈懿宗紀〉載懿宗咸通三年（862）五月敕：

> 嶺南分爲五管，誠已多年。居常之時，同資禦捍，有事之際，要別改張。邕州西接南蠻，深據黃洞，控兩江之獷俗，居數道之游民。

隸廣府都督統攝，謂之五府節度使，名嶺南五管」，頁1712，按此則嶺南分爲五管在高宗永徽（650～655）以後，然志文未説明確切時間。《元和郡縣圖志》，卷34，〈嶺南道一·嶺南節度使〉云「開元二十一年（733），又於邊境置節度經略使，式遏四夷，廣州爲嶺南五府經略使理所，以綏靜夷獠」，既云「嶺南五府經略使」，足見是時尚未置節度使，見唐·李吉甫撰，賀次君點校，《元和郡縣圖志》（北京，中華書局，1995年），卷34，〈嶺南道一·嶺南節度使〉，頁 886。嶺南設節度使的時間，據《新唐書·方鎮表》載應在肅宗至德元載（756），其文云：「至德元載（756）升〔嶺南〕五府經略討擊使爲嶺南節度使」，見宋·宋祁、歐陽修等撰，《新唐書》（臺北，鼎文書局，民國82年），卷69，〈方鎮表〉，頁1934～1935。綜上所述，廣州爲嶺南五府經略使和設置嶺南節度使明顯是二個不同階段，《舊唐書·嶺南道》所載除未説明分爲五管的確切時間外，復將五管隸廣府之事與設置節度使混爲一談。

〔註8〕　長州，《唐六典》，卷3，〈户部郎中·嶺南道〉作「莨州」，然《通典·州郡典》、《舊唐書·地理志》、《新唐書·地理志》及《太平寰宇記·嶺南道》均作「長州」，故本文從之。

〔註9〕　此處嶺南五府所管州爲《唐六典》，卷3，〈户部郎中·嶺南道〉所載各府初置時領州，見唐·李林甫等撰，《唐六典》（北京，中華書局，1992年），卷3，〈尚書户部·嶺南道〉，頁 71～72。由於各府所管州及領州數，從開元時到唐末分爲東、西道，其間約百餘年，變化甚大。本文限於篇幅，不能窮其改易經過，敬請諒解。其中邕府所管宜州，《新唐書》，卷43上，〈地理志〉云「本粵州，乾封（666～667）中更名」，頁1104。《舊唐書》，卷41，〈地理志·嶺南道·安南都護府〉粵州條云：「唐置粵州，失起置年月。天寶元年，改爲龍水郡。乾元元年（758），復爲粵州。領縣四」，見《舊唐書》，卷41，〈地理志〉，頁1751。二書在時間上似有矛盾，且經核對宜州與粵州領縣縣數及縣名均相同，唯從地理上來看宜州位在桂管與邕管間，《舊唐書》卻繫之於安南管下，似誤。

〔註10〕　《元和郡縣圖志》，卷34，〈嶺南道一·嶺南節度使〉，頁886。

〔註11〕　《新唐書》，卷69，〈方鎮表〉，頁1934～1935。

比以委人太輕，軍威不振，境連內地，不並海南。宜分嶺南爲東、西道節度觀察處置等使，以廣州爲嶺南東道，邕州爲嶺南西道，別擇良吏，付以節旄。其所八州，俗無耕桑，地極邊遠，近罹盜擾，尤甚凋殘。將盛藩垣，宜添州縣。宜割桂州管內龔州、象州，容州管內藤州、嚴州，並隸嶺南西道收管。〔註12〕

《資治通鑑》卷二五〇，懿宗咸通三年（862）五月則載「五月，敕以廣州爲東道，邕州爲西道，又割桂管龔、象二州，容管藤、嚴二州隸邕管」〔註13〕，與《舊唐書・懿宗紀》所載略同。此外，《新唐書》，卷二二二中，〈南詔中〉云：

（蔡）京還奏，得意甚，復詔爲宣慰安撫使。即建析廣州爲嶺南東道，邕州爲西道，以龔、象、藤、嚴爲隸州〔註14〕。

《新唐書・南詔傳》此段記載，可以作爲《舊唐書・懿宗紀》的補充，即嶺南之分爲東、西二道，除轄境遼濶及南詔侵擾等因素外，人爲因素也是原因之一。

由於嶺南道之分爲東西二道，爲唐末之事，因此完成於唐憲宗時期的《元和郡縣圖志》固然未及呈現，就連完成於五代時期的《舊唐書・地理志》及完成於北宋時期的《新唐書・地理志》及《太平寰宇記》等書，對於嶺南西道的領州，都未有明確的敘述〔註15〕。惟《新唐書・地理志》已將原屬桂管及容管的龔州、象州、藤州、嚴州等四州，隸屬邕州。

據前述資料分析，嶺南西道主要爲邕管及安南都護府所轄諸州，及上述割隸的龔州、象州、藤州及嚴州等四州。嶺南東道地區主要包括廣府所轄諸州、桂管所轄諸州（龔州、象州改隸嶺南西道），以及容管所轄諸州（藤州、嚴州改隸嶺南西道）。

懿宗時分嶺南道爲東、西二道，著眼點應在軍事及經濟方面。因嶺南地區的疆域十分遼濶，特別是在唐末南詔侵擾不息時，在調遣部隊等各方面都

〔註12〕《舊唐書》，卷19上，〈懿宗紀〉，頁652。

〔註13〕 宋・司馬光等撰，元・胡三省注，《資治通鑑》（臺北，世界書局，民國63年），卷250，懿宗咸通三年（862）五月，頁8098。

〔註14〕《新唐書》，卷222中，〈南蠻・南詔〉，頁6283。

〔註15〕《新唐書・地理志》所述邕州所管州縣，基本上係唐末建置，因此已將原桂管的龔、象二州及原容管的藤、嚴二州改隸邕管，但志文中並未交待此四州原係他管割隸。見《新唐書》，卷43上，〈地理志・嶺南道・邕州〉，頁1101～1105。

需要有快速反應，若由地理位置偏東的廣州，來督管嶺南道西部的邕府及交州軍政，似有鞭長莫及之情形。因此分道除有軍事、經濟方面考量外，嶺南地區的疆域遼闊，分爲東西二道，也有助於提昇行政管理效率之考量。

　　將原隸屬桂管及容管的龔州、象州、藤州及巖州等四州割隸邕管，主要是因邕管原屬州近年受到「蠻害」，經濟損失甚大。然唐廷又必需仰賴邕州及屬州抵禦南詔的侵擾，否則就可能會影響到懿宗敕文所提到的「內地」。此四州不僅與邕所管相鄰，並且也有一定的經濟基礎，其中藤州位於北流江與藤江交會處，是潯江中游的大州；嶺南地區在貞觀時僅 11 州在萬戶以上，龔州、象州在貞觀時戶數均超過萬戶〔註 16〕，雖在此後戶口有所減少，仍屬於較有經濟基礎的屬州。因此，將此四州割隸邕管，有經濟層面的意義。

　　嶺南地區西部交州一帶地區，則因接近南詔國，安史之亂後，因唐廷的影響力大爲降低，加上所用非人，因此遭到南詔連年侵擾，因此唐末嶺南地區特別是嶺南西道地區的動亂，與黃家蠻作亂及南詔侵擾脫離不了關係。而地方官吏的治理不當，實爲主要因素。《新唐書》，卷二二二中，〈南蠻・南詔〉載：「（宣宗）大中時，李琢爲安南經略使，苛墨自私，以斗鹽易一牛，夷人不堪，結南詔將段酋遷陷安南都護府，號『白衣沒命軍』」〔註 17〕，以一斗鹽換一頭牛，的確不合理，無怪激起反抗，其後南詔遂叛亂不息，足見與官吏的治績好壞有直接關係。

　　本文將主要以前述嶺南西道地區的經濟發展爲主要研究對象，若有涉及嶺南東道地區者，亦將一併敘及。

二、人口分佈及變化

　　唐代嶺南西道地區屬州的戶口，與嶺南東道屬州在天寶時期大多增加迥異，部分屬州則是在貞觀時期戶口最多，之後則呈現下降趨勢，如邕州、澄州、賓州、欽州、貴州、象州及藤州等，僅有安南所屬的交州、驩州戶口數均較貞觀爲成長，另愛州天寶戶數雖較貞觀成長，但因缺口數，因此無法進一步比較。此外，龔州雖天寶戶數下降，不過口數卻較貞觀時增加近一倍。

　　本區邕管屬州元和戶數全部缺載，因此未能進一步比較，不過從嶺南西道現存有元和戶數的 8 州來看，大部分州郡的戶數減幅甚大，僅交州較天寶

〔註16〕　《舊唐書》，卷 41，〈地理志〉，頁 1730 及 1734。
〔註17〕　《新唐書》，卷 222 中，〈南蠻・南詔〉，頁 6282。

戶數有所增加，應與交州長期作爲主要對外貿易港口有關。

爲明瞭唐嶺南西道地區唐代人口的分佈與變遷，據《舊唐書·地理志》、《新唐書·地理志》、《元和郡縣圖志》及《太平寰宇記》等史料，將唐代嶺南西道屬州在貞觀十三年（639）、開元十八年（730）、天寶十一載（752）及元和八年（813）等四個年代的戶口數，做成有關表格如下。

由於開元及元和戶數的主要來源《元和郡縣圖志》，今本缺容管屬州，以致藤州、巖州二州缺開元及元和兩組戶數，邕管屬州亦缺元和戶數，加上部分州旋置旋廢，因此統計資料相當不完整，不過爲明瞭唐代嶺南西道地區的人口分佈情形，因此列表作爲參考。

表 3-1 嶺南西道屬州唐代各階段戶口表〔註18〕

時期 州名	貞觀十三年		開元十八年	天寶十一年		元和八年
	戶數	口數	戶數	戶數	口數	戶數
邕州	8,225	---	1,624	2,893	7,302	---
澄州	10,868	---	2,165	1,368	8,580	---
賓州	7,485	---	1,895	1,976	8,580	---
橫州	1,128	10,734	1,378	1,978	8,342	---
潯州〔註19〕	2,500	6,836	1,716	2,500	6,836	---

〔註18〕 其中貞觀十三年戶口數來源爲《舊唐書·地理志》；開元十八年戶數來源爲《元和郡縣圖志》及《太平寰宇記》；天寶十一載的戶口數來源爲《舊唐書·地理志》及《新唐書·地理志》；元和戶來源爲《元和郡縣圖志》。資料來源：《舊唐書》，卷41，〈地理志〉，頁1722、1729～1741、1746～1761；《新唐書》，卷43上，〈地理志〉，頁1101～1105及1111～1115；《元和郡縣圖志》，卷37，〈嶺南道四〉，頁924～925、929～930及卷38，〈嶺南道五〉，頁945～966；樂史（宋）撰，王文楚等點校，《太平寰宇記》（北京，中華書局，2007年），卷158，頁3042～3046、卷163，頁3125～3127、卷165，頁3157～3163、卷166，頁3171～3183、卷167，頁3200～3203、卷168，頁3214～3222、卷169，頁3239～3241、卷170，頁3249～3259及卷171，頁3267～3285。由於《太平寰宇記》的開元戶數，大多引用《元和郡縣圖志》或其他資料，因此表中以《太平寰宇記》補入開元戶數者，加括號以示區別，其中冀州貞觀戶數多於口數，疑資料有誤。

〔註19〕 潯州，《舊唐書·地理志》載貞觀戶2,500、口6,836，見《舊唐書》，卷41，〈地理志〉，頁1730。然《新唐書·地理志》載天寶戶2,500、口6,836，二者完全相同，疑《新唐書·地理志》誤抄貞觀戶數，見《新唐書》，卷43上，〈地理志〉，頁1102。

巒州	---	---	---	770	3,803	---
欽州	14,072	18,127	2,280	2,700	10,146	---
貴州	28,930	31,996	3,629	3,026	9,300	---
龔州	13,821	11,128	2,420	9,000	21,000	276
象州	11,845	12,521	3,290	5,500	10,890	233
藤州〔註20〕	9,236	10,372	(2,980)	3,980	---	---
巖州	---	---	---	1,110	---	---
宜州〔註21〕	---	---	---	1,220	3,230	---
瀼州	---	---	---	1,666	---	---
籠州	---	---	---	3,667	---	---
田州〔註22〕	4,168	---	---	4,168	---	---
環州	---	---	---	---	---	---
交州	17,523	88,788	25,694	24,230	99,652	27,135
陸州	---	---	1,934	494	2,674	231
峯州	5,444	6,435	3,561	1,920	---	1,482
愛州	9,080	36,519	14,056	14,700	---	5,379
驩州	6,579	16,689	6,649	9,619	50,818	3,842
長州	---	---	---	648	---	---
福祿州	---	---	---	317	---	---
湯州	---	---	---	---	---	---
芝州	---	---	---	5,300	---	---
武峨州	---	---	---	1,850	5,320	---
演州	---	---	---	1,450	---	1,450
武安州	---	---	456	450	---	---

〔註20〕藤州開元戶據《太平寰宇記》，卷158，頁3034補。
〔註21〕即粵州，見《新唐書》，卷43上，〈地理志〉，頁1104。宜州的地理位置在嶺南道北部，鄰近融州及柳州，《舊唐書·地理志》卻列爲安南管州，疑誤。
〔註22〕田州，《舊唐書·地理志》載貞觀4,168，見《舊唐書》，卷41，〈地理志〉，頁1740。然《新唐書·地理志》載天寶戶亦爲4,168，二者完全相同，疑《新唐書·地理志》誤抄貞觀戶數，見《新唐書》，卷43上，〈地理志〉，頁1105。

　　表 3-1 中欽、貴、龔、象、藤及峯州等州，貞觀年間每戶平均口數均不及
2 口，其中龔州戶數甚至高於口數，有違常理，除了有戶口隱匿的問題外〔註 23〕，
資料的正確性亦值得商榷。不過天寶時期嶺南西道領州的戶數與口數的比率，
就顯得較爲合理。

第三節　唐代以前的發展

　　交州位於今越南河內，可以西道江連通大海，秦漢以來長期爲海舶來中
國航行的終點站，著名漢學家伯希和在《交廣印度兩道考》一書中指出：

> 紀元初年，中國與南海諸國商業政治關係頻繁之時，交趾，質言之
> 東京，曾爲航行之終點。166 年羅馬帝安敦 Marc-Aurèle 之使，即於
> 此處登陸。……226 年大秦商人秦論，即由交州刺史送至建業；其
> 後不久，交州刺史呂岱曾遣從事南宣國化，扶南、林邑等國因之入
> 貢。〔註 24〕

足見秦漢以降，交州因對外貿易的興盛，因而商業貿易十分活絡，造就了交
州的繁榮，因此成爲嶺南地區最重要商業城市。交州因擁有良好的地理位置
及交通條件，因此在秦漢時期，乃至魏晉南北朝時期仍爲嶺南地區最大的貿
易港口。在西漢時期，包括交州所在的嶺南地區，已成爲物產豐富之地，《史
記‧貨殖列傳》中云：

> 九疑、蒼梧以南至儋耳者，與江南大同俗，而楊越多焉。番禺亦其
> 一都會也，珠璣、犀、瑇瑁、果、布之湊〔註 25〕。

文中雖未直接提及交州，但從「九疑、蒼梧以南至儋耳者」，一語來看應亦包
括交州地區。《舊唐書‧地理志‧交州》「平道縣條」引《南越志》亦云「交
趾之地，最爲膏腴」〔註 26〕。

　　在東漢初年，九眞郡〔註 27〕就已施行牛耕，東漢時之九眞郡約爲唐代嶺

〔註 23〕凍國棟，《中國人口史》第二卷隋唐五代時期（上海，復旦大學出版社，2002
　　　　年），頁 279。
〔註 24〕參見法‧伯希和著，馮承鈞譯，《交廣印度兩道考》（北京，中華書局，2003
　　　　年），上卷，「陸道考‧交廣之興替」，頁 184。
〔註 25〕漢‧司馬遷撰，《史記》（臺北，鼎文書局，民國 75 年），卷 129，〈貨殖列傳〉，
　　　　頁 3268。
〔註 26〕參見《舊唐書》，卷 41，〈地理志‧交州〉「平道縣條」引《南越志》，頁 1750。
〔註 27〕九眞郡，爲漢初南越趙佗置，轄境約當今越南清化全省及義靜省東部地區。

南道西部安南都護府愛州。如《後漢書・循吏・任延傳》云：「九眞俗以射獵
爲業，不知牛耕，民常告糴交阯，每致困乏。延乃令鑄作田器，教之墾闢，
田疇歲歲開廣，百姓充給。」〔註28〕任延係由會稽都尉轉任九眞太守，九眞
舊俗不知牛耕，「延乃令鑄作田器，教之墾闢」〔註29〕，而九眞在東漢時已有
牛耕技術，推測東漢以後牛耕技術應已推廣至鄰近州郡。

到了劉宋時期，垣閬任交州刺史時，交州相當富實，《南史》，卷25，〈垣
護之傳附閬〉云：

> 孝武帝即位，以爲交州刺史。時交土全實，閬罷州還，資財鉅萬。
>
> 孝武末年貪恣，刺史二千石罷任還都，必限使獻奉，又以蒲戲取，
>
> 要令罄盡乃止。閬還至南州，而孝武晏駕，擁南資爲富人。〔註30〕

傳文中「閬罷州還，資財鉅萬」，適足以證明當時「交土全實」。閬所擁「南
資」，應即爲任官交州時所得到的金銀財寶。《南齊書・王琨傳》亦載劉宋時，
王琨任職時的情形：

> 出爲持節、都督廣、交二州軍事，建威將軍，平越將軍，平越中郎
>
> 〔將〕，廣州刺史。南土沃實，在任者常致巨富，世云「廣州刺州但
>
> 經城門一過，便得三千萬」也。琨無所取納，表獻祿俸之半。〔註31〕

足見劉宋時期，交、廣二州的情形是「南土沃實，在任者常致巨富」〔註32〕。
《南齊書・南夷傳・交州》亦云：「商舶遠屆，委輸南州，故交、廣富實，牣
積王府」〔註33〕，仍以交、廣並舉，顯示當時交州、廣州，都佔有對外貿易
的一席之地。

不過六朝時期，廣州對外貿易的地位逐漸上升，至唐代乃取代龍編（交
州），成爲嶺南地區最重要的外貿港口，不過史籍仍常以交、廣並舉，說明交
州在對外貿易上仍有其重要性，如《隋書・地理志下》云：

> 南海、交趾，各一都會也，並所處近海，多犀象瑇瑁珠璣，奇異珍

〔註28〕見南朝宋・范曄，晉・司馬彪等撰，《後漢書》（臺北，鼎文書局，民國66年），
卷76，〈循吏・任延傳〉，頁2462。
〔註29〕見《後漢書》，卷76，〈循吏・任延傳〉，頁2460～2642。
〔註30〕唐・李延壽撰，《南史》（北京，中華書局，1992年），卷25，〈垣護之傳附閬〉，
頁688。
〔註31〕《南齊書》，卷32，〈王琨傳〉，頁578。
〔註32〕《南齊書》，卷32，〈王琨傳〉，頁578。
〔註33〕《南齊書》，卷58，〈南夷傳〉，頁1018。

瑋，故商賈至者，多取富焉。〔註34〕

及至隋代，《通典》，卷177，〈河南府〉河陰縣條引《坤元錄》云：「自宋武北征之後，復皆湮塞。隋煬帝大業元年，更令開導，名通濟渠。西通河洛，南達江淮，煬帝巡幸，每泛舟而往江都焉。其交、廣、荊、益、揚、越等州，運遭商旅，往來不絕」〔註35〕，顯見交州雖不若揚州等地擁有四通八達的交通網絡，但交州也擁有一定的交通運輸條件。

　　唐代邕州所管地區，約當劉宋時廣州的鬱林郡、晉興郡、寧浦郡、桂林郡及交州的宋壽郡所轄之地，據《宋書》，卷三十八，〈州郡志〉記載鬱林郡領縣17，戶1,121、口5,727，桂林郡領縣7，戶558、口2,205〔註36〕，另晉興郡、寧浦郡及交州宋壽郡戶口則缺載。

　　晉興郡治晉興，即唐代邕州治所所在，位於鬱水和支流南水會合處，在今日的南寧市南側，邕江的南岸〔註37〕。唐代邕州治所亦位於右溪和左溪的會合點，且位於南岸，從劉宋到唐代都選在同樣位址設立州郡，足見交通因素是選址的重要考量之一。斯波義信在《中國都市史》一書中指出「與交通的關係，對該都市的發展，具有決定性的作用」〔註38〕，邕州的例子足以說明交通條件對城市發展的影響。

　　包括嶺南西道在內的嶺南地區，雖以盛產金銀而聞名於時，而農牧產品亦復不少。有關嶺南地區的物產，《新唐書》，卷四三上，〈地理志〉云：

　　嶺南道，蓋古揚州之南境，漢南海、鬱林、蒼梧、珠崖、儋耳、交趾、合浦、九真、日南等郡。韶、廣、康、端、封、梧、藤、羅、雷、崖以東爲星紀分，桂、柳、鬱林、富、昭、蒙、龔、繡、容、白、羅而西及安南爲鶉尾分。爲州七十有三，都護府一，縣三百一十四。其名山：黃嶺、靈洲。其大川：桂、鬱。厥賦：蕉、紵、落麻、厥貢：金、銀、孔翠、犀、象、綵藤、竹布。〔註39〕

〔註34〕唐・魏徵、令狐德棻等撰，《隋書》（臺北，鼎文書局，民國76年），卷32，〈地理志下〉，頁886～887。

〔註35〕《通典》，卷177，〈州郡典・河南府〉，頁4657。

〔註36〕南朝梁・沈約等撰，《宋書》（臺北，鼎文書局，民國76年），卷38，〈州郡志〉，頁1195～1196。

〔註37〕參見譚其驤主編，《中國歷史地圖集》東晉十六國・南北朝時期（上海，地圖出版社，1982年）頁25～26南朝宋圖。

〔註38〕日・斯波義信著，布和譯，《中國都市史》（北京，北京大學出版社，2013年），頁136。

〔註39〕《新唐書》，卷43上，〈地理志〉，頁1095。

可見嶺南地區主要的物產，主要以「蕉、紵、落麻、金、銀、孔翠、犀、象、綵藤、竹布」等爲主，其中農產品有蕉、紵及落麻等，而綵藤、竹布則應爲手工業製品。

　　徵之史實，唐代嶺南地區的米糧生產也較前代有相當的進步，《新唐書》，卷五一，〈食貨志〉云：「先是楊（揚）州租、調以錢，嶺南以米，安南以絲，益州以羅、紬、綾、絹供春綵」〔註40〕，除揚州外，所舉之物，悉皆各地之特產〔註41〕，因此可見當時嶺南地區所生產米及安南所生產絲，已有一定的產量。

第四節　農業及手工業

　　嶺南西道因部分地區在東漢時已使用牛耕技術，加以氣溫較高，有利於稻米等農作物的生長，因此農業有一定程度的發展。嶺南西道地區因盛產金、銀等金屬，因此冶鑄業相當發達，紡織業及造船業等手工業，亦有一定程度的進步。

一、農業發展

　　由於安史之亂後，唐廷傾全力對其仍掌握地區加以建設，包括嶺南西道在內的嶺南地區亦因此受惠，加以廣州的商業貿易發達，人口相對增加。因而嶺南道地區在中晚唐時期逐成爲唐廷重要的賦稅支柱之一。《新唐書·食貨志》載：

> 貞元初，關輔宿兵，米斗千錢，……（崔造）增江淮之運，浙江東、西歲運米七十五萬石，復以兩稅易米百萬石，江西、湖南、鄂岳、福建、嶺南米亦百二十萬石，詔浙江東、西節度使韓滉，淮南節度使杜亞運至東、西渭橋倉。〔註42〕

文中雖未說明嶺南道運米的數量，但由嶺南等五道運米共有一百二十萬石來看，表明嶺南道的糧食已是自給有餘，側面也顯示包括嶺南西道在內的嶺南地區農業生產較前有所進步，方能向北運送米糧。

〔註40〕《新唐書》，卷51，〈食貨志〉，頁1345。
〔註41〕關於「揚州租、調以錢」的相關論述，參見朱祖德，〈唐代淮南地區農業發展析論〉，《史學彙刊》第32期（2013年6月），頁72～73詳論。
〔註42〕《新唐書》，卷53，〈食貨志〉，頁1369～1370。

在農業生產技術的進步方面，首述耕作技術，而牛耕技術則是其中較爲重要者。古代的耕田向以人力爲主，牛耕技術的採用，可大幅提高產量，間接可降低成本。早在東漢初年，九眞郡〔註43〕已有相當開發，並已施行牛耕，東漢時之九眞郡約爲唐代嶺南道西部安南都護府愛州。如《後漢書・循吏・任延傳》云：

> 更始元年，以延爲大司馬屬，拜會稽都尉。……時天下新定，道路未通，避亂江南者皆未還中土，會稽頗稱多士。……。掾吏貧者，輒分奉祿以賑給之。省諸卒，令耕公田，以周窮急。每時行縣，輒使慰勉孝子，就餐飯之。建武初，延上書願乞骸骨，歸拜王庭。詔徵爲九眞太守。光武引見，賜馬雜繒，令妻子留洛陽。九眞俗以射獵爲業，不知牛耕，民常告糴交阯，每致困之。延乃令鑄作田器，教之墾闢，田疇歲歲開廣，百姓充給。〔註44〕

由本傳知任延係由會稽都尉轉任九眞太守，九眞舊俗不知牛耕，「延乃令鑄作田器，教之墾闢」〔註45〕，而九眞在東漢時已有牛耕技術，推測東漢以後鄰近州郡應已開始使用牛耕技術。《元和郡縣圖志・嶺南道五・愛州》亦云：

> 後漢任延爲九眞太守，舊俗以射獵爲業，不知牛耕，人常（苦）告糴，交阯每致困之，延乃令作田器，教之墾闢，百姓充給〔註46〕。

而到了唐代，嶺南道西部地區理應較東漢時更廣泛使用牛耕，惜因史料缺乏，故尙無法斷言。

而嶺南地區因緯度較低，平均氣溫較高，有利於稻米的種植，種稻一年二熟、甚至三熟的機率，也比江南地區提高不少。特別是安南一帶，由於緯度較低，因而有利於農作物生長，《太平寰宇記・嶺南道・愛州》即云「蠶，一歲八績。稻，再熟。多溫風，貢孔雀」〔註47〕，安南府所管峯州開元貢即有「八蠶絲」〔註48〕，可茲爲證。因此米糧的生產量也因此而有所增加，而

〔註43〕九眞郡，爲漢初南越趙佗置，轄境約當今越南清化全省及義靜省東部地區。

〔註44〕見南朝宋・范曄，晉・司馬彪等撰，《後漢書》（臺北，鼎文書局，民國66年），卷76，〈循吏・任延傳〉，頁2462。

〔註45〕見《後漢書》，卷76，〈循吏・任延傳〉，頁2460～2642。

〔註46〕唐・李吉甫撰，賀次君點校，《元和郡縣圖志》（北京，中華書局，1995年）卷38，〈嶺南道・愛州〉，頁959。

〔註47〕宋・樂史撰，王文楚等點校，《太平寰宇記》（北京，中華書局，2007年），卷158，〈嶺南道・愛州〉，頁3268。

〔註48〕《元和郡縣圖志》，卷38，〈嶺南道・峯州〉，頁962。

有餘糧得以北運〔註 49〕。

　　包括嶺南西道在內的嶺南地區，由於農業生產技術的進步，糧食生產量較前增加，而有餘糧得以外運。德宗建中二年（781）時，田悅、李惟岳、李正己及梁崇義連袂拒命，運河漕運及襄鄧路均絕時，杜佑建議「疏雞鳴崗首尾，可以通舟，陸行繞四十里，則江、湖、黔中、嶺南、蜀、漢之粟可方舟而下」〔註 50〕，印證了包括嶺南西道在內的嶺南地區，農業生產較前為進步，自足有餘，並有糧食可以供軍糧。《新唐書・食貨志》亦載德宗貞元初「（崔造）增江淮之運，浙江東、西歲運米七十五萬石，復以兩稅易米百萬石，江西、湖南、鄂岳、福建、嶺南米亦百二十萬石」〔註 51〕，顯示在唐中後期，嶺南已與浙西、浙東及江西、湖南、鄂岳、福建等地區成為糧食出口地區。

　　在其他作物方面，早在東漢時期交州地區已有龍眼及荔支（枝）的生產，《後漢書》，卷四，〈孝和孝殤帝紀〉注引《交州記曰》：「龍眼樹高五六丈，似荔支而小」。荔枝則以《南方草木狀》所記較詳，其云：

　　　　荔枝，樹高五六丈餘，如桂樹，綠葉蓬蓬，冬夏榮茂，青華朱實。
　　　　實大如雞子，核黃黑似熟蓮子。實白如肪，甘而多汁，似安石榴。
　　　　有甜酢者，至日將中，翕然俱赤，即可食也。一樹下子百斛〔註 52〕。

足見漢代交、廣州地區所產荔枝已相當有名。並且交州荔枝早在西漢時即曾移植長安，《三輔黃圖》云：

　　　　扶荔宮在上林苑中，漢武帝元鼎六年，破南越，起扶荔宮。宮以荔
　　　　枝得名，以植所得奇草異木。……上木南北異宜，歲時多枯瘁。荔
　　　　枝自交趾移植百株於庭，無一生者，連年猶移植不息，後數歲，偶
　　　　一株稍茂，終無華實，帝亦珍惜之，一旦萎死，守吏坐誅者數十人，
　　　　遂不復蒔矣。其實則歲貢焉，郵傳者疲斃於道，極為生民之患。至
　　　　後漢安帝時，交趾郡守極陳其弊，遂罷其貢〔註 53〕。

〔註 49〕 張澤咸對於唐代的二熟稻所具備的條件，抱持著相當嚴謹的態度，然亦肯定在嶺南地區，種植雙季稻的可能性相當大，參見張澤咸，〈試論漢唐間的水稻生產〉，《文史》，第 18 輯，頁 56～57。

〔註 50〕 《新唐書》，卷 53，〈食貨志〉，頁 1369。

〔註 51〕 《新唐書》，卷 53，〈食貨志〉，頁 1369～1370。

〔註 52〕 晉・稽含，《南方草木狀》，收入《歷代嶺南筆記八種》（廣州，廣東人民出版社，2011 年），頁 20。

〔註 53〕 闕名撰，張元濟校勘記，《三輔黃圖》，卷 3，〈扶荔宮〉，收入《四部叢刊三編・史部》（上海，上海商務印書館影印，民國 24 年），第 132 冊，頁 66～67。

所稱「南北異宜，歲時多枯瘁」，是荔枝等南方佳木，無法在上林苑種活的主要原因。崔弼，《白雲山志》云「漢武帝破南越，移荔支種於長安，爲扶荔宮。迨永元間，五里一堠，十里一置，亦取諸交州，不聞取諸閩、蜀也」〔註54〕，其資料來源應即爲《三輔黃圖》。

唐代交州、廣州一帶所生產荔枝固然常爲史籍所引，然邕州亦生產荔枝，《太平寰宇記·嶺南道》載荔支爲邕州土產〔註55〕。由於荔枝的種植因受溫度影響甚大，故唐代僅嶺南、福建及四川等部分地區有種植。而唐代安南地區龍眼及荔枝等熱帶水果的生產，應已上軌道，唯應以野生樹爲主，是否有人工種植的情形，擬於日後再作進一步研究。

據《唐六典·尚書戶部》及《新唐書·地理志》記載交州土貢中即有「蕉」一項〔註56〕，稽含，《南方草木狀》云：

> 甘蕉，望之如樹，株大者一圍餘，葉長一丈，或七八尺，廣尺餘二
> 尺許。花大如酒杯，形色如芙蓉，著莖末百餘。子大名爲房，相連
> 累，甜美。亦可蜜藏。……一名芭蕉，或曰巴苴，剝其子上皮，色
> 黃白，味類似蒲萄，甜而脆，亦療飢。……其莖解散如絲，以灰練
> 之，可紡績爲絺綌，謂之蕉葛。雖脆而好，黃白，不如葛赤色也。
> 交、廣俱有之。〔註57〕

則《新唐書·地理志》所云「蕉」應即甘蕉，甘蕉絲所紡即爲蕉葛也。《唐六典·尚書戶部》載安南及潮州貢蕉〔註58〕，足見安南所產甘蕉已相當有名。

包括嶺南西道在內的嶺南地區能在唐中後期，農業上有如此進步，除歸功於生產技術的進步，交州的戶口數在貞觀時居嶺南地區第一位〔註59〕，安

〔註54〕《嶺南荔支譜》引崔弼，《白雲山志》，見清·吳應逵撰、楊偉群點校，《嶺南荔支譜》，收入《歷代嶺南筆記八種》（廣州，廣東人民出版社，2011年），頁319。

〔註55〕《太平寰宇記》，卷166，〈嶺南道·邕州〉，頁3172。

〔註56〕見《唐六典》，卷3，〈尚書戶部·嶺南道〉，頁71～72及《新唐書》，卷43上，〈地理志〉，頁1095。

〔註57〕晉·稽含，《南方草木狀》，收入《歷代嶺南筆記八種》（廣州，廣東人民出版社，2011年），頁9。

〔註58〕見《唐六典》，卷3，〈戶部郎中·嶺南道〉，頁72。

〔註59〕據史籍所載交州貞觀戶17,523，口88,788，開元戶25,694，天寶戶24,230，元和時仍有27,135戶。相較之下貞觀戶仍高於廣州，但開元戶、天寶戶及元和戶數則均較廣州爲低。貞觀戶、天寶戶見《舊唐書》，卷41，〈地理志·嶺南道〉，頁1749。開元及元和戶數，見《元和郡縣圖志》，卷38，〈嶺南道·交州〉，頁955。

史亂後雖未若廣州戶口的直線上升，但交州戶數亦不減反增，顯示交州在對外貿易上仍佔有一席之地，故能維持其戶口數於不墜，側面顯示交州仍保有一定程度的經濟繁榮。徵之史實，交州從貞觀時到元和時的戶數，除天寶戶較開元戶略減外，基本是穩定成長。戶口的成長，可以說意味著糧食需求量的增多，因而促使嶺南西道地區的糧食生產量有所增加，亦是原因之一。

二、手工業的發展

嶺南西道地區因富於多種礦藏，且手工業製造技術亦較前代進步，故冶鑄業、紡織業、造船業及製鹽業等手工業均相當發達。

而在唐代著名詩人李白在〈為宋中丞請都金陵表〉中，就已提到包括嶺南在內的東南地區物產之富饒，其文云：

> 臣伏見金陵舊都，地稱天險，龍盤虎踞，關扃自然，六代皇居，五福斯在，雄圖霸跡，隱軫猶存，咽喉控帶，縈錯如繡，天下衣冠士庶，避地東吳，永嘉南遷，未盛於此。……況齒革羽之所生，楩枏豫章之所出，元龜大貝充仞其間，銀坑鐵冶，連綿相屬，鏟銅陵為金穴，煮海水為鹽山。以征則兵強，以守則國富。〔註60〕

從李白此文可瞭解到唐中葉時南北經濟的變化，以及南北經濟重心易位的趨勢〔註61〕。其言「況齒革羽之所生，楩枏豫章之所出，元龜大貝充仞其間，銀坑鐵冶，連綿相屬，鏟銅陵為金穴，煮海水為鹽山。」〔註62〕形容包括嶺南在內的東南地區物產富饒，且富有金、銀、銅、鐵等礦藏，冶金業、製鹽業及木材業等均十分發達，一片欣欣向榮的情景，實是唐代東南經濟快速發展的最佳寫照。

其中所提及包括嶺南西道在內的嶺南地區冶金業及製鹽業均相當發達，而齒、革、羽及元龜大貝等亦為包括嶺南西道地區的土貢或特有產品。

唐代嶺南西道的交州、邕州的手工業技術不但相當進步，且品項亦復不少，因篇幅所限，故僅舉冶鑄業、紡織業、造船業等手工業加以說明。

〔註60〕唐·李白撰，清·王琦注，《李太白全集》（北京，中華書局，2003 年），卷26，頁 1212～1214。

〔註61〕參見魏明孔，〈隋唐手工業與我經濟重心的南北易位〉，《中國經濟史研究》，1999 年第 2 期，頁 56。

〔註62〕《李太白全集》，卷 26，頁 1212～1214。

（一）冶鑄業

嶺南西道地區礦藏豐富，尤富於金、銀，銅、鐵等產量亦不在少數，故金屬製造業十分發達〔註63〕。其實早在東漢時期交、廣當地土著即已具有鑄銅技術，如《後漢書·馬援傳》注引《裴氏廣州記》云：

> 俚獠鑄銅為鼓，鼓唯高大為貴，面闊丈餘。初成，懸於庭，剋晨置酒，招致同類，來者盈門。豪富子女以金銀為大釵，執以叩鼓，叩竟，留遺主人也。〔註64〕

從當地土著鑄銅為鼓，面積寬達丈餘，以當時的技術水準而言，其製作技術已具有相當的水準。

在唐代以前，嶺南地區即有產銀的記載，唐代嶺南地區則以金、銀生產最為著名，《唐六典·尚書戶部》載「厥賦：蕉、紵、落麻。厥貢：金、銀、沉香、甲香、水馬、翡翠、孔雀、象牙、犀角、龜殼、鼊鼊、綵藤、竹布」〔註65〕。《新唐書·地理志》亦云：「厥賦：蕉、紵、落麻。厥貢：金、銀、孔翠、犀、象、綵藤、竹布。」〔註66〕嶺南西道地區因富於金、銀、鉛等礦藏，故冶金業十分發達，成為重要的金、銀等金屬產地及冶金業中心。

表3-2　唐代嶺南西道屬州礦藏產地表〔註67〕

州名	金	銀	鉛	其他	備註
邕府	邕州、澄州、橫州、潯州、巒州、欽州、貴州、賓州、象州、巖州等10州	邕州、澄州、橫州、潯州、巒州、欽州、貴州、賓州、龔州、象州、藤州、宜州等12州	貴州、藤州	宜州（丹沙）	

〔註63〕嶺南西道地區的礦藏及生產情形，參見楊遠，《唐代的礦產》（台北，台灣學生書局，民國71年），頁30～33、121～122。楊氏並認為邕州為金的主要產地之一。

〔註64〕《後漢書》，卷24，〈馬援列傳〉，頁841注引《裴氏廣州記》。

〔註65〕見《唐六典》，卷3，〈尚書戶部·嶺南道〉，頁72。

〔註66〕《新唐書》，卷43上，〈地理志〉，頁1095。

〔註67〕本表主要參考《新唐書》，卷43上，〈地理志〉，頁1101～1105、1111～1115製作，並參考《元和郡縣圖志》，卷38，〈嶺南道五〉，頁945～966及楊遠，《唐代的礦產》，頁30～33等資料製作。其中藤州，《太平寰宇記》，卷158，〈嶺南道·藤州〉載鐔津縣條有「鉛穴山」，故列入表中鉛產地，見《太平寰宇記》，卷158，〈嶺南道·藤州〉，頁3044。《嶺表錄異》云賓州產金，而《新唐書·地理志》、《太平寰宇記》及《元和郡縣圖志》均未載，疑有脫漏。

安南	交州、愛州、驩州、長州、湯州、演州、武安州等 7 州	陸州、峯州等 2 州		
合計	17 州	14 州	2 州	1 州

　　從表 3-2 來看，嶺南西道地區產金州共有 17 州，產銀州 14 州，銅生產則未見於記載。其他如鉛則有 2 州生產、丹沙則有 1 州生產。

　　其中以邕府所管產金、銀的州較多，大部分屬州都有生產金或銀。邕府所管州，除了有金、銀礦之外，且邕州所管貴州及藤州尚有鉛等礦藏，因此對於邕州及交州等地的冶鑄業等手工業提供了原料。唐代嶺南道為金的重要產地〔註68〕，產金州達 33 州（參見表 3-3），邕府產金州有 10 州，與廣府均居嶺南地區第一位。

表 3-3　唐代嶺南地區各府礦藏統計表〔註69〕

府　名	管州數	產金州	產銀州	產銅州	產鉛州	其　　他
邕府	17 州	10 州	12 州		2 州	宜州（丹沙）
安南	12 州	7 州	2 州			
廣府	22 州	10 州	16 州	2 州	1 州	韶州（玉）、廣州（鐵、錫）
桂管	11 州	3 州	10 州	3 州		連州（鐵、水銀、丹沙）、賀州（錫、鐵）
容管	11 州	3 州	9 州			容州（水銀、丹沙）
合計	73 州	33 州	49 州	5 州	3 州	6 州

　　《嶺表錄異》云「五嶺內富州、賓州、澄州江溪間皆產金。側近居人，以木箕淘金為業，自旦及暮，有不獲一星者」〔註70〕，《嶺表錄異》所載產金

〔註68〕楊遠，《唐代的礦產》，頁 126。
〔註69〕本表主要參考《新唐書》，卷 43 上，〈地理志〉，頁 1101～1115 及《元和郡縣圖志》，卷 34，〈嶺南道一〉、卷 37，〈嶺南道四〉、卷 38，〈嶺南道五〉，頁 885～966 製作，並參考楊遠，《唐代的礦產》，頁 30～33 及朱祖德，〈唐代嶺南東道地區經濟之發展〉，《史學彙刊》，第三十三期（民國 103 年 12 月），頁 12。因本表主要以《新唐書·地理志》所載礦藏為主，因此各府州數係參考《新唐書·地理志》所載州數。
〔註70〕劉恂（唐）撰，魯迅校勘，《嶺表錄異》，收入《歷代嶺南筆記八種》（廣州，廣東人民出版社，2011 年），卷上，頁 47。

地，其中賓州、澄州爲邕管屬州，富州爲桂管屬州，足見邕府及其轄州的金產量不在少數。

嶺南地區雖以金銀生產聞名，但不若江西饒州有明確的產量記載，如《元和郡縣圖志》云饒州：「每歲出銀十餘萬兩，收稅山銀七千兩」〔註71〕，但包括廣州在內的嶺南地區金銀產量應相當大，惜目前尚未有數字可資證明。而《新唐書・食貨志》記載：

> 凡銀、銅、鐵、錫之冶一六八，陝、宣、潤、饒、衢、信五州，銀冶五十八，銅冶九十六，鐵山五，錫山二，鉛山四，汾州明礬山七。
>
> 麟德二年，廢陝州銅冶四十八。〔註72〕

包括嶺南西道在內的嶺南地區盛產銀，而志文未列入，是否缺列，仰或撰寫者認爲嶺南地區在全國的銀生產中不甚重要，是仍需要探討的問題。

《朝野僉載》，卷二載「陳懷卿嶺南人也，養鴨百餘頭，後於鴨欄中除糞，糞中有光燁燁然，以盆水沙汰之，得金十兩。乃覘所食處，於舍後山足下，因鑿有麩金，銷得數十斤，時人莫知，卿遂巨富，仕至梧州刺史」〔註73〕，由陳懷卿事可知，嶺南地區盛產金，誠非虛語。邕州及鄰近的賓州、澄州等州均產金，交州亦因爲唐代重要的貿易港口，商業繁盛，擁有爲數不少的能工巧匠，故成爲嶺南地區的金屬鑄造中心之一。

有學者據《唐天寶初年地志殘卷》所載的各州公廨本錢加以統計，發現唐代嶺南地區在交易上，雖銅錢亦有流通，唯比例較用銀兩爲低〔註74〕，此應與嶺南地區盛產銀有關。

（二）紡織業

嶺南西道地區在唐代紡織業比起江南的蘇州、潤州等地所生產的精美絲織品，並不出色，但仍據有一席之地。如《新唐書・地理志》即云：「厥賦：

〔註71〕《元和郡縣圖志》，卷28，〈江西觀察使〉，頁672。

〔註72〕《新唐書》，卷54，〈食貨志〉，頁1383；明有陝、宣、潤、饒、衢、信等6州而云5州，可能有誤。

〔註73〕唐・張鷟，趙守儼點校，《朝野僉載》（北京，中華書局，1997年），卷2，頁29。

〔註74〕從對敦煌所藏《唐天寶初年地志殘卷》的分析中，可得出嶺南地區以銀兩爲公廨本錢的州，約佔全數的百分之73，其他爲使用銅錢者。此數字雖不一定代表所有嶺南貨幣使用的情形，不過可說明嶺南地區使用銀兩的比例較銅錢高出許多。參見王承文，〈晉唐時代嶺南地區金銀的生產和流通〉，《唐研究》第13卷（2007年），頁519。

蕉、紵、落麻。厥貢：金、銀、孔翠、犀、象、綵藤、竹布。」〔註 75〕其中紵、落麻爲紡織品的原料，竹布則爲紡織手工業的成品。

《新唐書・地理志》載嶺南西道貴州土貢有紵布，愛州土貢紗、絁，以及武安州土貢朝霞布等。《元和郡縣圖志》，卷三八，〈嶺南道〉載貴州開元貢紵布，賓州開元貢筒布、蕉布，交州開元貢蕉布，愛州開元賦縣，峯州開元貢八蠶絲〔註 76〕。

從《新唐書・地理志》、《元和郡縣圖志》及《太平寰宇記》所載嶺南地區各州土貢或土產來看，部分州郡有其特殊紡織品，名稱則不盡相同。如邕管所領貴州有紵布、古貝布，賓州有筒布、蕉布，宜州有狹幅布；安南所領交州有蕉布、花布，愛州有紗、絁，武安州有朝霞布等。廣府所領韶州有竹布，雷州有「絲電」，振州有班布；桂管所領富州亦有班布，連州有竹紵練、白紵細布〔註 77〕；從這些由各州的絲織品、紡織品來看，足以說明唐代包括嶺南西道在內的嶺南地區，雖不以紡織品著名於時，不過紡織業仍然有一定程度的發展。

《太平寰宇記》，卷一六六，〈嶺南道・貴州〉鬱林縣條云：「藉細布，一號鬱林布，比蜀黃潤。古稱云『筒中黃潤，一端數金』，《淮南子》云『弱綌，細布也』，《漢書》云『白越』，即此布也」〔註 78〕，將貴州所產藉細布比之黃潤，足見其精美程度。此外，貴州土產有「古貝布」，並注明「古貢」〔註 79〕，由此看來貴州生產古貝布已有一段時間。

（三）造船業

造船業方面，《唐國史補》云：「凡東南郡邑，無不通水。故天下貨利，舟楫居多。」〔註 80〕，表明包括嶺南西道地區在內的東南地區，是以舟船爲主要

〔註 75〕《新唐書》，卷 43 上，〈地理志〉，頁 1095。
〔註 76〕參見《新唐書》，卷 43 上，〈地理志〉，頁 1103、1113、1115 及《元和郡縣圖志》，卷 38，〈嶺南道五・嶺南節度使〉，頁 945～966。
〔註 77〕參見《新唐書》，卷 43 上，〈地理志〉，頁 1095～1115、《元和郡縣圖志》，卷 34、37、38，〈嶺南道一〉、〈嶺南道四〉、〈嶺南道五〉，頁 885～966 及《太平寰宇記》，卷 156～171，〈嶺南道一〉～〈嶺南道十五〉，頁 3009～3285。《元和郡縣圖志》，卷 38，〈嶺南道五・安南都護府〉，頁 965，武安州所貢作「朝霞布食單」。然《唐六典》，卷 3，〈尚書戶部・戶部郎中條〉，頁 72 載嶺南道土貢中亦有「振州班布食單」一項，則武安州所貢朝霞布食單之「食單」，應非衍文或錯簡；食單可能是一種布料或織法的名稱。因資料有限尚不能確認。
〔註 78〕《太平寰宇記》，卷 166，〈嶺南道・貴州〉，頁 3179。
〔註 79〕《太平寰宇記》，卷 166，〈嶺南道・貴州〉，頁 3178。
〔註 80〕李肇，《唐國史補》，卷下，頁 62。

交通工具。交州地區瀕臨大海，船舶使用十分頻繁，故造船業應相當發達。如元開和尚在欲東渡日本時，即曾用八十萬貫正鑪錢向嶺南道採訪使劉巨鱗，買得軍船一艘〔註81〕，這艘船很明顯的是一艘海船，雖不能肯定製造地點，不過此船應是在嶺南地區製造。唐代造船技術已相當進步，據考古發現，唐代船隻的船身已使用隔艙技術，並且具有速度快、容積大及船身嚴密堅固等優點〔註82〕。

《嶺外代答》，卷六，〈藤舟條〉云：「深廣沿海州軍，難得鐵釘桐油，造船皆空板穿藤約束而成，於藤縫中以海上所生茜草，乾而窒之，遇水則漲，舟爲之不漏矣。其舟甚大，越大海商販皆用之」〔註83〕，足見嶺南沿海地區的造船方式與江淮地區有相當大的差異性。

此外，越南黎朝黎文休等所撰的《大越史記全書》，〈外紀〉，卷五記載：

> 戊子，唐憲宗純元和三年。張舟爲安南都護，初舟爲經畧判官，至是爲都護。
> 增築大羅城，造艨艟三百艘，每船戰手二十五人，棹手二十三人，
> 棹船向背疾如風。〔註84〕

張舟任安南都護時能一次造船三百艘，並且船隻規模亦應不小，足見安南地區的造船業亦有相當發展。

此外，包括邕州及交州所管沿海諸州應皆有生產食鹽，《史記‧貨殖列傳》即云：「山東食海鹽，山西食鹽鹵，領（嶺）南、沙北固往往出鹽，大體如此」〔註85〕，若以此類推，沿海的陸州、武安州、長州、交州、愛州等州皆應有食鹽生產。推測有可能因嶺南西道食鹽生產量未如嶺南東道地區，因此少見於唐代史籍記載。

包括嶺南西道在內的嶺南地區手工業的發達，可以從《舊唐書‧玄宗紀》所載開元二年（714）時一事觀之：

〔註81〕 日‧元開撰，汪向榮校注，《唐大和上東征傳》（北京，中華書局，2000 年），頁 47。

〔註82〕 南京博物館，〈如果發現唐代木船〉《文物》，1974 年第 5 期，頁 84～90。

〔註83〕 宋‧周去非撰，楊武泉校注，《嶺外代答校注》（北京，中華書局，2006 年），卷 6，〈藤舟條〉，頁 218。

〔註84〕 越南‧黎文休、潘孚先、吳士連等編纂，《大越史記全書》，收入《域外漢籍珍本文庫》第四輯「史部」第二冊（重慶，西南師範大學出版社，2013 年），〈外紀〉，卷五，頁 399 上。據《舊唐書》張舟爲安南都護應爲憲宗元和元年（806）三月，見《舊唐書》，卷 14，〈憲宗紀上〉，頁 416。《大越史記全書》作元和三年（808），疑誤。

〔註85〕 《史記》，卷 129，〈貨殖列傳〉，頁 3269。

　　時右威衛中郎將周慶立爲安南市舶使，與波斯僧廣造奇巧，將以進

　　內。監選使、殿中侍御史柳澤上書諫，上嘉納之。〔註86〕

從上文來看，不僅表明奢侈品製造業的進步，側面也顯示中西交流的成果。
而從嶺南地區較爲偏遠的瓊州，亦有大規模的紡織及金銀製造等手工業作坊
來看〔註87〕，嶺南西道部分地區的部分手工業，應已朝向手工業作坊的方向
發展〔註88〕。

第五節　交通運輸及商業貿易

　　交州在兩漢及魏晉南北朝時期長期爲遠洋航行之終點站〔註89〕，《舊唐
書‧地理志》云：

　　交州都護制諸蠻，其海南諸國，大抵在交州南及西南，居大海中洲

　　上，相去或三五里，三五千里，遠者三五萬里。乘舶舉舩，道里不

　　可詳知。自漢武已來朝貢，必由交趾之道〔註90〕。

從志文來看，足見交趾是漢代以降，海南諸國朝貢的必經之道，足見交趾（交
州）在與南海諸國在交通上的地位十分重要。

　　雖入唐後，交州在海外貿易方面的重要性漸不如廣州，伯希和在《交廣

〔註86〕《舊唐書》，卷 8，〈玄宗上〉，頁 174。唯安南當時應尚未設市舶使，故安南
　　　　似應爲「嶺南」之誤。參見朱祖德，〈唐代廣州的經濟發展〉，《國立彰化師範
　　　　大學文學院學報》，第 11 期（民國 104 年 3 月），頁 99～100。
〔註87〕詳見宋‧李昉等編，《太平廣記》（臺北，文史哲出版社，民國 76 年），卷 269，
　　　　頁 2113，〈韋公幹條〉引《投荒雜錄》。
〔註88〕根據考古發現及史料記載，在唐代江南的潤、湖等州已發現官營及私營的金
　　　　銀器手工業作坊，在揚州更發現金屬熔鑄及雕刻製骨等大型手工業作坊；而
　　　　北方的定州等地亦有相當規模的紡織業作坊。而據《太平廣記‧韋公幹條》
　　　　的記載，甚至遠在海南島上，竟也出現相當進步的手工業作坊，足見手工製
　　　　造業已朝向集中化、商品化的方向發展。有關上述各地手工業作坊考古成果
　　　　的介紹及史料探討，參見朱祖德，《唐五代兩浙地區經濟發展之研究》（新北
　　　　市，花木蘭文化出版社，民國 98 年 3 月），頁 72～73、朱祖德，〈唐代揚州手
　　　　工業析論〉，載《淡江史學》第 24 期（民國 101 年 9 月），頁 146～147、張澤
　　　　咸，《唐代工商業》（北京，中國社會科學出版社，1995 年），頁 105 及翁俊雄，
　　　　〈唐代嶺南社會經濟漫談〉，收入《唐代人口與區域經濟》（臺北，新文豐出
　　　　版事業公司，民國 84 年），頁 504～505 等。
〔註89〕參見法‧伯希和著，馮承鈞譯，《交廣印度兩道考》（北京，中華書局，2003
　　　　年），頁 184，上卷，「陸道考‧交廣之興替」一節詳論。
〔註90〕參見《舊唐書》，卷 41，〈地理志‧交州〉「宋平縣條」，頁 1750。

印度兩道考》一書中認爲，由於「航舶漸取直接航線徑赴中國，交州之地位，
遂終爲廣州所奪。七世紀時如義淨等即在廣州登舶，然其間興替不無競爭也」
〔註91〕，其言「其間興替不無競爭也」，足見二者在對外貿易方面仍存在著
相互競爭關係。如在中唐時，交州也仍然有一定數量的海外商船停泊從事交
易〔註92〕。

然據九世紀大食著名地理學家伊本‧胡爾達茲比赫（Ibn khordadbeh）在
所著《道里邦國志》一書中，仍將交州列爲與廣州、揚州、泉州齊名的四大
港口之一〔註93〕。因此交州仍爲唐代的四大外貿港口之一。

中唐時交州仍有不少外舶停靠，如德宗貞元八年（792）時〔註94〕，嶺南
節度經略使就上奏：

> 近日船舶多往安南市易，進奉事大，實懼闕供。臣今欲差判官就安
> 南收市，望定一中使與臣使司同勾當，庶免隱欺〔註95〕。

嶺南節度使希望朝廷派遣一位中使會同嶺南所遣判官，到安南（交州）負責收
市的工作，而陸贄則撰文加以駁斥〔註96〕。此事說明安南（交州）仍有一定程
度的對外貿易收入，因此應非自唐初廣州取代交州，成爲外舶遠洋航行終點站
地位後，交州的海外貿易就一蹶不振，從史實來看，有部分海舶仍停靠交州。
本節將就嶺南西道地區的交通運輸、商業發展及城市經濟等方面加以探究。

一、交通及運輸佈局

在交通運輸上，邕州可透過鬱水（西江水）通往廣州地區，再經大庾嶺
路北連江西地區，也可往北經靈渠通往湖南地區，因而交通運輸相當便捷。
邕州位於左、右二溪之交會點，且位於廣州、容州等地通往安南的要道上，
因此在地區交通上有其重要性。

〔註91〕伯希和著，馮承鈞譯，《交廣印度兩道考》，頁184。
〔註92〕參見唐‧陸贄撰，劉澤民校點，《陸宣公集》（杭州，浙江古籍出版社，1988
　　　　年），卷18，〈論嶺南請於安南置市舶中使狀〉，頁186。
〔註93〕見阿拉伯‧伊本‧胡爾達茲比赫（Ibn khordadhbeh）著，宋峴譯注，《道里邦
　　　　國志》（北京，中華書局，1991年），頁72。
〔註94〕陸贄，〈論嶺南請於安南置市舶中使狀〉文中並未說明時間，《資治通鑑》將
　　　　此事繫之於德宗貞元八年（792），見《資治通鑑》，卷234，德宗貞元八年（792）
　　　　六月，頁7532～7533。
〔註95〕陸贄，〈論嶺南請於安南置市舶中使狀〉，頁186。
〔註96〕參見《陸宣公集》，卷18，〈論嶺南請於安南置市舶中使狀〉，頁186。

　　自交州到廣州水道中有巨石，不利於航行，高駢任安南都護時「由安南至廣州，江漕梗險，多巨石，駢募工劖治，由是舟濟安行，儲餉畢給」〔註97〕，解決了交廣之間的交通阻礙。《新唐書・地理志》嶺南道白州條云：博白縣「西南百里有北戍灘，咸通中，安南都護高駢募人平其險石，以通舟檝」〔註98〕，上述二條資料所指應爲同一件事。北戍灘在合浦江中，高駢疏浚後，由交州北上船隻，可從北部灣，走合浦江，經南流江及北流江，接鬱水，往東順流至廣州。

　　由交州往北除了水路外，亦有陸路可通達，同時交州仍不失爲海上絲綢之路的轉繼站。由交州到廣州，由海道甚爲便，《嶺表錄異》即云：「每歲廣州常發銅船過安南貨易」〔註99〕。海外客商到達交州後，除可由海道航向廣州，亦可由海路在雷州上岸，再陸行抵達廣州〔註100〕，可再經入庾嶺路北通江西地區，而水陸交通亦相當便捷。

　　由交州若要往東抵達邕州、廣州等地，則有陸路可通抵邕州，如再經鬱水（西江水）可順流抵達廣州〔註101〕。交州也因其良好的地理位置，而使得商業貿易相當繁榮，《元和郡縣圖志・河南府》云：「自揚、益、湘南至交、廣、閩中等州，公家漕運，私行商旅，舳艫相繼」〔註102〕，生動描繪了從揚、益到交、廣等地，舟船川流不息的景象。

　　武則天長安（701〜704）年間，有司表稅關市，鳳閣舍人崔融上疏勸諫，其諫文據《舊唐書・崔融傳》載：

> 四海之廣，九州之雜，關必據險路，市必憑要津。……且如天下諸津，舟航所聚，旁通巴、漢，前指閩、越，七澤十藪，三江五湖，控引河洛，兼包淮海，弘舸巨艦，千軸萬艘，交貿往還，昧旦永日〔註103〕。

〔註97〕　《新唐書》，卷224下，〈高駢傳〉，頁6392。

〔註98〕　《新唐書》，卷43上，〈地理志・嶺南道〉，頁1109。

〔註99〕　劉恂（唐）撰，魯迅校勘，《嶺表錄異》，收入《歷代嶺南筆記八種》（廣州，廣東人民出版社，2011年3月），卷下，頁71。

〔註100〕《嶺表錄異》云：「海鰌魚，即海上最偉者也，其小者亦千餘尺，吞舟之說，蓋非謬矣。每歲廣州常發銅船過安南貨易，北人偶求此行，往復一年，便成斑白云。……交趾回人，多捨舟，取雷州緣岸而歸，不憚苦辛，蓋避海鰌之難也。」劉恂（唐）撰，魯迅校勘，《嶺表錄異》，收入《歷代嶺南筆記八種》（廣州，廣東人民出版社，2011年），卷下，頁71〜72。

〔註101〕史念海，〈隋唐時期的交通與都會〉，《唐史論叢》第6輯（西安，三秦出版社，1995年），頁24。

〔註102〕《元和郡縣圖志》，卷5，〈河南道一〉，頁137。

〔註103〕《舊唐書》，卷94，〈崔融傳〉，頁2997〜2998。

崔融此奏獲得武則天的同意，遂罷關市之征〔註104〕。可見在武則天時期，各地的關、市已是「舟航所聚」，交通十分繁忙，亦間接帶動當地經濟發展。

由嶺南地區往北的主要交通路線是靈渠，靈渠是溝通湘水與灕水的人工河道，開鑿甚早，到唐代已因年代久遠而廢置，唐寶曆初觀察使李渤加以修復，「立斗門十八以通漕」〔註105〕，惟因工程質量較差，不久即廢置。

咸通九年（868），桂州刺史魚孟威又加重修，增置斗門並改築石堤，《新唐書·地理志》云：「以石爲鏵隄，亙四十里，植大木爲斗門，至十八重，乃通巨舟。」〔註106〕魚孟威，〈桂州重修靈渠記〉所載則更爲詳細，其云：

> 其鏵隄悉用巨石堆積，延至四十里，切禁雜束篠也。其斗門悉用堅木排豎至十八里，切禁其間散材也。濬決磧礫，控引汪洋。防阨既定，渠遂洶湧。雖百斛大舸，一夫可涉。繇是科徭頓息，來往無滯。
> 〔註107〕

重修過後的靈渠通航比過去方便非常多，故文中有「雖百斛大舸，一夫可涉」等語。〔註108〕透過靈渠這條渠道，連結了長江與珠江兩大水系，嶺南船隻可經由湘水、灕水進入長江而到達江淮地區，大大增進了南北間的交通。〔註109〕

而從靈渠進入嶺南地區後，經桂州，由於灕水往南注入鬱水（西江水），因此可順灕水往南，接鬱水，往西可達貴州、邕州，往東則可抵廣州。〔註110〕邕州等地亦可經鬱水往東，連通潯州、橫州、貴州、潯州、龔州、藤州、梧州、封州、康州、端州及廣州等州。另一條由嶺南地區往北的交通路線是大庾嶺路，在開元四年（716）張九齡重修了大庾嶺通道後，不但便於商旅的往來，更大大提高了此條路線的運輸量〔註111〕，此通道乃與靈渠成爲嶺南地

〔註104〕《舊唐書》，卷94，〈崔融傳〉，頁2996～3000。

〔註105〕見《新唐書》，卷43上，〈地理志〉，頁1105～1106。

〔註106〕同前註。

〔註107〕參見《全唐文》，卷804，魚孟威，〈桂州重修靈渠記〉，頁3747下。

〔註108〕《全唐文》，卷804，魚孟威，〈桂州重修靈渠記〉，頁3747下。

〔註109〕參閱何榮昌，〈隋唐運河與長江中下游航運的發展〉，頁375。

〔註110〕此條路線，曾一民氏稱之爲「桂州越城嶺路」，詳見氏著，《唐代廣州之內陸交通》（臺中，國彰出版，民國76年），頁115～140討論。

〔註111〕參見張九齡，〈開鑿大庾嶺路序〉，收入唐·張九齡撰，熊飛校注，《張九齡集校注》（北京，中華書局，2008年），卷17，頁890～891；並參閱朱祖德，〈試論唐代揚州在中西交通史上的地位〉，頁205。

區北通江淮的重要路線〔註112〕。

　　而由容州往南，抵達交州、海南島等地的路線則需經「鬼門關」〔註113〕，「鬼門關」位於容州北流縣南，當地因地形原因，崎嶇難行，又有瘴氣爲害，據稱南去生還者十人才有一人，因而號爲「鬼門關」〔註114〕。合浦位於「瘴江路」南段南流江的出海口，自漢代以來香料、合浦珍珠均由此路線北達中原，由於南流江的河床積砂問題而影響通航，因此其商業貿易不如廣州之盛〔註115〕。

　　在海外交通方面，交州在海上絲綢之路的地位雖受到廣州影響，然仍有不少海舶到來，從事商業貿易等活動。唐貞元時宰相賈耽所考察方域道里數最爲詳細，《新唐書‧地理志》列出賈耽之入四夷道有七，其云：

> 一曰營州入安東道，二曰登州海行入高麗渤海道，三曰夏州塞外通大同雲中道，四曰中受降城入回鶻道，五曰安西入西域道，六曰安南通天竺道，七曰廣州通海夷道〔註116〕。

其中第六條即爲安南通天竺道，其原文如下：

> 安南經交趾太平，百餘里至峯州。又經南田，百三十里至恩樓縣，乃水行四十里至忠城州。又二百里至多利州，又三百里至朱貴州，又四百里至丹棠州，皆生獠也。又四百五十里至古湧步，水路距安南凡千五百五十里。又百八十里經浮動山、天井山，山上夾道皆天井，間不容跬者三十里。二日行，至湯泉州。
>
> 又五十里至祿索州，又十五里至龍武州，皆襲蠻安南境也。又八十三里至儻遲頓，又經八平城，八十里至洞澡水，又經南亭，百六十

〔註112〕在張九齡開大庾嶺路前，南北間的來往交通均不便，而此路關係到國家府庫的充實與否，故此路開成後，對南北交通乃至於唐廷均有相當大的助益，張九齡在〈開鑿庾嶺路序〉中云：「而海外諸國，日以通商，齒革羽毛之殷，魚鹽蜃蛤之利，上足以備府庫之用，下足以贍江淮之求」，表明江淮地區及唐廷對舶來品的需求甚殷。參見張九齡，〈開鑿大庾嶺路序〉，頁890～891。

〔註113〕廖幼華，〈唐宋時代鬼門關及瘴江水路〉，收入《第四屆唐代文化學術研討會論文集》（臺南，國立成功大學教務處出版組，民國88年），頁549。

〔註114〕《舊唐書》，卷41，〈地理志四‧容州下都督府〉北流縣條，頁1743。

〔註115〕廖幼華，〈唐宋時代鬼門關及瘴江水路〉，頁580～581。有關「瘴江路」的位置、交通上的重要性及交通路線參見廖幼華，前引文，頁562～581詳論。

〔註116〕《新唐書》，卷43下，〈地理志〉，頁1146。

里至曲江，劍南地也。

又經通海鎮，百六十里渡海河、利水至絳縣。又八十里至晉寧驛，戎州地也。又八十里至柘東城，又八十里至安寧故城，又四百八十里至雲南城，八十里至白崖城，又七十里至蒙舍城，又八十里至龍尾城，又十里至大和城，又二十五里至羊苴咩城（今大理，唐時南詔都城）。

自羊苴咩城西至永昌故郡三百里。又西渡怒江，至諸葛亮城二百里。又南至樂城二百里。又入驃國（今緬甸）境，經萬公等八部落，至悉利城七百里。又經突旻城至驃國千里。又自驃國西度黑山，至東天竺迦摩波國千六百里。又西北渡迦羅都河至奔那伐檀那國六百里。又西南至中天竺國東境恆河南岸羯朱嗢羅國四百里。又西至摩羯陀國六百里。

一路自諸葛亮城西去騰充城二百里。又西至彌城百里。又西過山，二百里至麗水城。乃西渡麗水、龍泉水，二百里至安西城。乃西渡彌諾江水，千里至大秦婆羅門國。又西渡大嶺，三百里至東天竺北界箇沒盧國。又西南千二百里，至中天竺國東北境之奔那伐檀那國，與驃國往婆羅門路合。

一路自驩州東二日行，至唐林州安遠縣，南行經古羅江，二日行至環王國之檀洞江。又四日至朱崖，又經單補鎮，二日至環王國城，故漢日南郡地也。自驩州西南三日行，度霧溫嶺，又二日行至棠州日落縣，又經羅倫江及古朗洞之石蜜山，三日行至棠州文陽縣。又經蔾蔾潤，四日行至文單國之算臺縣，又三日行至文單外城，又一日行至內城，一曰陸眞臘，其南水眞臘。又南至小海，其南羅越國，又南至大海。〔註117〕

此條即由安南經南詔、驃國至天竺（今印度）的陸上交通路線，即唐帝國通東南亞、南亞的陸上交通交通路線〔註118〕。文中文單國即陸眞臘之別稱，眞臘原為扶南屬國〔註119〕，貞觀以後，扶南為眞臘所併，唐中宗神龍後眞臘分

〔註117〕《新唐書》，卷43下，頁1151～1153。

〔註118〕劉希為，《唐代交通》（台北，新文豐出版股份有限公司，民國81年），頁118～119。

〔註119〕《隋書》，卷82，〈南蠻・眞臘傳〉，頁1835。

爲二國，北多山嶺，稱陸眞臘，南靠海，多陂澤，稱水眞臘〔註120〕。古代和
南亞大陸的交通，在唐以前主要繞行西域、中亞的路線，唐代由於通過吐蕃
新路線的開拓，因此可縮短距離，但唐與吐蕃關係破裂後，只能選擇傳統路
線到達天竺〔註121〕。

　　安南通天竺道第一段云：「安南經交趾太平，百餘里至峯州」，顯示安南
的峯州，地處通往印度之交通要道上。此外，《元和郡縣圖志·安南都護府》
演州條云「其州西控海，當中國往林邑、扶南之大路也」〔註122〕，足見演州
亦位於安南通往林邑、扶南的交通要道上。

　　唐代嶺南地區的近海海運也相當地發達，僖宗時由於南蠻陷交趾，朝廷
徵諸道兵赴嶺南。並由湖南水運，自湘水入靈渠，江西造切麵粥以饋行營。
由於經由湘水、灘水運送糧食，運輸量有限，因此諸軍屯於廣州者乏食。因
此，當時潤州人陳磻石「詣闕上書，言：『江西、湖南，泝流運糧，不濟軍師，
士卒食盡則散，此宜深慮。臣有奇計，以饋南軍。』天子召見，磻石因奏：『臣
弟聽思曾任雷州刺史，家人隨海船至福建，往來大船一隻，可致千石，自福
建裝船，不一月至廣州。得船數十艘，便可致三萬石至廣府矣。』又引劉裕
海路進軍破盧循故事。執政是之，以磻石爲鹽鐵巡官，往楊子院專督海運。
於是康承訓之軍皆不闕供。」〔註123〕

　　此次海運所運送的物資，是收復交趾的唐軍所需軍糧，從廣州至交州海
路較陸行爲便，因此唐軍應由海路進軍交州，足見嶺南西道地區的交通運輸，
因唐末的平亂需要，而有一定程度的發展。

二、商業貿易發展與繁榮

　　唐代邕州位於鬱水支流左溪及右溪之交會點〔註124〕，故交通十分便
捷，邕州位於交州通往廣州的要道上，也因此成爲嶺南西道地區的重要城
市。交州因緊臨大海，擁有良好的地理位置及交通條件，在兩漢至魏晉南
北朝時期，均爲嶺南地區最重要的貿易港口，商業貿易相當繁榮。復因管

〔註120〕王仲犖，〈唐和南海各國的經濟文化交流〉，收入史念海主編，《唐史論叢》第
　　　　二輯（西安，陝西人民出版社，1987年），頁281～283。
〔註121〕劉希爲，《唐代交通》，頁117～118。
〔註122〕《元和郡縣圖志》，卷38，〈嶺南道五·演州〉，頁953～964。
〔註123〕《舊唐書》，卷19上，〈懿宗紀〉，頁652～653。
〔註124〕見譚其驤主編，《中國歷史地圖集》隋唐五代十國時期，頁72～73，「嶺南道
　　　　西部圖」。

內所轄愛州在東漢時期即採用牛耕技術，因此農業上應亦有相當發展，故〈大唐故使持節都督交州諸軍事交州刺史柱國邃安王（李安）墓誌銘〉云「交趾奧區，寔惟藩要」〔註125〕，顯示交州所在地區雖遠在西南，仍不失爲富饒之地。

魏晉南北朝時期，交州的商業貿易有進一步的發展，《南齊書·王琨傳》載劉宋時，王琨「出爲持節、都督廣、交二州軍事，建威將軍，平越將軍，平越中郎〔將〕，廣州刺史。南土沃實，在任者常致巨富，世云『廣州刺州但經城門一過，便得三千萬』也。琨無所取納，表獻祿俸之半。」〔註126〕，足見當時交州、廣州均相當富實。《南齊書·南夷·交州》亦云：「商舶遠屆，委輸南州，故交、廣富實，物積王府」〔註127〕，史籍仍以交、廣並舉，顯示當時交州在海外貿易方面仍相當重要。

六朝時期，雖廣州對外貿易的地位逐漸上升，並逐漸取代交州，成爲南方最重要的外貿港口，不過史籍仍以交、廣並舉，說明交州在海州貿易上仍佔有一席之地，如《隋書·地理下》說：「南海、交趾，各一都會也，並所處近海，多犀象瑇瑁珠璣，奇異珍瑋，故商賈至者，多取富焉」〔註128〕。史言「故商賈至者，多取富焉」〔註129〕，足見交州在六朝時期，商業貿易仍相當繁榮。

嶺南西道部分地區的商業，受惠於良好的地理位置及便捷的交通，加以有較以往進步的農業生產及手工業，而有一定的繁榮。嶺南地區除對外交通發達之外，與嶺北的交通及貿易往來亦十分頻繁。《全唐文》卷八十三，〈恤民通商制〉稱「安南寇陷之初，流人多寄溪洞，……其安南溪洞首領，素推誠節，雖蠻寇竊據城壁，而酋豪各守土疆。如聞溪洞之間，悉藉嶺北茶藥，宜令諸道一任商人興販，不得禁止往來」〔註130〕，所言溪洞係指安南一帶地區，足見當時嶺南西道地區有不少商人遠赴嶺北購買茶、藥等物資，其購買

〔註125〕闕名，〈大唐故使持節都督交州諸軍事交州刺史柱國邃安王（李安）墓誌銘〉，收入《全唐文補遺》第七冊（西安，三秦出版社，2000年），頁244下～246上。

〔註126〕《南齊書》，卷32，〈王琨傳〉，頁578。

〔註127〕《南齊書》，卷58，〈南夷傳〉，頁1018。

〔註128〕唐·魏徵、令狐德棻等撰，《隋書》（臺北，鼎文書局，民國76年），卷32，〈地理下〉，頁886～887。

〔註129〕《隋書》，卷31，〈地理下〉，頁886～887。

〔註130〕《全唐文》，卷83，懿宗，〈恤民通商制〉，頁380下。

地點應為江淮一帶地區，尤其是揚州，揚州不但是江淮地區的經濟中心，同時也是全國藥、茶及瓷器等商品的集散地〔註131〕；距離較近的洪州〔註132〕，也是可能的選項之一。

自張九齡開大庾嶺路後，嶺南地區不論南來北往交通均十分便捷，如從韶州經大庾嶺，可抵達虔州，接贛水支流貢水及贛水，再由彭蠡湖，經江州入長江，過揚子可達唐代最大經濟都會揚州。或經由淮南廬州的「二京路」，可抵達京城長安和東都洛陽〔註133〕。

而交州為安南都護府所在，擁有良好的經濟基礎，故在安史亂後人口仍微幅增長，加以手工業發達，產品的多樣化，使其商業交易十分繁榮。當時情形如《唐國史補》所云：

南海舶，外國船也。每歲至安南、廣州。獅子國舶最大，梯而上下數丈，皆積寶貨。至者本道奏報，郡邑為之喧闐。〔註134〕

由「梯而上下數丈」來看，可見每年到達安南（交州）、廣州的獅子國（今斯里蘭卡）船舶規模之大，其載貨量亦應相當驚人。

嶺南西道地區由於是唐代海鹽的產地之一，故食鹽的交易亦十分興盛。嶺南西道地區的陸州、武安州、長州、交州、愛州等沿海州，均應有食鹽生產，因私販鹽有利可圖，推測仍有鹽商從事私鹽交易。

在貿易商品方面，金、銀、荔枝、玳瑁及水產品等物資，是嶺南西道地區最主要的貿易商品。

三、城市經濟的發展

在嶺南西道地區的城市經濟方面，將主要探討交州、邕州等地的經濟發展。

交州地區舊稱交趾、龍編，早在漢代，交州即為嶺南地區的經濟中心之

〔註131〕參見朱祖德，〈唐代揚州的商業貿易〉，載《史學彙刊》第 30 期（民國 101 年 12 月），頁 77～79、82～84 詳論。

〔註132〕江西地區盛產茶葉、瓷器等，洪州是江西地區的經濟中心，加以洪州位於廣州從贛水北上的路線上，因此到洪州買辦茶藥等物資亦相當方便，參見朱祖德，〈唐代江西地區的經濟發展〉，《淡江史學》第 19 期（民國 97 年 9 月），頁 46～48 詳論。

〔註133〕詳見史念海，《唐代歷史地理研究》（北京，中國社會科學出版社，1998 年），頁 335。

〔註134〕《唐國史補》，卷下，頁 63。

一。六朝時期，由於廣州對外貿易的地位逐漸上升，交州在海外貿易方面的優勢漸為廣州所取代，然交州仍不失為嶺南地區重要的外貿港口。

據《元和郡縣圖志》載「安南，〔交趾。上都護府〕，今為安南都護府理所」〔註135〕，足見交州在軍事及經濟方面地位。由於交州所管愛州在東漢時期即已使用牛耕技術，因此交州的農業生產應有相當進步，加以手工業也十分發達，對外商業交易又十分繁榮，故城市經濟有相當程度的發展。交州在安史亂後，因經濟持續發展，因此人口仍有所增加，戶數仍居嶺南西道地區首位〔註136〕。

交州因仍為對外商業貿易的重要口岸，外舶來往絡繹於途，因而商業貿易相當發達。由於交州則是安南地區的政治、經濟中心，物產富饒，且擁有便利的交通，加上相對充足的勞動力，使手工業及商業貿易均相當發達。

此外，在《全唐文》，卷七五，〈大和八年疾愈德音〉中提到：

> 其嶺南、福建及揚州蕃客，宜委節度觀察使常加存問，除舶腳、收市、進奉外，任其來往通流，自為交易，不得重加率稅。〔註137〕

唐文宗的〈大和八年疾愈德音〉顯示嶺南地區的交州、廣州、泉州及揚州是當時胡商聚集之地，也是當時重要的國際港口。交州是當時中外文化的交會地，同時也是國際貿易的重要港口。九世紀大食著名地理學家伊本·胡爾達茲比赫（Ibn khordadbeh）在所著《道里邦國志》一書中，亦將交州列為與廣州、揚州、泉州齊名的四大港口之一〔註138〕。

嶺南西道地區因位置較偏西，因此主要以靈渠作為往北的通道。靈渠的開鑿時間甚早，到了到了唐代，已因年久失修而廢置，敬宗寶曆初（825〜826）

〔註135〕《元和郡縣圖志》，卷38，〈嶺南道·安南都護府〉，頁955。
〔註136〕據史籍所載交州貞觀戶 17,523、口 88,788，開元戶 25,694，天寶戶 24,230、口 99,652，元和時仍有 27,135 戶。交州的戶數在貞觀時高居嶺南地區第三位，安史亂後雖未若廣州戶口的直線上升，但交州戶數亦不減反增。交州貞觀戶口數、天寶戶口數見《舊唐書》，卷41，〈地理志·嶺南道〉，頁1749。開元及元和戶數，見《元和郡縣圖志》，卷38，〈嶺南道·交州〉，頁955。另廣州唐代各時期戶數，參見朱祖德，〈唐代廣州的經濟發展〉，《國立彰化師範大學文學院學報》第 11 期（民國 104 年 3 月），頁 120。
〔註137〕《全唐文》，卷75，〈大和八年疾愈德音〉，頁342 中。
〔註138〕見阿拉伯·伊本·胡爾達茲比赫（Ibn khordadhbeh）著，宋峴譯注，《道里邦國志》（北京，中華書局，1991 年），頁 72。

觀察使李渤加以修復〔註139〕。咸通九年（868）時，桂州刺史魚孟威重修靈渠，增置斗門並改築石堤，重修過後的靈渠通航比過去方便非常多，史云「雖百斛大舸，一夫可涉」〔註140〕，足見透過重修後的靈渠，航運相當便利。

透過靈渠可連結長江與珠江兩大水系，嶺南船隻可經由湘水、灕水進入長江而到達淮南及江南地區〔註141〕，大大增進了南北間的交通。而若從靈渠進入嶺南地區後，經桂州，可順灕水往南，再接鬱水（西江水），往西可至邕州，若再東行可抵廣州〔註142〕。交州因擁有良好的農業基礎及良好的交通條件，加以冶鑄業、紡織業等製造業均相當發達，而有一定的繁榮。

不過交州及鄰近地區的經濟發展，與動亂有密切關連，此與爲政者的作法與治績有相當關連，中唐以後，嶺南西道地區的「蠻亂」，不論是西原蠻、南詔蠻，或是「羣蠻」〔註143〕作亂攻城佔地，幾乎都與爲政者貪得無厭有關，因此地方官吏的治理不當，實爲「蠻亂」的主要因素。

如德宗貞元七年（791），「安南都護高正平重賦斂，夏，四月，羣蠻酋長杜英翰等起兵圍都護府，正平以憂死，羣蠻聞皆降。史言蠻非好亂，苦於貪帥而亂。」〔註144〕，胡注「史言蠻非好亂，苦於貪帥而亂」，清楚指出地方官吏的操守的良窳，與李唐西南邊疆的安定與否有密切關連。

再如《新唐書》，卷二二二中，〈南蠻・南詔〉載：「（宣宗）大中時，李琢爲安南經略使，苛墨自私，以斗鹽易一牛，夷人不堪，結南詔將段酋遷陷安南都護府，號『白衣沒命軍』」〔註145〕，李琢居然以一斗鹽換一頭牛，的確不合理，無怪激起反抗。李琢又准罷峯州林西原防冬兵六千人，因此原助唐戍守的酋長由獨，勢孤不能自立，南詔誘之，由獨乃帥其眾臣於南詔〔註146〕。史言「白是安南始有蠻患」〔註147〕，其後遂叛亂不息，足見政局動盪不安與官吏的胡作非爲有密切關係。

〔註139〕見《新唐書》，卷43上，〈地理志〉，頁1105～1106。

〔註140〕《全唐文》，卷804，魚孟威，〈桂州重修靈渠記〉，頁3747下。

〔註141〕何榮昌，〈隋唐運河與長江中下游航運的發展〉，頁375。

〔註142〕此條路線，曾一民氏稱之爲「桂州越城嶺路」，詳見氏著，《唐代廣州之内陸交通》（臺中，國彰出版，民國76年），頁115～140詳論。

〔註143〕見《資治通鑑》，卷233，德宗貞元七年（791）二月，頁7524。

〔註144〕《資治通鑑》，卷233，德宗貞元七年（791）二月，頁7524。

〔註145〕《新唐書》，卷222中，〈南蠻・南詔〉，頁6282。

〔註146〕《資治通鑑》，卷249，宣宗大中十二年（858）六月，頁8070～8071。

〔註147〕《資治通鑑》，卷249，宣宗大中十二年（858）六月，頁8070。

　　反之，如果刺史清廉愛民，勤於政事者，則成效其佳，如〈大唐故使持節都督交州諸軍事交州刺史柱國遂安王（李安）墓誌銘〉云：

> 而交趾奧區，寔惟藩要，朱崖南望，水陸曾不盈千；滄海東連，山川僅過數百。驟隔聲教，恒多叛反，威懷鎮撫，無競惟人。分符作牧，義鍾明德。七年，詔拜王使持節都督交州諸軍事、交州刺史，仍給驍勇五百人隨從開拓。王下車闡化，俗變風移。……貪殘屏跡，若憚朱穆之威，盜賊革心，如懷龔遂之德。行商野次，桴鼓罕聞，功最三年，河潤九里。嘉聲溢民聽，茂績簡天心，累蒙詔敕，特垂褒慰。加以柔服蠻貊，經啓疆場，傾巢越徼，襁負歸仁。仰之若神明，愛之如父母，而地絕亂常，無勞馬援之柱，時逢善政，更反孟嘗之珠。〔註148〕

墓誌詳述遂安王李安任交州刺史時的政績，李安在唐初任交州刺史，治績斐然，誌文中「貪殘屏跡，若憚朱穆之威，盜賊革心，如懷龔遂之德。行商野次，桴鼓罕聞」〔註149〕，顯示李安在內期間，由於處置妥當，未引起蠻亂，因此乃能讓交州地區免於兵災。足見交州刺史的為政態度及施政是左右當地經濟發展的重要因素。交州地區由於中唐後，特別是在唐末，可謂飽受「蠻亂」之苦，以致一定程度影響到經濟發展。

　　嶺南西道首府邕州，位於鬱水支流左、右二溪之交會點，且位於嶺南東部的廣州、容州等地，通往安南的重要路線上，因此在嶺南地區的交通上有其重要性。邕州可透過鬱水（西江水）往西連通廣州地區；從廣州北上，亦可再經韶州、大庾嶺路北連江西地區；也可由鬱水支流灘水往北，經靈渠、湘水，可通往湖南地區的衡州及潭州，再由洞庭湖，接長江，東通鄂州等地，因此在交通運輸上可謂相當便捷。

　　同時邕州與當地少數民族亦有商業往來，《太平寰宇記·嶺南道·邕州》云：「又在州晉城縣蠻渠歲時於石溪口通商，有馬會。《說文》云：『馬會，今之獠布』」〔註150〕，邕州所在地區有西原黃洞蠻，蠻渠或即為黃洞蠻之渠帥。

〔註148〕闕名，〈大唐故使持節都督交州諸軍事交州刺史柱國遂安王（李安）墓誌銘〉，收入《全唐文補遺》第七冊（西安，三秦出版社，2000年），頁244下～246上。

〔註149〕　闕名，〈大唐故使持節都督交州諸軍事交州刺史柱國遂安王（李安）墓誌銘〉，收入《全唐文補遺》第七冊，頁244下～246上。

〔註150〕《太平寰宇記》，卷166，〈嶺南道·邕州〉，頁3172。

　　然因交通未如交州、愛州等地便捷，且德宗貞元十年（794）時發生邕管西原黃洞蠻叛亂，並攻佔欽、橫、潯、貴等州，至憲宗元和三年（808）五月西原蠻酋長黃少卿請降，歷時十餘年的黃家蠻叛亂才告底定〔註151〕。十餘年的唐蠻互相攻伐，對邕州所管及鄰近地區，必然造成經濟上的破壞，此與《元和郡縣圖志》缺載邕管數州戶數可能有密切關連。懿宗咸通年間邕州與安南等地常爲南詔及羣蠻所侵擾〔註152〕，懿宗咸通二年（861）七月時南詔攻佔邕州，此次邕州損傷慘重，史言「（段）文楚時爲殿中監，復以爲邕管經略使，至鎭，城邑居人什不存一」〔註153〕，可見邕州經濟在此次受到相當嚴重的破壞。

　　就其實無論邕州及安南等地的反叛，部分原因是地方官吏的貪苛，待之無狀，以致激起羣蠻的反抗，文前已敘及。足見地方官吏的操守的良窳，足以影響唐西南邊疆的安定。

　　《舊唐書，地理志》載邕州貞觀戶 8,225、天寶戶 2,893、口 7,302，據《元和郡縣圖志》載開元戶爲 1,624 戶〔註154〕，元和戶缺載。由於《元和郡縣圖志》缺邕州元和戶數，因此無法明瞭安史亂後邕州的戶口增減情形。邕州在唐初戶數近萬戶，開元戶下降至一千餘戶，天寶時才勉強增加到近三千戶。綜前所述，邕州地區在德宗、憲宗時期及唐末，分別因因黃家蠻之亂和南詔入侵而經濟受損，然安史之亂前應無足以影響邕州戶口的重大叛亂或事件，因此開元、天寶時期邕州人口的減耗，其原因有待進一步考證。

　　然據《冊府元龜·邦計部》載文宗開成四年（839）時，邕管經略使唐弘實奏「當管上供兩稅錢一千四百七十三貫文，其見錢請每年附廣州綱送納」〔註155〕，足見邕管諸州雖在德宗貞元及憲宗初年曾罹兵災，對經濟造成破壞，不

〔註151〕參見《資治通鑑》，卷 234，德宗貞元十年（794）五月，頁 7554、《資治通鑑》卷 235，德宗貞元十年（794）八月，頁 7562 及《資治通鑑》卷 237，憲宗元和三年（808）五月，頁 7651。

〔註152〕安南的蠻亂起自宣宗大中時李琢任安南都護時，此後南詔常犯境，甚至一度佔領交州，後賴高駢收復交州，至僖宗乾符四年，史言「南詔酋龍嗣立以來，爲邊患殆二十年，中國爲之虛耗，而其國中亦疲弊」，酋龍辛，子法立，遣使求和，嶺南西道節度使辛讜贊同其說，朝廷乃許之。南詔爲禍亂乃暫告一段落。見《資治通鑑》，卷 253，僖宗乾符四年（877）閏月，頁 8190。

〔註153〕《資治通鑑》，卷 250，懿宗咸通二年（861）二月，頁 8095。

〔註154〕貞觀戶、天寶戶見《舊唐書》，卷 41，〈地理志·嶺南道〉，頁 1737。開元及元和戶數，見《元和郡縣圖志》，卷 38，〈嶺南道·邕州〉，頁 945。

〔註155〕《冊府元龜》·卷 488，〈邦計部·賦稅二〉，頁 5838 上。

過至文宗開成時應已大致恢復。因此有學者推論此時（文宗開成）邕州等地，經濟上應有所恢復，其戶口應不少於貞觀時〔註156〕。邕州地區雖然在交通運輸上相當便利，但因黃家蠻及南詔的不時侵擾，因此在此種情勢下，故邕州的經濟發展受到一定的限制。

第六節　結　語

　　唐代的嶺南西道地區，相當於今日的廣西壯族自治區西半部、越南中北部地區，幅員相當遼闊，除邕州、交州、愛州等個別地區外，嶺南西道的大部分地區在唐前期仍是尚未開發或開發較遲之地。以致有些地區由於開發較遲，因而人煙稀少，以致猛獸橫行。

　　同時也因嶺南地區距中原地區十分遙遠，因此常被朝廷做為官員的貶放之地。唐代嶺南西道地區的經濟發展，儘管存在著地區性的差異，然包括交州及邕州等及鄰近地區的經濟景況，則因新交通路線的開闢及海外貿易的日益活絡，而有顯著的發展。在盛唐以後，由於靈渠的重修及大庾嶺路的開鑿，使得嶺南地區通往中原地區的水、陸交通，均較以往為便捷。

　　唐代嶺南西道地區包括農業及冶鑄業、造船業、紡織業等手工業等，均有相當程度的發展。唐末安南都護高駢疏浚航道，使交州與容州、廣州等地區的水路交通更為便捷，從而有利於商業貿易的發展。同時交州在海外貿易方面仍佔有一席之地，因此交州仍保持一定的繁榮景況。

　　綜上所述，有唐一代，嶺南西道地區雖並非全面性開發，而是存在著不均衡性，然由於上述交州、邕州等地區的經濟發展，從而帶動了鄰近地區的經濟發展，使得唐五代時期，嶺南西道地區經濟較之前代，有更進一步的發展，部分開發較晚地區，到了宋代也有相當程度的發展。

〔附註〕本章原以〈唐代嶺南地區的經濟——兼論嶺南西道的經濟發展〉為題，發表於《史學彙刊》第三十五期（2016 年 12 月），承蒙兩位匿名審查委員惠賜卓見，特此申謝。現改定、增補人口分布等內容，改題今名收入本書。

〔註156〕凍國棟，《中國人口史》第二卷隋唐五代時期（上海，復旦大學出版社，2002年），頁282。

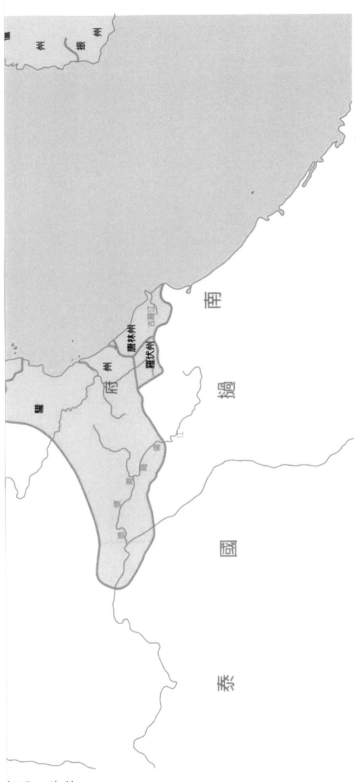

第四章　唐代廣州的經濟發展
——並論市舶使的設置

第一節　前　言

　　唐代是廣州地區〔註1〕經濟發展的加速期，嶺南道首府廣州〔註2〕在唐代不但經濟十分發達，也因絕佳的地理位置，而成為海上絲路的最重要的終點站，以及唐代最大外貿易港口。而本章以廣州地區為研究對象，乃因唐代廣州在中西交通方面之影響，既深且遠；從唐代直至清朝末年，廣州均因其優越的地理位置，而為中西交匯的樞紐，從而發揮其商業貿易及經濟上的優勢，故以廣州為主要研究範疇。

　　本章將對唐代廣州地區的優越的地理位置，耕作技術的進步、手工業及商業貿易等方面的發展，以及廣州的國內及海外交通路線等各方面加以探究。並對於學界意見仍較為分歧的市舶使設置時間及職權等相關課題，透過相關史料記載加以分析及探究，以期明瞭廣州地區在有唐一代經濟的發展及其影響。

〔註1〕　本文所指廣州地區，主要係指廣州及其屬縣，若鄰近地區有關連者，將一併敘及。

〔註2〕　廣州一地在唐代以前，史籍多稱為「番禺」，原隸屬交州，吳孫皓時「以交州土壤太遠，乃分置廣州，理番禺。交州徙理龍編。晉代因而不改。……隋開皇九年平陳，於廣州置總管府，壽元年改廣州為番州，大業三年罷番州為南海郡。隋末陷賊，武德四年討平蕭銑，復為廣州。」參見李吉甫（唐）撰，賀次君點校，《元和郡縣圖志》（北京，中華書局，1995 年），卷 34，〈嶺南道・廣州〉，頁 885～886。

　　文獻回顧方面，專書主要有有曾一民的《唐代廣州考》，係作者的博士論文，為研究唐代廣州的專論，雖成書較早，有關市舶使設置時間等論點仍深具影響力。曾一民的《唐代廣州之內陸交通》一書詳論廣州的陸路交通路線，具有參考價值。曾華滿的《唐代嶺南發展的核心性》一書，對於唐代廣州經濟發展相對於嶺南其他地區，所顯現的獨特性加以論述。廖幼華的《歷史地理學的應用：嶺南地區早期發展之探討》，為研究嶺南地區歷史地理方面的鉅作，作者長期致力於嶺南地區區域研究，在廣州取代交州過程及交通路線等方面研究已取得重要成果。

　　張榮芳的《秦漢史與嶺南文化論稿》及司徒尚紀的《嶺南史地論集》等二書，對於研究廣州及嶺南地區經濟及文化均有相當助益。關履權的《宋代廣州的海外貿易》，雖其內容主要是宋代的部分，對唐代廣州的對外貿易研究亦有啟發，具有參考價值。

　　期刊論文方面，則有曾一民的〈李唐對嶺南之經營〉及〈唐魯國公孔戣治廣州之政績〉等數篇論文，其中〈唐魯國公孔戣治廣州之政績〉一文對「下碇稅」提出了看法。廖幼華的〈唐宋時期邕交之間陸路三道〉及〈唐宋之際北部灣沿海交通發展〉等二篇論文，則對嶺南地區的區域性交通及其路線，有深入的論述。石橋五郎的〈唐宋時代の支那沿海貿易並貿易港に就て〉，詳論唐宋時期的沿海主要港口；中村久四郎的〈唐時代の廣東〉一文，則為較早研究唐代廣東地區的專文，此二文對廣州的對外貿易及經濟發展研究均有相當助益。再者，日野開三郎的〈唐代嶺南に於ける金銀の流通〉，則一篇對嶺南地區金銀流通進行研究的長篇論文。

　　此外，黎虎的〈唐代的市舶使與市舶管理〉、陳明光、靳小龍的〈論唐代廣州的海外交易、市舶制度與財政〉等二文，對於「舶腳」問題進行了探討。李慶新的〈論唐代廣州的對外貿易〉、〈略論南漢時期的嶺南經濟〉，以及王元林的〈論唐代廣州內外港與海上交通的關係〉等數篇論文，對於廣州的對外貿易、經濟發展及南海神廟等課題，具有相當的參考價值。王仲犖的〈唐和南海各國的經濟文化交流〉一文，則詳述南海的航行路線及各國風俗民情。由於國內外學者對廣州及城市經濟方面的相關研究，已有一定的成果，對本文撰寫有相當的助益，特此致謝。

第二節　廣州在唐代以前的發展

　　廣州位於富饒的珠江三角洲上，不僅緊臨大海，並且位於西江、東江及北江之交會點，〔註3〕故交通十分便捷，也因此成爲嶺南地區最重要商業城市。廣州因擁有良好的地理位置及交通條件，在魏晉南北朝時期已成爲嶺南地區最大的貿易港口。〔註4〕其實早在漢代，番禺（約爲唐廣州地區）即已成爲嶺南地區的經濟中心，《史記・貨殖列傳》中即云：

> 九疑、蒼梧以南至儋耳者，與江南大同俗，而楊越多焉。番禺亦其
> 一都會也，珠璣、犀、瑇瑁、果、布之湊。〔註5〕

司馬遷將廣州與其他的區域經濟中心並列，足見其重要性。六朝時期，廣州對外貿易的地位逐漸上升，並漸漸取代龍編（交州），乃成爲嶺南地區最重要的外貿港口。

　　在魏晉南北朝時期，廣州的商業貿易已有相當發展，如《南齊書・州郡志》即云：「廣州，鎮南海，濱際海隅，……卷握之資，富兼十世，尉他餘基，亦有霸迹」，〔註6〕所言「富兼十世」，雖稍嫌誇大，卻足以說明廣州富庶之景況。《南齊書・王琨傳》亦載劉宋時，王琨：

> 出爲持節、都督廣、交二州軍事，建威將軍，平越將軍，平越中
> 郎〔將〕，廣州刺史。南土沃實，在任者常致巨富，世云「廣州刺
> 州但經城門一過，便得三千萬」也。琨無所取納，表獻祿俸之半。
> 〔註7〕

足見劉宋時期，因「南土沃實，在任者常致巨富」，〔註8〕是故廣州刺史已成爲收入豐厚的官職，王琨卻一介不取，堪爲官吏表率。

　　劉宋末年，扶南王僑陳如闍耶跋摩就曾遣商貨至廣州，天竺道人那伽仙

〔註3〕　見張澤咸，《唐代工商業》（北京，中國社會科學出版社，1995年），頁224。

〔註4〕　廖幼華指出，因三國以後越洋航路的逐漸形成，自此「大型船舶逐漸捨棄沿海航線，轉走新的南海航線，自此廣州取代徐聞，成爲嶺南最大的貿易港口」，參見廖幼華，〈唐宋之際北部灣沿海交通發展〉，載《白沙歷史地理學報》，第7期（民國98年4月），頁5。

〔註5〕　司馬遷（漢）撰，《史記》（臺北，鼎文書局，1986年），卷129，〈貨殖列傳〉，頁3268。

〔註6〕　蕭子顯（南朝梁）撰，《南齊書》（臺北，鼎文書局，1993年），卷14，〈州郡志〉，頁262。

〔註7〕　《南齊書》，卷32，〈王琨傳〉，頁578。

〔註8〕　《南齊書》，卷32，〈王琨傳〉，頁578。

於廣州附舶欲到扶南國，但回程遇風飄流至林邑，爲人所掠財物皆盡，[註9]足見廣州和扶南國之間貿易往來相當密切。《南齊書‧南夷傳‧交州》亦云：「商舶遠屆，委輸南州，故交、廣富實，牣積王府」[註10]，仍以交、廣並舉，顯示當時廣州在海外貿易方面尙未完全取代交州的地位。

蕭梁時，廣州的情況是「郡常有高涼生口及海舶每歲數至，外國賈人以通貨易」，[註11]並且「舊時州郡以半價就市，又買而即賣，其利數倍，歷政以爲常」，[註12]王僧孺雖到職僅一個月，但因秉政清廉，一無所取，故在朝廷下詔徵還時，郡民道俗達 600 人詣闕請留，[註13]足見當時在廣州爲官清廉者尙不多見。梁武帝時蕭勱任廣州刺史，爲官清廉，海舶至者原先不過三數，因蕭勱「纖豪（毫）不犯」，[註14]海舶乃「歲十餘至」，[註15]足見爲政者的操守，對廣州的海外貿易影響甚鉅。六朝時期，廣州對外貿易的地位逐漸上升，並漸漸取代龍編（交州），成爲嶺南地區最重要的外貿港口。故《隋書‧地理志下》云：

> 南海、交趾，各一都會也，並所處近海，多犀象瑇瑁珠璣，奇異珍瑋，故商賈至者，多取富焉。[註16]

隋代南海郡約爲唐代的廣州及鄰近地區，史言「故商賈至者，多取富焉」，[註17]足見廣州在六朝時期，得利於良好的地理位置，商業貿易已相當活絡，城市經濟也已有相當的發展。

第三節　地理位置及農業發展

自漢代以來，歷經魏晉南北朝，降至唐代，廣州的發展與繁榮一直與其

〔註9〕 《南齊書》，卷58，〈南夷‧扶南國〉，頁 1014～1015。

〔註10〕 《南齊書》，卷58，〈南夷傳〉，頁 1018。

〔註11〕 姚思廉（唐）撰，《梁書》（臺北，鼎文書局，1993 年），卷 33，〈王僧孺傳〉，頁 470。

〔註12〕 《梁書》，卷 33，〈王僧孺傳〉，頁 470。

〔註13〕 《梁書》，卷 33，〈王僧孺傳〉，頁 470。

〔註14〕 李延壽（唐）撰，《南史》（北京，中華書局，1992 年 8 月），卷 51，〈吳平侯景附勱傳〉，頁 1262。

〔註15〕 《南史》，卷 51，〈吳平侯景附勱傳〉，頁 1262。

〔註16〕 魏徵、令狐德棻（唐）等撰，《隋書》（臺北，鼎文書局，1987 年），卷 32，〈地理志下〉，頁 886～887。

〔註17〕 《隋書》，卷 31，〈地理志下〉，頁 886～887。

良好的地理位置有密不可分的關係。而民以食爲天，因此糧食作物的生產佔有重要地位；而農業生產技術的進步及產量的增加，農民可以將剩餘的農產品加以出售，活絡了糧食交易；經濟作物則提供了手工業製造的原料。因此廣州農業的發展亦是需要探討的重點之一。因此本節將對廣州的優越地理位置及農業耕作技術等發展加以探討。

一、優越的地理位置

唐代廣州因其位於漲海（大海）之濱，且居三江之會合點，對外及對內水路交通均十分便捷。廣州的交通運輸，則在張九齡開大庾嶺路及靈渠重修後有明顯的改善，不論由廣州北上或由長江沿線南下廣州，在交通運輸上均相當便捷，如從韶州經大庾嶺，可抵達虔州，接贛水支流貢水及贛水，再由彭蠡湖，可由江州入長江，過揚子可達唐代最大經濟都會揚州。故史云廣州「利兼水陸，環寶山積」，〔註18〕實不爲過。

由廣州到交州，由海道甚爲方便，《嶺表錄異》即云：「每歲廣州常發銅船過安南貨易」。〔註19〕若走陸路則經由鬱水，可達邕州，再從陸路可抵交州。〔註20〕唐代名相陸贄說廣州「地當衝要，俗號殷繁」，〔註21〕表明廣州地理位置的優異。

在海外交通方面，廣州自從取代了交州在海上絲綢之路終點站的地位後，海舶即絡繹不絕地來到廣州，從事商業貿易等活動，加上前述廣州北上的路線相當通暢，在在使得廣州擁有良好的交通條件及商業貿易上的優勢。

二、農業發展

由於安史之亂後，唐廷傾全力對其仍掌握地區加以建設，嶺南地區亦因此受惠，加以廣州的商業貿易發達，人口相對地增加十分快速。因而嶺南地區在中晚唐時期遂成爲唐廷重要的賦稅支柱之一。《新唐書·食貨志》載：

〔註18〕 劉昫（五代）等撰，《舊唐書》（台北，鼎文書局，1992 年），卷 98，〈盧奐傳〉，頁 3070。

〔註19〕 劉恂（唐）撰，魯迅校勘，《嶺表錄異》，收入《歷代嶺南筆記八種》（廣州，廣東人民出版社，2011 年 3 月），卷下，頁 71。

〔註20〕 史念海，〈隋唐時期的交通與都會〉，《唐史論叢》第 6 輯（西安，三秦出版社，1995 年），頁 24。

〔註21〕 陸贄（唐）撰，劉澤民校點，《陸宣公集》（杭州，浙江古籍出版社，1988 年 10 月），卷 18，〈論嶺南請於安南置市舶中使狀〉，頁 186。

貞元初，關輔宿兵，米斗千錢，……（崔造）增江淮之運，浙江東、
西歲運米七十五萬石，復以兩稅易米百萬石，江西、湖南、鄂岳、
福建、嶺南米亦百二十萬石，詔浙江東、西節度使韓滉，淮南節度
使杜亞運至東、西渭橋倉。〔註22〕

本段雖未說明嶺南道米的比例或數量爲何，然從嶺南等五道運米共一百二十
萬石來看，顯示當時嶺南道的糧食生產應已自給有餘，側面也顯示包括廣州
在內的嶺南地區農業生產較前有所進步，才能北運米糧。

唐代廣州地區見於史籍的水利設施甚少，如《新唐書·地理志》云：廣
州南海縣「山峻水深，民不井汲，都督劉巨麟始鑿井四」，〔註23〕推測此四井
除取汲飲水外，亦可能具有灌溉功能。此外，增城縣有石陂，「石陂〔水〕，
在縣東北一百五十里。溉田口餘頃」，〔註24〕此處「口」字，據前後文意，應
爲「百」字。

在農業生產技術的進步方面，首述耕作技術，而牛耕技術則是其中較爲重要
者。古代的耕田向以人力爲主，牛耕技術的採用，可大幅提高產量，間接可降低
成本。據考古資料顯示，在佛山瀾石東漢墓中就已發現了陶製水田犁鏵模型，佛
山在唐代地屬廣州，足見早在東漢時期廣州地區農業耕作技術已有相當進步，有
學者並據模型推測已有使用牛耕的情形，〔註25〕不過當時牛耕技術是否僅侷限於
廣州地區，或已推廣至鄰近地區，因受限於資料不足，尚未能斷言。

由於古代農業生產主要靠人力，而利用牛耕可提高生產力，因此牛耕的
普及對於廣州及嶺南地區農業生產有相當大的貢獻。

貞元十八年（802）時徐申出任嶺南節度使，由於徐申曾任洪州長史，洪
州當時的農業技術相當進步，故在江南地區使用的稻麥複種制〔註26〕及移栽

〔註22〕 宋祁、歐陽修（宋）等撰，《新唐書》（臺北，鼎文書局景印，1993 年 2 月），
卷 53，〈食貨志〉，頁 1369～1370。
〔註23〕 《新唐書》，卷 43 上，〈地理志〉，頁 1095。
〔註24〕 《元和郡縣圖志》，卷 34，〈嶺南道一〉，頁 889。
〔註25〕 參見廣東省文物管理委員會，〈廣東佛山市郊瀾石東漢墓發掘報告〉，《考古》，
1964 年第 9 期，頁 448～457 及司徒尚紀，〈歷史時期廣東農業區的形成、分
佈和變遷〉，《中國歷史地理論叢》，1987 年第一輯，頁 79。
〔註26〕 稻麥複種制可見張澤咸，〈試論漢唐間的水稻生產〉，載《文史》，第十八輯；
李伯重，《唐代江南農業的發展》（北京，農業出版社，1990 年 10 月），頁 108
～120 及鄭學檬，《中國古代經濟重心南移和唐宋江南經濟研究》（長沙，嶽麓
出版社，2003 年 10 月），頁 85～87。

技術〔註27〕等技術，廣州地區至遲在徐申任嶺南節度時，應已採用。而嶺南地區因氣溫較高，稻麥複種制的實行及稻米二熟，甚至三熟的機率大為提高。

　　在經濟作物方面，據記載早在東漢時期廣州地區已有龍眼及荔支（枝）的生產。《後漢書》，卷四，〈孝和孝殤帝紀〉注引《交州記》云：「龍眼樹高五六丈，似荔支而小」。〔註28〕而《後漢書‧孝和孝殤帝紀》注引《廣州記》則進一步說明：龍眼「子似荔支而員，七月熟」。〔註29〕而荔枝的情形則是：

　　　荔支樹高五六丈，大如桂樹，實如雞子，甘而多汁，似安石榴。有

　　　甜醋者，至日禺中，翕然俱赤，即可食。〔註30〕

唐代廣州地區所產荔枝已相當有名，劉恂《嶺表錄異》稱荔枝為「南中之珍果」，〔註31〕並云「其高、新州與南海產者最佳」。〔註32〕另據《新唐書‧地理志》記載廣州土貢中，亦有「荔支」一項。〔註33〕在唐玄宗時，楊貴妃好食荔枝，「南海所生，尤勝蜀者，故每歲飛馳以進，然方暑而熟，經宿則敗，後人皆不知之」，〔註34〕這裡的南海，應指廣州，〔註35〕若泛指隋代南海郡，則約為唐代廣州、韶州及岡州等地，廣州地區亦包括在內，足見廣州所產荔枝品質優良，較之蜀地所生者尤佳。而唐代廣州地區龍眼及荔枝等熱帶水果的生產，應已上軌道，唯應以野生樹為主，是否有人工種植的情形，擬於日後再作進一步研究。

　　包括廣州在內的嶺南地區，由於農業生產技術的進步，糧食生產量較前增加，唐中後期乃與浙西、浙東、江西、湖南、鄂岳及福建等地區成為糧食出口地區。上述史料，顯示包括廣州在內的嶺南地區農業生產較前為進步。而廣州地區在唐中後期，農業生產量有相當進步，除歸功於水利建設的興修

〔註27〕　移栽（插秧）技術除可提高除草和施肥的效率外，稻苗先在秧圃中培植，又
　　　　　可使春季缺水時能充分利用水源，並縮短大田的種植時間，故可提高稻米產
　　　　　量。參見林立平，〈唐代主糧生產的輪作複種制〉，載《暨南學報》（哲社版），
　　　　　1984年第1期，頁46。
〔註28〕　《後漢書》，卷4，〈孝和孝殤帝紀〉注引《交州記》，頁194。
〔註29〕　《後漢書》，卷4，〈孝和孝殤帝紀〉注引《廣州記》，頁194。
〔註30〕　《後漢書》，卷4，〈孝和孝殤帝紀〉注引《廣州記》，頁194。
〔註31〕　《嶺表錄異》，卷中，頁61。
〔註32〕　《嶺表錄異》，卷中，頁62。
〔註33〕　《新唐書》，卷43上，〈地理志〉，頁1095。
〔註34〕　《唐國史補》，卷上，頁19。
〔註35〕　廣州在天寶元年（742）至乾元元年（758）間曾為南海郡，見《舊唐書》，卷
　　　　　41，〈地理志〉，頁1712。

及生產技術的進步外，勞動力的增加以及因人口增加、糧食需求量增大而使
得耕作面積的擴大，應是主要原因。

第四節　廣州的手工業

　　廣州地區因富於多種礦藏，且手工業技術進步，故鑄錢業、冶鑄業、製
瓷業、造船業及製鹽業等手工業均相當發達。

　　而在著名詩人李白的〈爲宋中丞請都金陵表〉一文中，就已提到包括嶺
南地區在內東南地區物產的富饒，其文云：

> 況齒革羽之所生，梗枏豫章之所出，元龜大貝充仞其間，銀坑鐵冶，
> 連綿相屬，鏟銅陵爲金穴，煮海水爲鹽山。以征則兵強，以守則國
> 富。〔註36〕

其言「況齒革羽之所生，梗枏豫章之所出，元龜大貝充仞其間，銀坑鐵冶，連
綿相屬，鏟銅陵爲金穴，煮海水爲鹽山」，〔註37〕形容包括廣州在內的嶺南地區
物產富饒，且富有金、銀、銅、鐵等礦藏，冶金業、製鹽業及造船業等均十分
發達，呈現一片欣欣向榮的情景，實是唐代東南經濟快速發展的最佳寫照。

　　唐代廣州的手工業技術不但十分進步且項目繁多，因篇幅所限，故僅舉
冶鑄業、鑄錢業、製瓷業、造船業、紡織業及製鹽業等手工業加以說明。

一、冶鑄業

　　包括廣州在內的嶺南地區礦藏豐富，尤富於金銀，銅、鐵產量亦不在少
數，故金屬製造業十分發達。早在東漢時期廣州的當地土著即已具有良好的
鑄銅技術，如《後漢書·馬援傳》注引《裴氏廣州記》云：

> 俚獠鑄銅爲鼓，鼓唯高大爲貴，面闊丈餘。初成，懸於庭，剋晨置
> 酒，招致同類，來者盈門。豪富子女以金銀爲大釵，執以叩鼓，叩
> 竟，留遺主人也。〔註38〕

從廣州的當地土著鑄銅爲鼓，面積寬達丈餘，以當時的技術水準而言，其製
作技術已具有相當的水準。

〔註36〕李白（唐）著，王琦（清）注，《李太白全集》（北京，中華書局，2003年10
　　　　月），卷26，頁1212～1214。
〔註37〕《李太白全集》，卷26，頁1212～1214。
〔註38〕《後漢書》，卷24，〈馬援列傳〉，頁841注引《裴氏廣州記》。

　　在唐代以前，包括廣州在內的嶺南地區即有產銀的記載，《新唐書・地理七上》即云：「厥賦：蕉、紵、落麻。厥貢：金、銀、孔翠、犀、象、綵藤、竹布。」〔註 39〕廣州地區因富於金、銀、銅、鐵、鉛及錫等礦藏，故冶鑄業十分發達，成為重要的金屬產地及冶鑄業中心。

　　為明瞭廣府所領各州的礦藏及生產情形，以《新唐書・地理志》、《元和郡縣圖志》及《太平寰宇記》等資料製作表 4-1「廣州地區礦藏表」，從表 4-1可以看出廣州的礦藏相當豐富，除了有金礦外，尚有銀、銅、鐵、鉛及錫等礦藏，且鄰近的勤州銅陵亦有銅的生產，因此對於廣州的冶鑄業、鑄錢業等手工業提供了充足的原料。

表 4-1　廣州地區礦藏表〔註 40〕

縣　名	金	銅	鐵	鉛	錫	銀	備　註
四會	V						
義寧		V		V	V	V	
懷集			V				
滇陽			V				
化蒙				V	V		
合計	1 縣	1 縣	2 縣	2 縣	2 縣	1 縣	

　　冶鑄業方面，包括廣州在內的嶺南地區雖以金、銀生產聞名，但不若江西饒州有明確的產量記載，如《元和郡縣圖志》云饒州：「每歲出銀十餘萬兩，收稅山銀七千兩」，〔註 41〕但包括廣州在內的嶺南地區金、銀產量應相當大，惜目前尚未有數字可資證明。

　　廣州及鄰近的康州均產金，廣州亦因為唐代第一大貿易港，商業繁盛，人物薈萃，即應擁有大量的能工巧匠，故亦為嶺南地區的主要金屬鑄造中心之一。

〔註 39〕《新唐書》，卷 43 上，〈地理志〉，頁 1095。
〔註 40〕參見《元和郡縣圖志》，卷 34，〈嶺南道一〉，頁 885～913 及《新唐書》，卷 43 上，〈地理志〉，頁 1095～1096。《元和郡縣圖志》及《新唐書・地理志》未載廣州地區有銅生產，然據《太平寰宇記・嶺南道・廣州》信安縣條云：「又有銅石山，又有銀銅山，又有鉛穴山，出錫、鉛」，見樂史（宋）撰，王文楚等點校，《太平寰宇記》（北京，中華書局，2007 年），卷 157，〈嶺南道・廣州〉「信安縣條」，頁 3023，既云「銅石山」、「銀銅山」，則應有銀、銅的生產，故列入表中。「信安」係入宋後更名，唐時為義寧縣。
〔註 41〕《元和郡縣圖志》，卷 28，〈江西觀察使〉，頁 672。

二、鑄錢業

在鑄錢業的原料生產部分，徵之史籍，嶺南地區銅的生產記載較少，然廣州及鄰近的勤州銅陵縣均有銅生產，〔註42〕至於鑄錢所需的主要原料，如鉛及錫等金屬，廣州皆有生產（參見表 4-1「廣州地區礦藏表」）。

在武宗會昌五年（845）滅佛，許諸道觀察使可銷毀佛像取銅鑄錢以前，江淮地區因民間銷錢爲器獲取暴利，造成嚴重問題。武宗會昌五年滅佛後，「鹽鐵使以工有常力，不足以加鑄，許諸道觀察使皆得置錢坊。」〔註43〕淮南節度使李紳遂請以天下州名鑄錢，其大小尺寸皆如開元通寶，交易禁用舊錢。〔註44〕這是古代鑄幣史中第一次以州名鑄於錢面，〔註45〕堪稱是鑄幣史上的一件大事，在這段時間，嶺南道首府廣州亦有用州名來鑄錢。

如宋代洪遵在《泉志》中記載「廣州以『廣』字穿在右」，〔註46〕而《新唐書・食貨中》雖未明確記載廣州在武宗會昌前曾設鑪鑄錢，然在敦煌文書《開元水部式》殘卷中，提到「桂、廣二府鑄錢，及嶺南諸州庸調並和市、折租等物，遞至揚州訖，令揚州差綱部領送部，應須運腳，於所送物內取充」，〔註47〕這段記載可茲證明廣州在開元時期曾設鑪鑄錢。故可以說廣州在武宗會昌以前，至少在玄宗時期曾設鑪鑄錢，但因史籍語焉不詳，致使容易產生誤會。

唐代嶺南地區在交易上的確常使用金、銀爲貨幣，然銅錢亦同時流通，〔註48〕只是使用的比例上較金銀爲低，〔註49〕故會昌年間在各道及觀察使駐所設

〔註42〕 《新唐書》，卷 43 上，〈地理志〉，頁 1099。

〔註43〕 《新唐書》，卷 54，〈食貨志〉，頁 1391。

〔註44〕 見《新唐書》，卷 54，〈食貨志〉，頁 1391。

〔註45〕 見張澤咸，《唐代工商業》（北京，中國社會科學出版社，1995 年 12 月），頁 49。

〔註46〕 見洪遵（宋），《泉志》，卷 3，〈正用品下〉，收入《叢書集成新編》（台北，新文豐出版公司，1985 年台一版），第 26 冊，頁 534 中。

〔註47〕 見葉式，《水部式殘卷》，收入《敦煌寶藏》（臺北，新文豐出版社，1985 年初版），第 121 冊，頁 271。

〔註48〕 銅錢在嶺南的流通情形，請參考王承文，〈晉唐時代嶺南地區金銀的生產和流通〉，《唐研究》第 13 卷（2007 年），頁 528～533 詳論。

〔註49〕 從對敦煌所藏《唐天寶初年地志殘卷》的分析中，可得出嶺南地區以銅錢爲公廨本錢的州，約佔全數的百分之 27，其他爲使用銀兩者，並且廣州及屬縣公廨本錢均爲銅錢。此數字雖不一定代表所有嶺南貨幣使用的情形，卻可作爲嶺南地區仍然是金銀與銅錢並用的明證。參見王承文，〈晉唐時代嶺南地區金銀的生產和流通〉，頁 519。

鑪鑄錢亦應包括廣州在內。〔註50〕

三、造船業

造船業方面，《唐國史補》云：「凡東南郡邑，無不通水。故天下貨利，舟楫居多」，〔註51〕表明廣州在內的東南地區是以舟船爲主要交通工具。廣州地區瀕臨大海，船舶使用十分頻繁，故造船業應有一定程度的發展。如元開和尚在東征日本期間，即曾用八十萬貫正鑪錢向嶺南道採訪使劉巨鱗，買得軍船一艘，〔註52〕這艘船很明顯的是一艘海船，雖不能肯定是在廣州所造，然其可能性相當大。

廣州所造船隻的形式及造船原料，據《嶺表錄異》云「賈人船不用鐵釘，只使桄榔鬚繫縛，以橄欖糖泥之，糖乾甚堅，入水如漆也」。〔註53〕《嶺外代答》所記的造船法與此法類似，《嶺外代答》，卷六，〈藤舟條〉云：「深廣沿海州軍，難得鐵釘桐油，造船皆空板穿藤約束而成，於藤縫中以海上所生茜草，乾而窒之，遇水則漲，舟爲之不漏矣。其舟甚大，越大海商販皆用之」，〔註54〕然其捆束的材料及填充的物品略有不同，不過皆不用鐵釘，爲主要的共通點。〔註55〕

四、製鹽業

唐代井鹽、池鹽、海鹽等三大鹽類中，海鹽產量最大。當時沿海地區大都生產海鹽，浙東、浙西及淮南等地區是主要產區。而嶺南地區地處沿海地區，故應有相當數量的食鹽生產，然其品質似不如兩浙地區所產鹽來的好。嶺南地區所生產的食鹽爲海鹽，早在漢代即設鹽官，據《漢書》，卷二十八下，〈地理志〉的記載：

〔註50〕然因目前相關資料仍不充分，故尚不能排除《泉志》中所記載的背「廣」字錢，是淮南道的「廣陵監」所製造的可能性。

〔註51〕李肇，《唐國史補》，卷下，頁 62。

〔註52〕元開（日）撰，汪向榮校注，《唐大和上東征傳》（北京，中華書局，2000 年4 月），頁 47。

〔註53〕《嶺表錄異》，卷上，頁 52。

〔註54〕周去非（宋）撰，楊武泉校注，《嶺外代答校注》（北京，中華書局，2006 年），卷 6，〈藤舟條〉，頁 218。

〔註55〕唐代的船舶種類及船隻所用材料及船體的結構、製造方法，參見王賽時，〈論唐代的造船業〉，《中國史研究》，1998 年第 2 期，頁 70～78。

南海郡，秦置。秦敗，尉佗王此地。武帝元鼎六年開。屬交州。戶萬九千六
百一十三，口九萬四千二百五十三。有圃羞官。縣六：番禺，尉佗都。
有鹽官。〔註56〕

番禺約為唐代的廣州地區，足見番禺的食鹽生產量相當大，漢廷才會專門設
置鹽官來管理。唐代的食鹽生產方面，《新唐書·食貨志》記載了廣州新會
縣及東莞縣「有鹽」。〔註57〕《太平寰宇記·嶺南道》亦云：廣州新會縣上
川洲、下川洲「在縣南二百六十里大海中，其洲帶山，灣浦極廣，出煎香，
有鹽田，土煎鹽為業」，〔註58〕廣州東莞縣，孫吳時曾置司鹽都尉，〔註59〕
足見食鹽生產歷史悠久，廣州信安縣，則「煮鹽，轉久彌密」。〔註60〕當時
製鹽方法，據《嶺表錄異》記載是在海邊挖坑取鹵汁，再「用竹盤煎之，頃
刻而就」，〔註61〕並「謂之『野鹽』，易得如此也」。〔註62〕

五、製瓷業

唐代包括廣州在內的嶺南地區製瓷業，雖不如越窯及邢窯來的有名，而考古
所發現的瓷窯遺址卻相當多。如僅嶺南道東部就有瓷窯遺址 23 處，分佈在唐代
廣州、潮州、瑞州、封州、高州、羅州及雷州等地。南漢時廣州更增加了皇帝崗
窯、南海官窯、澄海程洋崗窯、官隴窯、北洋窯及窯東窯等多處瓷窯。〔註63〕

再者，廣東的梅縣及新會均發現唐代瓷窯遺址。其中廣東梅縣的唐窯為
水車窯，水車窯有兩處窯口，其形式均為饅頭窯；然與一般饅頭窯的構造有
所差異，因水車窯做了一些改良，因此促進了瓷窯的產量和質量。〔註64〕在

〔註56〕 《漢書》，卷 28 下，〈地理志〉，頁 1628。
〔註57〕 《新唐書》，卷 43 上，〈地理志〉，頁 1096。
〔註58〕 《太平寰宇記》，卷 157，〈嶺南道·廣州〉，頁 3021。
〔註59〕 《太平寰宇記》，卷 157，〈嶺南道·廣州〉，頁 3019。
〔註60〕 《太平寰宇記》，卷 157，〈嶺南道·廣州〉，頁 3022。
〔註61〕 《嶺表錄異》，卷下，頁 80。
〔註62〕 《嶺表錄異》，卷下，頁 80。
〔註63〕 參見廣東博物館等，《廣東唐宋窯址出土陶瓷》（香港，香港大學馮平山博物
館，1985 年），頁 11、陳歷明主編，《潮汕文物志》上冊（廣東，汕頭市文管
會，1985 年），頁 68～73 及陳萬里，《中國青瓷史略》（上海，上海人民出版
社，1962 年），頁 50。
〔註64〕 參見楊少祥，〈廣東梅縣市唐宋窯址〉，收入廣州省文物局、廣東省文物考古
研究所、廣州市文物考古研究所、深圳市文物考古鑒定所編，《廣東文物考古
三十年》（廣州，暨南大學出版社，2009 年），頁 479～483。

廣東新會所發現的唐代窯址爲官沖窯，共有四座窯爐，窯場分佈廣達二萬餘平方公尺，足見瓷窯生產規模之大，該窯的產品以青瓷與素燒瓷爲主，亦有少量的醬黑釉瓷〔註65〕。

六、紡織業

廣州在唐代的紡織業相較於揚州、蘇州及潤州等地所生產的精美絲織品，並不出色，然亦有數種紡織品生產。如《新唐書・地理志》即云嶺南地區：「厥賦：蕉、紵、落麻。厥貢：金、銀、孔翠、犀、象、綵藤、竹布」〔註66〕，其中紵、落麻爲原料，竹布則爲紡織品的一種。

據記載廣州地區在武則天時即曾進「集翠裘」，不但「珍麗異常」，〔註67〕且「價逾千金」，〔註68〕其珍貴可見一斑。《元和郡縣圖志》，卷三四，〈嶺南道一・嶺南節度使〉載廣州開元貢有絲布、竹布、蕉布〔註69〕等紡織品，又《太平寰宇記》，卷一五七，〈嶺南道・廣州〉信安縣條亦云：「又有勾緣藤，南人績以爲布」，〔註70〕足見廣州的紡織業亦有一定程度的發展。

從《太平廣記》的〈韋公幹條〉所載，遠在海南島上的瓊州，亦有大規模的紡織及金銀製造等手工業作坊來看，〔註71〕廣州地區的手工業，亦應已朝向手工業作坊的方向發展。〔註72〕

〔註65〕 參見廣東省文物考古研究所、新會市博物館，〈廣東新會官沖古窯址〉，收入《廣東文物考古三十年》，頁487及497～498。
〔註66〕 《新唐書》，卷43上，〈地理志〉，頁1095。
〔註67〕 《太平廣記》，卷405，頁3267，〈集翠裘條〉引《集異記》。
〔註68〕 《太平廣記》，卷405，頁3267，〈集翠裘條〉引《集異記》。
〔註69〕 參見《元和郡縣圖志》，卷34，〈嶺南道一・嶺南節度使〉，頁886。
〔註70〕 《太平寰宇記》，卷157，〈嶺南道・廣州〉，頁3023。
〔註71〕 詳見《太平廣記》，卷269，頁2113，〈韋公幹條〉引《投荒雜錄》。
〔註72〕 根據考古發現及史料記載，在唐代江南的潤、湖等州已發現官營及私營的金銀器手工業作坊，在揚州更發現金屬熔鑄及雕刻製骨等大型手工業作坊；而北方的定州亦有相當規模的手工業作坊。而據《太平廣記・韋公幹條》的記載，甚至遠在海南島上，竟也出現相當進步的手工業作坊，足見手工製造業已朝向集中化、商品化的方向發展。有關上述各地手工業作坊考古成果的介紹及史料探討，參見朱祖德，〈唐代揚州手工業析論〉，《淡江史學》第24期（2012年9月），頁146～147、朱祖德，《唐五代兩浙地區經濟發展之研究》（臺北，花木蘭文化出版社，2009年3月），頁72、張澤咸，《唐代工商業》（北京，中國社會科學出版社，1995年12月），頁105，以及翁俊雄，〈唐代嶺南社會經濟漫談〉，收入《唐代人口與區域經濟》（臺北，新文豐出版事業公司，1995年9月），頁504～505等。

第五節　交通運輸

　　唐代廣州位於富饒的珠江三角洲上，不僅瀕臨大海，並且位於西江、東江及北江之交會點，〔註73〕故交通十分便捷，也因此成為嶺南地區的最重要商業城市。廣州因擁有良好的地理位置及交通條件，在魏晉南北朝時期已成為嶺南地區最大的貿易港口。〔註74〕在此情勢發展下，廣州逐漸取代交州的地位，成為海上絲綢之路的終點站，因此海舶絡繹不絕地來到廣州，從事商業貿易等活動，唐代廣州遂躍居第一大外貿港口。

　　在交通運輸上，廣州因有鬱水（西江水）、湞水等重要河川及其支流，可北連湘水及贛水，因而水上交通十分便捷。加上居於南北之要衝，又是海上絲綢之路的終點站，因而交通運輸相當繁忙。同時廣州也因優越的地理位置，而使得商業貿易大盛，如元稹的〈授王師魯等嶺南判官制〉所云：廣州「有珠璣瑇瑁之奇貨」，〔註75〕且史云：「自揚、益、湘南至交、廣、閩中等州，公家漕運，私行商旅，舳艫相繼」，〔註76〕貼切地描寫從揚州、益州到交州、廣州等地，舟船川流不息的情形。

　　廣州是唐代海外貿易的最大港口，又是南海航線的起點，〔註77〕且設有市舶司，來自海外的商旅群集於廣州。在唐玄宗開元四年（716）張九齡重修了大庾嶺的通道後，大大提高了此條路線的運輸量，〔註78〕更便於商旅的往來，此通道乃與靈渠成為淮南至嶺南的重要路線。〔註79〕在修建大庾嶺路方面，張九齡的〈開大庾嶺路記〉云：

　　　　初嶺東廢路，人苦峻急，行逕寅緣，數里重林之表，飛梁業嶬，千

〔註73〕見張澤咸，《唐代工商業》，頁224。

〔註74〕廖幼華指出，因三國以後越洋航路的逐漸形成，自此「大型船舶逐漸捨棄沿海航線，轉走新的南海航線，自此廣州取代徐聞，成為嶺南最大的貿易港口」，參見廖幼華，〈唐宋之際北部灣沿海交通發展〉，載《白沙歷史地理學報》，第7期（2009年4月），頁5。

〔註75〕元稹，〈授王師魯等嶺南判官制〉，元稹（唐），《元稹集》（臺北，漢京文化出版公司，1983年10月），〈外集〉，卷五，頁667。

〔註76〕《元和郡縣圖志》，卷5，〈河南道一〉，頁137。

〔註77〕劉希為，《隋唐交通》（臺北，新文豐出版社，1992年3月），頁283。

〔註78〕其過程參見張九齡，〈開鑿大庾嶺路序〉，收入唐·張九齡撰，熊飛校注，《張九齡集校注》（北京，中華書局，2008年），卷17，頁890～891。

〔註79〕有關魚孟威的重修靈渠，參見《全唐文》，卷804，魚孟威，〈桂州重修靈渠記〉，頁3747下。

丈層崖之半，顛躋用惕，漸絕其元。……而海外諸國，日以通商，
齒革羽毛之殷，魚鹽蜃蛤之利，上足以備府庫之用，下足以贍江淮
之求。〔註80〕

從文中可知在張九齡開大庾嶺路前，因舊道年久失修，因此南北間的交通，
均相當的不方便，而此路關係到國家府庫的充實與否，故此路開成後，對南
北交通乃至於唐廷均有相當大的助益。

元和三年（808）時李翱由洛陽南下廣州，走的就是大庾嶺路。據李翱所
著的《來南錄》記載元和四年「五月壬子至吉州，壬戌至虔州，辛未上大庾
嶺，明日至湞昌。……六月己亥朔至韶州。……癸未至廣州」，〔註81〕李翱除
了對所走的路線及所經地點加以記錄外，並詳細記載了從洛陽到廣州的水勢
的順逆流及里程，若走水道出衢州、信州的話，七千六百里；若出上元西江
者，七千一百三十里。〔註82〕

另一條北上的交通路線是靈渠，靈渠是溝通湘水與灕水的人工河道，開
鑿時間甚早，至唐代已因年代久遠而廢置，敬宗寶曆（825～826）初觀察使
李渤曾「立斗門十八以通漕」〔註83〕，可能因工程質量較差，不久即廢置。
咸通九年（868），桂州刺史魚孟威重修，增置斗門並改築石堤，《新唐書‧
地理志》云：「以石為鏵隄，互四十里，植大木為斗門，至十八重，乃通巨
舟」。〔註84〕重修後的靈渠通航比過去方便許多，故魚孟威的〈桂州重修靈
渠記〉有「雖百斛大舸，一夫可涉」等頌語。〔註85〕透過靈渠連結了長江與
珠江兩大水系，嶺南船隻可經由湘水、灕水進入長江而到達江淮地區，有效
增進了南北間的交通。〔註86〕若欲南抵廣州，則可從靈渠進入嶺南後，經桂
州，再順灕水往南，並接鬱水（西江水），東行即可抵達最大國際貿易港口
廣州。〔註87〕

唐末黃巢軍即走此條路線北上，《新唐書‧黃巢傳》云：「會賊中大疫，

〔註80〕 參見張九齡，〈開鑿大庾嶺路序〉，《張九齡集校注》，卷17，頁890～891。
〔註81〕 《全唐文》，卷638，李翱〈來南錄〉，頁2853下～2854上。
〔註82〕 《全唐文》，卷638，李翱〈來南錄〉，頁2854上～2854中。
〔註83〕 見《新唐書》，卷43上，〈地理志〉，頁1105。
〔註84〕 見《新唐書》，卷43上，〈地理志〉，頁1105～1106。
〔註85〕 《全唐文》，卷804，魚孟威，〈桂州重修靈渠記〉，頁3747下。
〔註86〕 參閱何榮昌，〈隋唐運河與長江中下游航運的發展〉，頁375。
〔註87〕 此條路線，曾一民氏稱之為「桂州越城嶺路」，詳見氏著，《唐代廣州之內陸
交通》（臺中，國彰出版社，民國76年），頁115～140詳論。

眾死什四，遂引北還。自桂編大桴，沿湘下衡、永，破潭州，李係走朗州。」
〔註88〕黃巢軍北上走靈渠、湘水，並攻下衡、永及潭州等州，即得利於此條
水路的便利性，並且由湘水北上是順流，因此可縮短航程，這應是當時王鐸
所任命的湖南觀察使李係敗走朗州的原因之一。

　　而從波斯及阿拉伯遠道而來的胡商，在盛唐以前就已由波斯灣沿海，經
麻六甲和北部灣抵廣州，或在福建沿岸登陸，再由梅嶺（大庾嶺）、贛水，經
洪州及江州沿長江至揚州。〔註89〕由於嶺東的道路廢棄，故以往翻越五嶺，
由於缺乏道路，是相當艱難的，自從張九齡開大庾嶺後，不論由廣州北上或
由長江沿線南下廣州，在交通上均相當便捷，如從韶州經大庾嶺，可抵達虔
州，接贛水支流貢水及贛水，再由彭蠡湖，經江州入長江，過揚子可達唐代
最大經濟都會揚州。在當時淮南地區廬州尚有一條「二京路」，可通達長安和
洛陽，並且江州與廬州之間只隔舒州，〔註90〕若經由廬州到達長安和洛陽，
可謂十分便捷。

　　綿密且四通八達的水陸交通路線，使得廣州擁有便利的交通運輸條
件，對於廣州的商業貿易、城市經濟的繁榮及發展有相當大的裨益。可以
說有唐一代，廣州地區經濟的蓬勃發展，與其良好的交通條件有密不可分
的關係。

　　在對外交通方面，唐貞元時宰相賈耽所考察方域道里數最爲詳細，《新唐
書・地理七下》列出賈耽之入四夷道有七，一曰營州入安東道，二曰登州海
行入高麗渤海道，三曰夏州塞外通大同雲中道，四曰中受降城入回鶻道，五
曰安西入西域道，六曰安南通天竺道，七曰廣州通海夷道。〔註91〕

　　其中第七條即爲廣州通海夷道，所能達到的國家是賈耽所記四夷道中最
多的〔註92〕，此條通夷道記載了廣州抵達南海諸國、印度等地的航線，此通
海夷道終點站爲茂門王所都縛達城（今伊拉克首都巴格達）。〔註93〕賈耽的廣

〔註88〕　《新唐書》，卷225下，〈逆臣下・黃巢傳〉，頁6455。
〔註89〕　參見俞永炳，〈試談絲綢之路上的揚州唐城〉，載《漢唐與邊疆考古研究》第
　　　　　一輯（北京，科學出版社，1994年8月），頁170。
〔註90〕　史念海，《唐代歷史地理研究》（北京，中國社會科學出版社，1998年12月），
　　　　　頁335。
〔註91〕　《新唐書》，卷43下，〈地理志〉，頁1146。
〔註92〕　史念海，〈隋唐時期域外地理的探索及世界認識的再擴大〉，收入史念海，《唐
　　　　　代歷史地理研究》，頁516。
〔註93〕　「廣州通海夷道」見《新唐書》，卷43下，〈地理志〉，頁1153～1154。

州通海夷道對於從廣州西行路線及沿途諸國敘述甚詳，[註94] 對於研究古代的海上絲綢之路的相關課題，具有相當重要的價值。

　　在賈耽的廣州通海夷道中所提及今馬來半島南端的羅越國，[註95] 也與廣州保持相當密切的貿易關係，如《新唐書》，卷一四七下，〈南蠻下〉云「羅越者，北距海五千里，西南哥谷羅。商賈往來所湊集，俗與墮羅鉢底同，歲乘舶至廣州，州必以聞」。[註96] 綜上所述，廣州四通八達的水陸交通路線，以及海上絲綢之路等貿易路線的開拓，對於唐代廣州及鄰近地區經濟的發展及繁榮有相當的助益。

第六節　市舶使的設置及商業貿易

　　唐代廣州地理位置極為優越，不僅可以透過鬱水、滇水及循江及其支流，可與廣大的腹地連結，並且緊臨大海，故交通十分便捷，商舶亦絡繹於途，商業貿易相當發達。由於廣州是唐代最大的對外貿易港口，因此唐政府在廣州設市舶使以收其利。本節將主要探討市舶使的設置時間及經營得失，並對廣州的商業貿易及廣州的胡商等方面加以探討。

一、市舶使的設置

　　本小節將對市舶使的設置、宦者領市舶、下碇稅及舶腳的性質加以探討，又，唐廷常以嶺南節度使管理市舶業務，因此亦將檢討歷任嶺南節度使的經營及得失。

（一）市舶使及設置時間

　　市舶使之名，首先於唐代史籍，《舊唐書・玄宗紀》云開元二年（714）十二月：

　　　　時右威衛中郎將周慶立為安南市舶使，與波斯僧廣造奇巧，將以進

[註94] 廣州通海夷道所經過的路線及所經地的今地名，詳見史念海，〈隋唐時期域外地理的探索及世界認識的再擴大〉，收入史念海，《唐代歷史地理研究》，頁516～517及劉希為，《隋唐交通》（臺北，新文豐出版社，1992年3月臺一版），頁138～142。此外，南海各國的風俗民情可參見王仲犖，〈唐和南海各國的經濟文化文流〉，收入史念海主編，《唐史論叢》第二輯（西安，陝西人民出版社，1987年1月），頁278～298詳論。
[註95] 《新唐書》，卷43下，〈地理志〉，頁1153及劉希為，《隋唐交通》，頁139。
[註96] 《新唐書》，卷222下，〈南蠻下・羅越〉，頁6306。

內。監選使、殿中侍御史柳澤上書諫，上嘉納之。〔註97〕

此條記載除《舊唐書・玄宗紀》外，《唐會要・御史臺下・諫諍》〔註98〕及《冊府元龜・諫諍部・直諫》〔註99〕均有類似記載，然字句稍有不同。由此條記載可見在唐玄宗開元二年（714）時，已有市舶使之設置。按自唐初以來廣州已取代交州成爲最大外貿港口，但「安南市舶使」之名，史籍中僅此一見，且《唐會要・御史臺下・諫諍》，周慶立的官職作「嶺南市舶司（使？）右威衛中郎將」，〔註100〕《冊府元龜・諫諍部・直諫》亦稱「右威衛中郎將周慶立爲嶺南市舶使」，而非安南市舶使；加上陸贄以〈論嶺南請於安南置市舶中使狀〉，〔註101〕駁斥在交州設中使以主市舶之議，足證當時（德宗貞元八年）交州（安南）仍未設置市舶使，故《舊唐書・玄宗紀》此條「安南市舶使」應爲「嶺南市舶使（司）」之誤。〔註102〕此位波斯僧之名，《舊唐書・玄宗紀》及《冊府元龜・諫諍部・直諫》均未載，據《唐會要》作「及烈」。〔註103〕此外，《資治通鑑》，卷二一一，唐玄宗「開元四年（716）五月甲辰條」云：

> 有胡人上言海南多珠翠奇寶，可往營致，因言市舶之利；又欲往師子國求靈藥及善醫之嫗，寘之宮掖。上命監察御史楊範臣與胡人偕往求之，範臣從容奏曰：「陛下前年焚珠玉、錦繡，示不復用。今所

〔註97〕《舊唐書》，卷8，〈玄宗紀上〉，頁174。

〔註98〕王溥（宋）撰，《唐會要》（台北，世界書局，1990年），卷62，〈御史臺下・諫諍〉，頁1078。

〔註99〕王欽若、楊億（宋）等撰，《冊府元龜》（北京，中華書局，1988年），卷546，〈諫諍部・直諫十三〉，頁6547下～6548上云「開元二年十二月右威衛中郎將周慶立爲嶺南市舶使，與波斯僧廣造奇巧，將以進內，監選使殿中侍御史柳澤上書諫，帝嘉納之。」

〔註100〕《唐會要》，卷62，〈御史臺下・諫諍〉，頁1078。

〔註101〕參見《陸宣公集》，卷18，〈論嶺南請於安南置市舶中使狀〉，頁186。

〔註102〕黎虎在〈唐代的市舶使與市舶管理〉一文中，認爲「唐代的市舶使有一個從安南而廣州，後即常派往廣州的發展變化過程」，見黎虎，〈唐代的市舶使與市舶管理〉，《歷史研究》，1998年第3期，頁25。筆者認爲此說法不合於史實，且從黎文所列有關唐代市舶使的7條記載來看，其中亦僅周慶立此條作「安南」，其餘6條所述及者均在廣州，且據《唐會要・御史臺下・諫諍》，「安南」作「嶺南」，因此「安南」應爲「嶺南」之誤。安南既未曾設置市舶使，而市舶使亦非如黎虎文所說，由安南（交州）發展至廣州。

〔註103〕《唐會要》，卷62，〈御史臺下・諫諍〉，頁1078及《冊府元龜》，卷546，〈諫諍部・直諫十三〉，頁6547下～6548上。

求者何以異於所焚者乎！彼市舶與商賈爭利，殆非王者之體。……
此特胡人眩惑求媚，無益聖德，竊恐非陛下之意，願熟思之。」上
遽自引咎，慰諭而罷之。〔註104〕

從此段引文來看，與前述《舊唐書・玄宗紀》所載開元二年（714）已設市舶
使，似有所矛盾，因如當時廣州已有市舶使，則應不必大費周章，可由市舶
使陪同胡人往求之，而不需由監察御史楊範臣與胡人同去。不過也有可能是
因為皇帝要求靈藥及良醫，與一般珍寶物品不同，因此未由市舶使經手，而
由皇帝任命臣子執行任務。再者，《舊唐書》、《唐會要》及《冊府元龜》等史
籍均載開元二年周慶立之事，而獨《資治通鑑》未載此條，是否是《資治通
鑑》在此事記載上有所取捨或是所繫的時間有誤，〔註105〕值得進一步探究。

　　而唐代市舶使究竟設置於何時，史籍中未有明確交待，〔註106〕學界也有
不同看法，其中曾一民氏則推測市舶使設置時間，應在武后光宅（684）至玄
宗開元元年（713）之間。〔註107〕在尚未有進一步證據前，筆者基本上同意此
種看法。

　　而市舶使亦可由宦者擔任，如于蕭的〈內給事諫議大夫韋公神道碑〉云：
　　開元十年解褐授內府局丞，典御府之藏，列內官之秩，勤愿慎密，
　　肅恭矜莊。……尋充市舶使，至于廣府，睬賣納貢，寶貝委積，上
　　甚嘉之。〔註108〕

韋某為目前所知最早的宦官領市舶者。市舶使不但總攬利權，並可領兵供其

〔註104〕《資治通鑑》，卷211，玄宗開元四年（716）五月甲辰條，頁6718。

〔註105〕從楊範臣回答「彼市舶與商賈爭利，殆非王者之體」一語來看，當時應尚未
　　　　設置市舶使，否則此語就有矛盾，因開元二年（714）廣州即已設有市舶使。
　　　　然因《資治通鑑》未載記開元二年周慶立之事，但《唐會要》、《舊唐書》及
　　　　《冊府元龜》均載此事，其錯簡可能性很小。而此段監察御史楊範臣與胡人
　　　　偕往求藥及良醫之事，卻僅見於《資治通鑑》，至於《舊唐書》及《冊府元龜》
　　　　均未載此事，因此存在著時間錯簡的可能。

〔註106〕凍國棟在《唐代的商品經濟與經營管理》一書指出，市舶機構在開元二年
　　　　前已設置，但未作進一步推論。見凍國棟，《唐代的商品經濟與經營管理》
　　　　（武昌，武漢大學出版社，1990年3月），頁185。日本學者斯波義信則認
　　　　為市舶司設置於714年，即唐玄宗開元二年，見斯波義信（日）著，布和
　　　　譯，《中國都市史》（北京，北京大學出版社，2013年），頁137，亦未作進
　　　　一步推論。

〔註107〕參見曾一民，《唐代廣州考》（香港，珠海大學中國歷史研究所博士論文，1983
　　　　年），頁712～725詳論。

〔註108〕《全唐文》，卷371，于蕭，〈內給事諫議大夫韋公神道碑〉，頁1690上。

指使，如：《資治通鑑》，卷二二三，唐代宗廣德元年（763）十一月壬寅條云：

> 宦官廣州市舶使呂太一發兵作亂，唐置市舶使於廣州，以收商舶之利，時
> 以宦者爲之。節度使張休棄城奔端州，太一縱兵焚掠，官軍討平之。
> 〔註109〕

從市舶使宦官呂太一發兵作亂來看，呂太一所領兵竟能在重兵駐守〔註110〕的廣州爲亂，可見其勢不小。不過市舶使亦有由嶺南節度使兼領者，如盧鈞，文宗開成元年（836）十二月「代李從易爲廣州刺史、御史大夫、嶺南節度使。……性仁恕，爲政廉潔，請監軍領市舶」，〔註111〕從盧鈞一例來看，唐代廣州市舶使並非全由宦官領之，亦有由藩帥兼領者。並且從前引《資治通鑑》注文「時以宦者爲之」〔註112〕的「時」字來看，宦官領市舶應不是定例。

市舶使的主要任務，是負責管理番舶，並查驗貨物，並依規定收取舶腳、徵稅及收市，如《唐國史補》所言：

> 南海舶，外國船也。每歲至安南、廣州。……有蕃長爲主領，市舶
> 使籍其名物，納舶腳，禁珍異，蕃商有以詐欺入牢獄者。〔註113〕

此外，據《新唐書・孔戣傳》載：「蕃舶泊步有下碇稅，始至有閱貨宴，所餉犀琲，下及僕隸，戣禁絕，無所求索」，〔註114〕其中「下碇稅」類似關稅性質。〔註115〕足見「籍其名物，納舶腳，禁珍異」及徵收相關稅收是市舶使的職責所在，然不肖者常利用職權，橫徵暴斂，或賄賂朝廷重臣及中官，或中飽私囊，可以說是一個美缺。

有關「舶腳」是何性質，目前學界的看法相當分歧。黎虎認爲此處「納舶腳」的舶腳，是「徵收關稅，這種關稅又稱爲『下碇稅』」；〔註116〕陳明光、

〔註109〕《資治通鑑》，卷223，代宗廣德元年（763）十一月壬寅條，頁7157。
〔註110〕若據《舊唐書・地理志・嶺南道》的記載來看，廣州「州內有經略軍，管鎮兵5400人」，見《舊唐書》，卷41，〈地理志・嶺南道〉，頁1714。《元和郡縣圖志・嶺南道一》指出此經略軍鎮兵是駐守在州城內，見《元和郡縣圖志》，卷34，〈嶺南道一〉，頁886。可見在廣州爲亂實屬不易，是故呂太一所發若非城內鎮兵，實難爲患。
〔註111〕《舊唐書》，卷177，〈盧鈞傳〉，頁4591。
〔註112〕《資治通鑑》，卷223，代宗廣德元年（763）十一月壬寅條，頁7157。
〔註113〕《唐國史補》，卷下，頁63。
〔註114〕《新唐書》，卷163，〈孔巢父附孔戣傳〉，頁5009。
〔註115〕「下碇稅」參見曾一民，〈唐魯國公孔戣治廣州之政績〉，收入黃約瑟、劉健明編，《隋唐史論集》（香港，香港大學亞洲研究中心出版，1993年），頁94。
〔註116〕見黎虎，〈唐代的市舶使與市舶管理〉，《歷史研究》，1998年第3期，頁31。

靳小龍則認爲「舶腳」屬於商稅，且與「下碇稅」無涉；〔註117〕曾一民則力排眾議，指出「舶腳」應非關稅，而是指「僱用腳夫搬運貨物所付的工資」。〔註118〕筆者認爲「納舶腳」的「腳」字，在唐代應作「搬運費用」解釋較妥。〔註119〕

（二）嶺南節度使的經營及得失

因嶺南節度使常兼領市舶使，因此任職嶺南節度使治績的良窳和是否廉潔，是值得探究的課題。

唐代廣州擁有極爲優越的地理位置，是海上絲路的終點站，因此廣州常有外舶停靠做生意，故史云：「外蕃歲以珠、瑇（玳）瑁、香、文犀浮海至」。〔註120〕嶺南節度使又常以提高稅率及巧立名目等手段，收取額外的錢財及寶貨，故時任嶺南節度使者，大都以美缺視之。早在唐初，廣州都督党仁弘即「交通豪酋，納金寶，沒降獠爲奴婢，又擅賦夷人。既還，有舟七十」，〔註121〕党仁弘因擅賦夷人及以降獠爲奴婢等手法，竟擁有七十艘船，可以說是相當大的收獲。其中以王鍔任嶺南節度使的收穫最大，《舊唐書》，卷一五一，〈王鍔傳〉云：

> 鍔能計居人之業而榷其利，所得與兩稅相埒。鍔以兩稅錢上供時進及供奉外，餘皆自入。西南大海中諸國舶至，則盡沒其利，由是鍔家財富於公藏。日發十餘艇，重以犀象珠貝，稱商貨而出諸境。周以歲時，循環不絕，凡八年，京師權門多富鍔之財。〔註122〕

王鍔可以說買遍了朝中大臣，因此他在嶺南大撈一筆，卻並未像鄭權因賄賂

〔註117〕參見陳明光、靳小龍，〈論唐代廣州的海外交易、市舶制度與財政〉，《中國經濟史研究》，2005年第1期，頁113～114。

〔註118〕參見曾一民，〈唐魯國公孔戣治廣州之政績〉，頁94。

〔註119〕如《舊唐書》，卷48，〈食貨志上〉載「關輔庸調，所稅非少，既寡蠶桑，皆資菽粟，常賤糴貴買，損費逾深。又江淮等苦變造之勞，河路增轉輸之弊，每計其運腳，數倍加錢。」見《舊唐書》，卷48，〈食貨志〉，頁2090。並且《舊唐書》，卷49，〈食貨志下〉亦云「貞元八年十月，敕：『諸軍鎮和糴貯備，共三十三萬石，價之外，更量與優饒。其粟及麻，據米數準折虛價，直委度支，以停江淮運腳錢充，並支綾絹絁綿，勿令折估』」，見《舊唐書》，卷48，〈食貨志〉，頁2125。此二處「運腳」均爲運費之意。因此《唐國史補》所載舶腳，應是運費性質，而非關稅或商稅。

〔註120〕《新唐書》，卷143，〈徐申傳〉，頁4695。

〔註121〕《新唐書》，卷56，〈刑法志〉，頁1412。

〔註122〕《舊唐書》，卷151，〈王鍔傳〉，頁4060。

中官受到譴責〔註123〕，反而因杜佑剛好要辭淮南節度使，而得到淮南節度的美缺。再者，王茂元之例亦可爲證，《舊唐書》，卷一五二，〈王茂元傳〉云：

> 茂元幼有勇略，從父征伐知名。……。大和中檢校工部尚書、廣州刺史、嶺南節度使，在安南招懷蠻落，頗立政能。南中多異貨，茂元積聚家財鉅萬計。〔註124〕

除王鍔、王茂元及鄭權外，玄宗時的劉巨鱗及彭杲「皆以贓敗」，〔註125〕肅宗時的張萬頃「以贓貶巫州龍標縣尉員外置長任」，〔註126〕宣宗時的紇干臮「以貪猥聞」，〔註127〕其餘節帥斂聚貨財者可謂不勝枚舉。

而在唐代曾任嶺南節度使的，並非均是濁流，清官也相當多。唐初任廣州都督的馮立，「出牧南海，前後牧守率多貪冒，蠻夷患之，數爲叛逆。立不營生業，衣食取給而已嘗至貪泉，嘆曰『此吳隱之所酌泉也。飲一杯何足道哉？吾當汲而爲食』飲畢而去」，〔註128〕足見其氣節。其後宋璟、李朝隱及盧奐等爲官廣州時，皆清廉公正，爲世所稱。《新唐書·盧奐傳》即云：

> 南海郡兼水陸都會，物產瓌怪，前守劉巨鱗、彭杲皆以贓敗，故以奐代之。汙史斂手，中人之市舶者亦不敢干其法，遠俗爲安。時謂自開元後四十年，治廣有清節者，宋璟、李朝隱、奐三人而已。〔註129〕

盧奐爲官廣州，不但貪官污吏束手，連一向跋扈的中官，也謹遵法度，不敢違令，足見盧奐之清正廉潔，故爲時所稱。

〔註123〕《舊唐書》，卷162，〈鄭權傳〉，頁4246云：「旬月，檢校右僕射、廣州刺史、嶺南節度使。初權出鎮，有中人之助，南海多珍貨，權頗積聚以遺之，大爲朝士所嗤。」

〔註124〕《舊唐書》，卷152，〈王茂元傳〉，頁4070。

〔註125〕見《新唐書》，卷126，〈盧奐傳〉，頁4418；《舊唐書》，卷98，〈盧奐傳〉，頁3070。云：「時南海郡利兼水陸，瓌寶山積，劉巨鱗、彭杲相替爲太守、五府節度，皆坐贓鉅萬而死」。

〔註126〕《冊府元龜》，卷700，〈牧守部·貪黷〉，頁8352下。

〔註127〕《東觀奏記》卷中，云：「廣州節度使紇干臮以貪猥聞，貶慶王府長史、分司東都。制曰：『鍾陵問俗，澄清之化靡聞，南海撫封，貪瀆之聲何甚！而又交通詭遇，溝壑無厭。跡固異於澹臺，道殊乖於吳隱』」。見裴庭裕（唐）撰，田廷柱點校，《東觀奏記》（北京，中華書局，1994年9月），卷中，頁112。制文引孔子弟子澹臺滅明及東晉吳隱之的節行斥責紇干臮，用意深遠。

〔註128〕劉肅（唐）撰，許德楠等點校，《大唐新語》（北京，中華書局，1997年12月），卷3，〈清廉〉，頁49。

〔註129〕《新唐書》，卷126，〈盧奐傳〉，頁4418。

李勉任嶺南節度使時作爲亦足堪楷模，如《舊唐書》，卷一三一，〈李勉傳〉載：

> 前後西域舶泛海至者歲纔四五，勉性廉潔，舶來都不檢閱，故末年
> 至者四十餘。在官累年，器用車服無增飾。及代歸，至石門停舟，
> 悉搜家人所貯南貨犀象諸物，投之江中，耆老以爲可繼前朝宋璟、
> 盧奐、李朝隱之徒。〔註130〕

李勉「悉搜家人所貯南貨犀象諸物，投之江中」一事，《唐國史補》亦有記載，作「悉搜家人犀象，投于江中而去」。〔註131〕李勉不但平服內亂，且不擾民，讓外商安心從事買賣，因此至廣州的海舶日增，數年後，海舶來者竟達原來十倍。

徐申在嶺度節度任內，亦將廣州移風化俗，且「於常貢外，未嘗贖索，商賈饒盈」〔註132〕。鄭絪出任藩帥時亦以清廉著稱，《舊唐書》，卷一五九，鄭絪本傳云：「出爲嶺南節度觀察等使、廣州刺史、檢校禮部尚書，以廉政稱。」〔註133〕

廣州節度使中爲政清廉，且有政績者，以孔戣爲最，《舊唐書·孔戣傳》云：

> 戣剛正清儉，在南海，請刺史俸料之外，絕其取索。先是帥南海者，
> 京師權要多託買南人爲奴婢，戣不受託。至郡，禁絕賣女口。先是準
> 詔禱南海神，多令從事代祠。戣每受詔，自犯風波而往。韓愈在潮州，
> 作詩以美之。……唯戣以清儉爲理，不務邀功，交、廣大理。〔註134〕

孔戣不但不去送禮以求富貴，且不避權貴，婉拒其買人爲奴婢要求，已屬難得。〔註135〕孔戣更是不避風險，親自奉詔到南海神廟祭祀，〔註136〕實是難中

〔註130〕《舊唐書》，卷131，〈李勉傳〉，頁3635。

〔註131〕《唐國史補》，卷上，頁21。

〔註132〕《新唐書》，卷143，〈徐申傳〉，頁4695。

〔註133〕《舊唐書》，卷159，〈鄭絪傳〉，頁4181。

〔註134〕《舊唐書》，卷154，〈孔戣傳〉，頁4098。

〔註135〕從嶺南略買奴婢，政府雖屢禁止，然成效不彰，翁俊雄認爲直到「和雇制」
推廣後，此種情形才有改善。參見翁俊雄，〈唐代嶺南社會經濟漫淡〉，頁502
～504。

〔註136〕南海神在唐代地位十分崇高，朝廷屢屢加封，有「廣利王」之稱，故孔戣乃
受詔前往祭祀；據學者考證南海神廟設置於隋代，有關南海神廟的建置經過、
發展、重要性參見王元林，〈論唐代廣州內外港與海上交通的關係〉，《唐都學
刊》第22卷第6期（2006年11月），頁23～24及王元林，《國家祭祀與海
上絲路遺跡──廣州南海神廟研究》（北京，中華書局，2006年8月初版），
頁48～83詳論。

之難。故傳曰：「唯戣以清儉爲理，不務邀功，交、廣大理」，可說是大力讚揚其恤民之情。而《唐國史補》亦云孔戣「有殊政，南中士人死於于流竄者，子女皆爲嫁之」，〔註137〕足見孔戣可謂存憐憫之心，愛民之官。

而其中嶺南節度中也有爲官廉潔，請宦官領市舶司，以免除無謂的困擾者，如盧鈞，《舊唐書》，卷一七七，盧鈞本傳就詳述其原委：

> 其年冬，代李從易爲廣州刺史、御史大夫、嶺南節度使。南海有蠻舶之利，珍貨輻湊。舊帥作法興利以致富，凡爲南海者，靡不梱載而還。鈞性仁恕，爲政廉潔，請監軍領市舶。〔註138〕

《資治通鑑》亦云：「鈞至鎮，以清惠名」。〔註139〕宦者領市舶，在唐代屢見不鮮，已有學者專論，〔註140〕而其影響，是值得探究的課題。而也有清廉過頭的，如《舊唐書・蕭俛傳》云：

> 俛氣勁論直，同列忌之，罷知政事，出爲廣州刺史、嶺南節度使。俛性公廉，南海雖富珍奇，月俸之外，不入其門。家人疾病，醫工治藥，須烏梅，左右於公廚取之，俛知而命還，促買於市。〔註141〕

因家人生病，醫工取公家烏梅數枚先用，而蕭俛知道後乃催促市買歸還，雖有些不近情理，然益證蕭俛爲清官之表率。

有時亦因節帥處理不當，而導致商胡群起攻之，如《資治通鑑》，卷二〇三，光宅元年（684）秋七月戊午條即云：

> 廣州都督路元叡爲崑崙所殺，元叡闇懦，僚屬恣橫。有商舶至，僚屬侵漁不已，商胡訴於元叡，元叡索枷，欲繫治之，羣胡怒，有崑崙袖劍直登聽事，殺元叡及左右十餘人而去，無敢近者，登舟入海，追之不及。〔註142〕

廣州都督路元叡縱容官吏浸漁胡商，羣胡怒不可遏，甚至殺了路元叡，事情可以說已經到了相當嚴重的地步。此事說明節度使如處理番務不當，恐招致殺身之禍。側面也顯示廣州胡商眾多，嶺南節度使需妥善處理相關事務。此次事件後王方慶續任嶺南節度使，《舊唐書・王方慶傳》云：「舊都督路元睿冒求其貨，

〔註137〕《唐國史補》，卷中，頁42。
〔註138〕《舊唐書》，卷177，〈盧鈞傳〉，頁4591。
〔註139〕《資治通鑑》，卷245，開成元年（836）十二月庚戌條，頁7928。
〔註140〕黎虎，〈唐代的市舶使與市舶管理〉，頁21～37。
〔註141〕《舊唐書》，卷172，〈蕭俛傳〉，頁4482。
〔註142〕《資治通鑑》，卷203，則天后光宅元年（684）秋七月戊午條，頁6420。

崑崙懷刃殺之，方慶在任數載，秋毫不犯。……當時議者以爲有唐以來，治廣州者無出方慶之右」，〔註143〕足見當時爲官廣州，能以清廉自持者應不多見。

此外，據《舊唐書》，卷一○，〈肅宗紀〉記載「癸巳，廣州奏大食國、波斯國兵攻城，刺史韋利見棄城而遁」，〔註144〕另《舊唐書》，卷一九八，〈西戎‧波斯國〉云：肅宗「乾元元年（758），波斯與大食同寇廣州，劫倉庫，焚廬舍，浮海而去」。〔註145〕從時間上來看，二書所載應爲同一事件，此次事件極有可能是因節度使或市舶使處理胡商事務不當，才會導致波斯與大食人同攻廣州。

二、廣州的商業貿易

著名漢學家伯希和指出，交州在兩漢及魏晉南北朝時期長期爲遠洋航行之終點站，〔註146〕而到了唐代交州的地位則由鄰近的廣州所取代，伯希和在所著的《交廣印度兩道考》一書中認爲，因「航舶漸取直接航線徑赴中國，交州之地位，遂終爲廣州所奪。七世紀時如義淨等即在廣州登舶，然其間興替不無競爭也」，〔註147〕可見廣州在唐初已取代交州的海上絲路終點站地位，而廣州因而一躍而成爲當時第一大外貿港口。不過交州仍有一定數量的外舶停靠，如當時就有大臣主張在安南（交州）設置中使以主市舶，而陸贄則以〈論嶺南請於安南置市舶中使狀〉〔註148〕一文加以駁斥，事遂不行，說明當時交州仍有一定程度的對外貿易收入。

唐代廣州擁有極爲優越的地理位置，且廣州港在廣州城南不僅可以珠江與腹地連結，且海潮可直入港內，兼有河港與海港之利，〔註149〕故交通十分便捷，也因此成爲嶺南地區的最重要商業城市。唐代廣州乃至嶺南地區的商業不但受惠於優越的地理位置，加上有良好的農業生產及堅實手工業基礎而相當繁榮。廣州除緊鄰大海，對外交通發達外，對內的水陸交通亦十分發達。

〔註143〕《舊唐書》，卷89，〈王方慶傳〉，頁2897。
〔註144〕《舊唐書》，卷10，〈肅宗紀〉，頁253。
〔註145〕《舊唐書》，卷198，〈波斯國〉，頁5313。
〔註146〕參見伯希和（法）著，馮承鈞譯，《交廣印度兩道考》（北京，中華書局，2003年6月），頁184，上卷，陸道考，「交廣之興替」一節詳論。
〔註147〕伯希和（法）著，馮承鈞譯，《交廣印度兩道考》，頁184。
〔註148〕參見《陸宣公集》，卷18，〈論嶺南請於安南置市舶中使狀〉，頁186。
〔註149〕參見王元林，《國家祭祀與海上絲路遺跡——廣州南海神廟研究》（北京，中華書局，2006年8月），頁94。

　　武后時名相陸贄說廣州「地當衝要，俗號殷繁，交易之徒，素所奔湊」，〔註150〕表明廣州地理位置的優異及來往商旅之眾多。《舊唐書‧盧奐傳》云廣州「利兼水陸，環寶山積」，〔註151〕故「舊帥作法興利以致富，凡為南海者，靡不梱載而還」。〔註152〕嶺南節度使因掌握市舶之利，故多懷珍藏，其中亦有富可敵國者，如《舊唐書‧王鍔傳》云：「西南大海中諸國舶至，則盡沒其利，由是鍔家財富於公藏。日發十餘艇，重以犀象珠貝，稱商貨而出諸境。周以歲時，循環不絕，凡八年，京師權門多富鍔之財」。〔註153〕王鍔本傳云「京師權門多富鍔之財」一語雖有些誇大，卻也是嶺南藩帥財傾朝野的顯例。王鍔因歷經大藩，且常以錢財結交權貴，故他的富有，在當時是相當有名的。在《唐國史補》中，就記載有人勸他散盡家財以避禍，他卻將所有錢財都分給他的親戚，而令論者啞然的故事。〔註154〕

　　《北夢瑣言》云：「有賈客沈申者，常來往番禺間，廣主優待之，令如北中求寶帶，申於洛汴間市得玉帶一，乃奇貨也。回由湘潭，希聲竊知之。召申詣衙，賜以酒食，抵夜送還店預戒軍巡，以犯夜戮之」，〔註155〕從此條記載足見五代時期湖南及嶺南地區間的商人往來亦仍然相當頻繁。

　　而廣州為嶺南首府，擁有良好的地理位置，安史亂後人口持續增加，加以農業及手工業均相當發達，產品的多樣化，使其商業交易十分繁榮，如《唐國史補》曰：

> 南海舶，外國船也。每歲至安南、廣州。獅子國舶最大，梯而上下數丈，皆積寶貨。至者本道奏報，郡邑為之喧闐。有蕃長為主領，市舶使籍其名物，納舶腳，禁珍異，蕃商有以詐欺入牢獄者。
>
> 〔註156〕

由「梯而上下數丈」來看，足見獅子國船舶規模之大，其載貨量想必十分驚人。「至者本道奏報，郡邑為之喧闐」的敘述，表明當地官民對海外商船靠岸的重視與期待。

〔註150〕《陸宣公集》，卷18，〈論嶺南請於安南置市舶中使狀〉，頁186。
〔註151〕《舊唐書》，卷98，〈盧奐傳〉，頁3070。
〔註152〕《舊唐書》，卷177，〈盧鈞傳〉，頁4591。
〔註153〕《舊唐書》，卷151，〈王鍔傳〉，頁4060。
〔註154〕李肇，《唐國史補》，卷中，頁43。
〔註155〕孫光憲（五代）撰，貫二強點校，《北夢瑣言》（北京：中華書局，2002年6月）〈逸文〉，卷1，頁383，「馬希聲謀殺沈申」條。
〔註156〕《唐國史補》，卷下，頁63。

　　曾數次欲前往日本弘法，而所乘船隻遭風浪飄移至嶺南的鑑眞和尚，在
《唐大和上東征傳》中提及：

> 江中有婆羅門、波斯、崑崙等舶，不知其數；並載香藥、珍寶、積
> 載如山，其舶深六、七丈。師子國、大石國、骨唐國、白蠻、赤蠻
> 等往來居〔住〕，種類極多。〔註157〕

其中「大石國」即爲大食，「師子國」爲獅子國；「崑崙」應爲今日的馬來半
島、印度尼西亞等東南亞國家。〔註158〕足見至廣州的海外商旅從事貿易甚多，
「香藥、珍寶、積載如山」的描述，顯示出胡商的貴重貨物之多，價值不斐，
側面也顯示廣州地區商業貿易相當地發達。

　　在《太平廣記》中有許多對胡商經營珠玉及奇珍異寶的記載，如「崔煒
條」、〔註159〕「張無頗條」〔註160〕及「陸顒條」〔註161〕等數例，均描繪胡商
在廣州經營奇珍異寶的交易，胡商常出高價競購他們認爲珍貴的珠寶，可見
珠寶交易在廣州不但相當活絡，且獲利亦不少。

　　廣州地區由於是海鹽產地，故食鹽的交易亦相當活絡，其中私鹽的交易
應佔有相當的比例。白居易的〈鹽商婦〉詩云：「鹽商婦，多金帛，不事田農
與蠶績，南北東西不失家，風水爲鄉舟船作宅。……婿作鹽商十五年，不屬
州縣屬天子，每年鹽利入官時，少入官家多入私，官家利薄私家厚，鹽鐵尙
書遠不知。」〔註162〕生動說明鹽商販賣私鹽有厚利可圖。廣州地區由於盛產
食鹽，因此亦應存在私鹽交易。

　　在貿易商品方面，廣州地區主要的交易商品，主要有金、銀、食鹽、香
料、珍珠、瓷器、玳瑁、荔枝及水產品等物品，是廣州地區的主要貿易商品。

　　早在漢代，番禺即成爲嶺南的經濟中心，六朝時期，廣州已逐漸取代龍編（交
州），乃成爲嶺南地區最重要的外貿港口。廣州在唐代先後爲廣州總管府、大都
督府、中都督府及嶺南道采訪使駐所，肅宗至德時升爲嶺南五府經略使兼節度使
（下文簡稱「嶺南節度使」）駐所，足見政治、軍事及經濟地位均相當重要。

　　廣州因農業生產進步，加以手工業技術進步，且國內及海外的商業貿易

〔註157〕元開，《唐大和上東征傳》，頁74。
〔註158〕參見《唐大和上東征傳》，頁75注。
〔註159〕見《太平廣記》，卷34，頁216～219，「崔煒條」引《傳奇》。
〔註160〕見《太平廣記》，卷310，頁2452，「張無頗條」引《傳奇》。
〔註161〕見《太平廣記》，卷476，頁3920～3922，「陸顒條」引《宣室志》
〔註162〕《白居易集》，卷4，頁84，〈鹽商婦〉。

均相當地繁榮，且整體經濟情勢持續發展，因此地區人口呈現增長情形。〔註163〕唐貞觀時廣州戶數爲 12,463、口數爲 59,114，相較之下戶數仍少於當時嶺南地區的桂州、龔州、貴州、欽州及交州等州。〔註164〕盛唐以後廣州戶數有所增加，如開元時期廣州就增至 64,250 戶，此時期貞觀時戶數較廣州爲多的龔州、貴州及欽州等州，戶數則大多呈現大幅下滑趨勢，如龔州 2,420 戶、貴州 3,629 戶及欽州 2,280 戶，僅桂州及交州戶數較貞觀時爲增長，其餘皆下降，〔註165〕而廣州戶口數，雖在天寶時一度下降，仍有 42,235 戶。

表 4-2　唐代嶺南地區貞觀時期萬戶州戶數變化表〔註 166〕

州名	貞觀戶數	開元戶數	天寶戶數	元和戶數
廣州	12,463	64,250	42,235	74,099
桂州	32,781	36,265	17,500	8,650
潘州	10,748	---	4,300	---
辯州	10,350	---	4,858	---
禺州	10,748	---	3,180	---
交州	17,523	25,694	24,230	27,135
欽州	14,072	2,280	2,700	---
貴州	28,930	3,629	3,026	---
龔州	13,821	2,420	9,000	276
象州	11,845	3,290	5,500	233
澄州	10,868	2,165	1,368	---

〔註163〕包括廣州在內的嶺南地區，在唐代常作爲流移人配所，《天聖令・獄官令》唐 5 條載「江比（北）人配領（嶺）以南者，送付桂、廣二都督府。……若妻、子在遠，又無路便，豫爲追喚，使得同發，其妻、子未至間，囚身合役者，且於隨近公役，仍錄已役日月下配所，聽折即於限內」，參見《天一閣藏明鈔本天聖令校證》（北京，中華書局，2006 年 10 月初版），卷 27，〈獄官令〉唐 5 條，頁 340～341。足見流人、移鄉人及其家屬構成了廣州、桂州及鄰近地區人口的一部分，同時也對當地經濟發展有所助益。

〔註164〕廣州及嶺南地區各州貞觀戶數參見《舊唐書》，卷 41，〈地理志〉，頁 1712～1765。

〔註165〕參見《元和郡縣圖志》，卷 34，〈嶺南道一〉、〈嶺南道四〉及〈嶺南道五〉，頁 885～966。

〔註166〕本表主要以嶺南地區，在貞觀時期戶數達 10,000 戶以上的州進行戶數增減比較。本表據本書第二章表 2-1「唐代嶺南東道屬州各階段戶口數表」及第三章表 3-1「嶺南西道屬州唐代各階段戶口表」等資料製作。

　　廣州在安史亂後，嶺南地區各州戶口普遍減耗之際，因商業貿易的繁榮，因此人口不減反增，元和時戶數達 74,099 戶，戶數已躍居嶺南地區首位，〔註 167〕為當時交州戶數（27,135）的兩倍有餘。〔註 168〕並且據《元和郡縣圖志》記載，元和時期嶺南地區僅有廣州和交州戶數仍有增加，其他州郡戶數大都下降，有的甚至減少到僅有數百戶而已。

　　唐代廣州因位居於對外商業貿易的第一要埠，外舶來往絡繹於途，商業貿易相當發達，故史稱：「南海有蠻舶之利，珍貨輻湊」、〔註 169〕「外蕃歲以珠、璣（玳）瑁、香、文犀浮海至」，〔註 170〕足見廣州實為唐廷財稅之所寄，除要收市外，〔註 171〕還要不時視上意來進奉，且因置市舶使收取舶腳，故需倚重能臣幹吏，招徠商船，以收其效。而廣州則是嶺南地區的政、經中心，人口稠密，物產富饒，且擁有良好的交通條件，加上充足的勞動力，使手工業及商業均相當發達。

　　若由唐代最大經濟都會揚州南下經商，常經由長江、彭蠡湖，接贛水而下，越大庾嶺而達廣州。商旅在沿途並可匯集江西地區所盛產的茶葉及瓷器等物資再南下廣州，故在這條路線上的江州、洪州及廣州等城市商業貿易均相當發達。

　　在《全唐文》，卷七五，唐文宗〈大和八年疾愈德音〉中提到：

> 南海蕃舶本以慕化而來，固在接以恩仁，使其感悅。如聞比年，長吏多務徵求，嗟怨之聲，達於殊俗。……其嶺南、福建及揚州蕃客，宜委節度觀察使常加存問，除舶腳、收市、進奉外，任其來往通流，自為交易，不得重加率稅。〔註 172〕

唐文宗的〈大和八年疾愈德音〉說明包括廣州在內的嶺南地區、福建地區及

〔註 167〕廣州各階段戶數參見《舊唐書》，卷 41，〈地理志〉，頁 1712 及《元和郡縣圖志》，卷 34，〈嶺南道一・嶺南節度使〉，頁 885。另《通典》，卷 184，〈州郡十四・南海郡〉，頁 4912 云廣州戶 58,840、口 201,500，其中開元戶應以《元和郡縣圖志》所載戶數為準。

〔註 168〕交州戶數見《元和郡縣圖志》，卷 38，〈嶺南道五・安南都護府〉，頁 945。

〔註 169〕《舊唐書》，卷 177，〈盧鈞傳〉，頁 4591。

〔註 170〕《新唐書》，卷 143，〈徐申傳〉，頁 4695。

〔註 171〕「收市」參見陳明光、靳小龍，〈論唐代廣州的海外交易、市舶制度與財政〉，《中國經濟史研究》，2005 年第 1 期，頁 108～109 及黎虎，〈唐代的市舶使與市舶管理〉，《歷史研究》，1998 年第 3 期，頁 32。

〔註 172〕《全唐文》，卷 75，唐文宗，〈大和八年疾愈德音〉，頁 342 中。

揚州等地是當時三大胡商聚集地區。

廣州不僅爲當時中外交流的樞紐，同時也是國際貿易的重要港口。如九世紀大食著名地理學家伊本‧胡爾達茲比赫（Ibn khordadbeh）在所著《道里邦國志》一書中，將漢府（廣州）列爲與魯金（交州）、剛突（揚州）、漢久齊名的四大港口，〔註 173〕並認爲廣州是「中國最大的港口」；〔註 174〕桑原騭藏在《唐宋貿易港研究》一書中亦對此四大港口詳加論證。〔註 175〕

三、廣州的胡商

廣州不僅爲當時中外交流的樞紐，同時也是國際貿易的重要港口。如九世紀大食著名地理學家伊本‧胡爾達茲比赫（Ibn khordadbeh）在所著《道里邦國志》一書中，認爲廣州是當時「中國最大的港口」。〔註 176〕

在《全唐文》，卷七五，〈大和八年疾愈德音〉中提到：「其嶺南、福建及揚州蕃客，宜委節度觀察使常加存問，除舶腳、收市、進奉外，任其來往通流，自爲交易，不得重加率稅」。〔註 177〕顯示包括廣州在內的嶺南地區、揚州及福建等地直到文宗時期仍是胡商的聚集之處。並且根據《中國印度見聞錄》的記載，廣州不但是胡商群集之所，還是阿拉伯商人薈萃的城市。〔註 178〕根據阿拉伯遊歷家阿布賽特‧哈桑（Abu Zaid Hassan）的記載：

> 亂黨首領，名曰龐勛，攻陷劫掠國中無數城邑後，以回教紀元二六四年陷廣府，殺回教徒、猶太人、基督教徒、火教徒，數達十二萬以至二十萬人。……外國之商人船主，皆遭虐待侮辱，貨物則悉被劫掠，國內商品製造廠，皆被破壞。對外貿易，完全停滯。〔註 179〕

〔註 173〕見伊本‧胡爾達茲比赫（Ibn khordadhbeh）（阿拉伯）著，宋峴譯注，《道里邦國志》（北京，中華書局，1991 年 12 月初版），頁 72。

〔註 174〕見伊本‧胡爾達茲比赫著，宋峴譯注，《道里邦國志》，頁 72。

〔註 175〕參見桑原騭藏（日）著，楊鍊譯，《唐宋貿易港研究》（臺北，臺灣商務印書館，1963 年 12 月），頁 72 至 154。至於《道里邦國志》所載四大港口中的「漢久」港，桑原騭藏考證後認爲是福建地區的泉州，參見桑原騭藏著，楊鍊譯，《唐宋貿易港研究》，頁 130〜154。

〔註 176〕見伊本‧胡爾達茲比赫著，宋峴譯注，《道里邦國志》，頁 72。

〔註 177〕《全唐文》，卷 75，唐文宗，〈大和八年疾愈德音〉，頁 342 中。

〔註 178〕參見穆根來等譯，《中國印度見聞錄》（北京，中華書局，1983 年），頁 96。

〔註 179〕原出自 Reinaud 編 Relation des voyages, I., pp. 61〜68.此處乃是轉引自方豪，《中西交通史》（台北，中國文化大學出版社，1983 年 12 月），上冊，頁 258。

僅在龐勛之亂時，廣州被殺的回教徒、猶太人、基督教徒及火教徒〔註180〕等，人數竟達十二萬至二十萬，雖此數字可以說是有誇大之嫌，但卻也說明了在廣州的胡人數量之多。廣州會有這麼多來自海外各地的回教徒、猶太人、基督教徒、火教徒等教徒，側面顯示唐代廣州是胡商及胡人群集之地，甚至比起唐代最大經濟都會揚州〔註181〕，都有過之而無不及。

再者，在黃巢之亂時，黃巢軍隊曾攻入廣州，根據《中國印度見聞錄》的記載當時被黃巢軍隊殺害的各種教徒，達到了十二萬人之多，其云：

> 不計罹難的中國人在內，僅寄居城中經商的伊斯蘭教徒、猶太教徒、基督教徒、拜火教徒，就總共有十二萬人被他殺害了，這四種宗教徒的死亡人數所以知道得這樣確鑿，那是因為中國人按他們的人（頭）數課稅的緣故。〔註182〕

此數字雖與前述龐勛之亂時，被殺害的各教信徒人數估計一樣有所誇大，但卻說明了當時在廣州所聚集的信仰各種宗教的胡人之多。此後，廣州的商業貿易受到了嚴重的打擊，不但因大批胡商遭殘殺而所剩無幾，並且大量的桑樹被砍伐，是使阿拉伯各國失去了貨源，特別是失去絲綢來源的原因。〔註183〕

當時在廣州的胡人，信奉佛教的也不少，如大曆四年（769）二月，「南天竺國僧三藏文殊德上言，廣州南界蕃人新營兩寺，望賜寺名，詔以寶應、廣德二名賜之」，〔註184〕足見在廣州信奉佛教的胡人信徒甚眾。由前述史料，顯示在唐代廣州的胡人，信奉各種宗教的都有，除前述回教徒、猶太人、基督教徒及火教徒外，在廣州的佛教徒也有一定人數。足證廣州在當時不僅是多民族的聚集處，同時也是多宗教的社會，故能成為中西文化交流的樞紐。

〔註180〕「火教徒」應為祆教徒，因祆教又被稱為拜火教。
〔註181〕如唐肅宗上元元年（760）平盧兵馬使田神功討劉展於揚州，《舊唐書》，卷110〈鄧景山傳〉云：「商胡大食、波斯等商旅死者數千人」，見《舊唐書》，卷110，〈鄧景山傳〉，頁3313。雖此數字遠較廣州遭龐勛、黃巢之亂所殺害的胡人為少，然除考慮到劉展之亂發生在中唐，而龐勛之亂及黃巢之亂發生的時間點是在晚唐，廣州的經濟情勢已有進一步的發展外，廣州為唐代最大貿港口，又是海上絲綢之路的終點站，且據《萍洲可談》記載廣州有「蕃坊」之設置，參見宋·朱彧撰，李偉國點校，《萍洲可談》（北京，中華書局，2011年），卷2，頁134。足見在廣州的胡人的確不在少數。
〔註182〕穆根來等譯，《中國印度見聞錄》，頁96。
〔註183〕見穆根來等譯，《中國印度見聞錄》，頁96。
〔註184〕《冊府元龜》，卷52，〈帝王部·崇釋氏二〉，頁577上。

天寶九載（750），鑒眞和尙第五次東渡日本未成，船隻漂流至廣州時，見到「江中有婆羅門、波斯、昆侖等舶，不知其數，並載香葯、珍寶，積載如山」。〔註185〕足見香葯、珍寶是胡商主要的貿易商品，胡商購入的物品，則應以絲綢、瓷器及珍寶等爲大宗。當時胡商在中國各地，所經營的商品相當廣泛，包括珠寶、珍貝及各種藥材〔註186〕等，此外，胡商亦有經營類似今日金融業的柜坊者。〔註187〕在廣州經營珠寶生意的，有不少是胡商，除少數是從陸上絲綢之路到達長安、揚州再南下廣州，大部分胡商應由海道抵達廣州。

《太平廣記》中有許多胡商從事珍奇寶物及珠貝等交易的記載；如卷三四的〈崔煒條〉中，崔煒將所得到的南越王趙佗陪葬大食國寶陽燧珠，〔註188〕鬻於波斯邸，有一老胡人見則大驚，並云「郎君的入南越王趙佗墓中來，不然者，不合得斯寶」，〔註189〕並以十萬緡易之。崔煒獲寶珠一事雖帶有神話意味，然稱「波斯邸」亦爲胡商群集廣州之明證。〔註190〕

再者，同書卷三一〇的〈張無頗條〉中說，張無頗得到廣利王所贈的「駭雞犀、翡翠盌及麗玉明瑰」〔註191〕等珍寶，在廣州出售駭雞犀，就已獲巨萬。〔註192〕此外，《太平廣記》卷四七六的〈陸顒條〉，描寫陸顒獲胡商所贈的珍貝，售之即獲金千鎰。〔註193〕胡商們對於珍奇物品，往往出高價來搶購，甚至有達「金千鎰」〔註194〕者，可見珍寶方面的交易在廣州不但相當活絡，且獲利亦相當豐厚。胡商之所以對珠寶類的物品感到興趣，推測除物品本身價值不斐，轉售可獲利外，珠寶類方便攜帶的特性，也是原因之一。

〔註185〕見元開，《唐大和上東征傳》，頁 74。

〔註186〕參見朱祖德，〈唐代揚州的商業貿易〉，載《史學彙刊》第 30 期（2012 年 12 月），頁 83～84。

〔註187〕參見《太平廣記》，卷 17，頁 119，〈盧李二生〉引《逸史》及朱祖德，〈試論唐代揚州在中西交通史上的地位〉，載《興大歷史學報》第 18 期（2007 年 6 月），頁 214。

〔註188〕見《太平廣記》，卷 34，頁 218～219，〈崔煒條〉引《傳奇》。

〔註189〕《太平廣記》，卷 34，頁 219，〈崔煒條〉引《傳奇》。

〔註190〕除「波斯邸」外，當時廣州還有番坊的設置，朱彧，《萍洲可談》云：「廣州番坊，海外諸國人聚居，置蕃長一人，管勾蕃坊公事，專切招邀蕃商入貢，用蕃官爲之，巾袍履笏如華人」，足見胡商在廣州人數之多，以至需設「蕃坊」，加以管理。

〔註191〕見《太平廣記》，卷 310，「張無頗條」引《傳奇》，頁 2452。

〔註192〕見《太平廣記》，卷 310，頁 2452，〈張無頗條〉引《傳奇》。

〔註193〕見《太平廣記》，卷 476，頁 3920～3922，〈陸顒條〉引《宣室志》。

〔註194〕見《太平廣記》，卷 476，頁 3922，〈陸顒條〉引《宣室志》。

第七節　結　語

　　唐五代時期嶺南地區的經濟發展呈現不均衡的情形，在淮南及兩浙等精華地區遭受安史之亂的影響，而戶口大量減少時，廣州的戶口反而呈現逆勢成長。而與戶口增長有密切關連的農業生產，在廣州地區亦欣欣向榮。在手工業產品的生產上，本區也具有特色，冶鑄業、製鹽業、製瓷業、鑄錢業、造船業及紡織業等手工業均相當發達，其品質亦相當精良。

　　在海外貿易方面，廣州不但是當時最大的對外貿易港口，並且是海上絲路的終點站，同時也是胡商北上揚州、兩京等地的起點站，故商易貿易十分繁榮。本文以廣州地區為研究對象，乃因廣州地區在唐代不僅在經濟上有持續的發展，在宋代以後更發揮其經濟及文化上的影響力，故以廣州地區為主要研究範疇，期待未來能對嶺南地區的城市經濟有進一步的探討。

〔附註〕本章原以〈唐代廣州社會經濟的發展〉為題，宣讀於 2014 年 11 月 28 日，由淡江大學歷史學系所主辦的「2014 淡水學暨區域社會史國際學術研討會──海洋、區域與社會」，會中承蒙評論人桂齊遜教授指正，特此申謝。後更名為〈唐代廣州的經濟發展〉，刊於《國立彰化師範大學文學院學報》第十一期（2015 年 3 月），承蒙兩位匿名審查委員惠賜寶貴意見，特此致謝。由於市舶使和廣州的商業貿易繁榮有密切關連，因此增加「市舶使的設置及商業貿易」一節，並增補相關內容，改題今名收入本書。

第五章　唐五代廣州的商業貿易

第一節　前　言

　　唐代是廣州〔註1〕經濟發展的加速期，嶺南道首府廣州〔註2〕不但城市經濟十分發達，同時因絕佳的地理位置及綿密的水路交通網絡，而成為海上絲路的的終點站、唐代最大外貿易港口，以及嶺南地區的經濟中心。而本章主要以廣州的商業貿易為研究對象，原因在於唐代廣州不僅擁有優越的交通條件，四通八達的交通網絡，使得國內貿易相當繁榮，海外貿易亦因來往的商舶絡繹於途而相當繁榮。

　　唐代的廣州，擁有堅實的經濟基礎，農業生產技術的進步，促進產量的增加，農民可以將剩餘的農產品加以出售，活絡了糧食交易；經濟作物則提供了手工業製造的原料。同時唐代廣州的手工業亦相當發達，據研究至少有冶鑄業、鑄錢業、造船業、製鹽業、製瓷業及紡織業等多種手工業〔註3〕，手工業製造的產品，如瓷器等亦進入市場交易，活絡了廣州的商業發展。同時

〔註1〕　本文所指廣州，主要係指唐代廣州及其屬縣，若鄰近地區有關連者，將一併敘及。

〔註2〕　廣州一地在唐代以前，史籍多稱為「番禺」，原隸屬交州，吳孫皓時「以交州土壤太遠，乃分置廣州，理番禺。交州徙理龍編。晉代因而不改。……隋開皇九年平陳，於廣州置總管府，仁壽元年改廣州為番州，大業三年罷番州為南海郡。隋末陷賊，武德四年討平蕭銑，復為廣州。」參見李吉甫（唐）撰，賀次君點校，《元和郡縣圖志》（北京，中華書局，1995年），卷34，〈嶺南道・廣州〉，頁885～886。

〔註3〕　廣州手工業參見朱祖德，〈唐代廣州的經濟發展〉，載《國立彰化師範大學文學院學報》，第11期（2015年3月），頁87～92。

廣州亦因外舶航行路線的改變〔註4〕，使得廣州成為唐代最大的對外貿易港口，因此海外貿易相當發達。

本章將對唐代廣州地區的的地理位置、交通運輸，以及國內貿易和海外貿易等方面的發展等方面加以探究。並對於學界意見分歧的舶腳、稅率，以及「南貨」等相關課題，透過相關史料記載加以分析及探究，以期明瞭廣州地區在有唐一代經濟的發展及其影響。

第二節　廣州的地理位置及交通

廣州位於富饒的珠江三角洲上，不僅緊臨大海，並且位於西江、東江及北江之交會點，〔註5〕故交通運輸相當便捷，也因此成為嶺南地區重要的商業城市。早在漢代，番禺（約為唐廣州地區）即已成為嶺南地區的經濟中心，《史記‧貨殖列傳》中即云：

> 九疑、蒼梧以南至儋耳者，與江南大同俗，而楊越多焉。番禺亦其
>
> 一都會也，珠璣、犀、瑇瑁、果、布之湊〔註6〕。

司馬遷將廣州與其他的區域經濟中心並列，足見其重要性。自漢代以來，歷經魏晉南北朝，降至唐代，廣州的發展與繁榮，一直與其地理位置有密切關連。由於唐代廣州不論國內貿易或海外貿易的發展，均與其優越的地理位置及交通條件有密不可分的關係，因此本節將對廣州的地理位置及交通運輸發展加以探討。

一、地理位置

唐代廣州因其位於漲海（大海）之濱，且居鬱水（西江）、循江（東江）及溱水〔註7〕（北江）等三江之會合點，因此無論區域內或對外連絡的水、路交通均十分便捷。其中尤其是鬱水，不但流域廣大，且支流甚多，如廣州透過鬱水及其支流，可連絡嶺南西部的田州、邕州、淳州（巒州）、橫州、貴州、

〔註4〕 參見廖幼華，〈唐宋之際北部灣沿海交通發展〉，載《白沙歷史地理學報》，第7期（2009年4月），頁5及李孝聰，《中國區域歷史地理》（北京，北京大學出版社，2009年），頁375。

〔註5〕 見張澤咸，《唐代工商業》，頁224。

〔註6〕 司馬遷（漢）撰，《史記》（臺北，鼎文書局，1986年），卷129，〈貨殖列傳〉，頁3268。

〔註7〕 溱水或稱為湞水、湞江。

繡州、潯州、龔州、藤州、梧州、封州、康州及端州等 13 州。北江則可通往韶州，越過大庾嶺可抵達江西的虔州。東江可通往循州，若水陸兼行，則可抵達江西南部地區及福建地區的汀州〔註8〕，足見廣州的水上交通可謂四通八達，相當便捷。

廣州通往江西、湖南及淮南等地的交通，在張九齡開大庾嶺路及魚孟威重修靈渠後，有更進一步的改善，不論由廣州經贛水北上，或淮南、湖南等地沿長江、贛水或湘水、灕水南下廣州，均相當便捷。如從韶州經大庾嶺，可抵達虔州，接贛水支流貢水及贛水，再由彭蠡湖，可由江州入長江，過揚子可達唐代最大經濟都會揚州。故史云廣州「利兼水陸，環寶山積」〔註9〕，實不爲過。

唐代名相陸贄說廣州「地當衝要，俗號殷繁」〔註10〕，表明廣州優越的地理位置。如由廣州到達交州，由海道甚爲方便，《嶺表錄異》即云：「每歲廣州常發銅船過安南貨易」〔註11〕。從廣州走水路，則可經由鬱水，抵達邕州，再從陸路亦可通抵達交州〔註12〕。足見廣州對外交通，有些情況是水陸兼行，前述大庾嶺路亦有大庾嶺一段是陸行，其餘路程則是水路。

在海外交通方面，魏晉南北朝時期，廣州的海外貿易已有相當發展，如《南齊書·州郡志》云：「廣州，鎮南海，濱際海隅，⋯⋯卷握之資，富兼十世，尉他餘基，亦有霸迹」〔註13〕，足以說明廣州因優越的地理位置，得以掌握海外貿易的厚利，因而相當富庶。《南齊書·王琨傳》亦載劉宋時：

> 南土沃實，在任者常致巨富，世云「廣州刺州但經城門一過，便得三千萬」也。琨無所取納，表獻祿俸之半〔註14〕。

〔註8〕 參見譚其驤主編，《中國歷史地圖集》第五冊隋唐五代十國時期（北京，地圖出版社，1982 年 10 月），頁 69～70、71、72～73。

〔註9〕 劉昫（五代）等撰，《舊唐書》（台北，鼎文書局，1992 年），卷 98，〈盧奐傳〉，頁 3070。

〔註10〕 陸贄（唐）撰，劉澤民校點，《陸宣公集》（杭州，浙江古籍出版社，1988 年 10 月），卷 18，〈論嶺南請於安南置市舶中使狀〉，頁 186。

〔註11〕 劉恂（唐）撰，魯迅校勘，《嶺表錄異》，收入《歷代嶺南筆記八種》（廣州，廣東人民出版社，2011 年 3 月），卷下，頁 71。

〔註12〕 史念海，〈隋唐時期的交通與都會〉，《唐史論叢》第 6 輯（西安，三秦出版社，1995 年），頁 24。

〔註13〕 蕭子顯（南朝梁）撰，《南齊書》（臺北，鼎文書局，1993 年），卷 14，〈州郡志〉，頁 262。

〔註14〕 《南齊書》，卷 32，〈王琨傳〉，頁 578。

足見劉宋時期，任廣州刺史者即「常致巨富」〔註15〕，蕭梁時，廣州的情況是「郡常有高涼生口及海舶每歲數至，外國賈人以通貨易」〔註16〕，可見海外貿易相當興盛。《隋書·地理志》總結了魏晉南北朝至隋代廣州的經濟發展，其云：

> 南海、交趾，各一都會也，並所處近海，多犀象瑇瑁珠璣，奇異珍瑋，故商賈至者，多取富焉。〔註17〕

說明廣州及交州均因良好的地理位置，商賈雲集，因而多奇珍異寶，商業貿易均相當繁榮，因而成爲商業都會。

而魏晉南北朝時期因航海技術的進步及航線的改變，徐聞、交趾及合浦等過去採用沿岸航行時必經的主要港口，逐漸失去其在海外貿易的優勢〔註18〕。在這種趨勢下，入唐以後廣州乃成爲最大對外貿易港口，海舶即絡繹不絕地來到廣州，從事商業貿易等活動，不過交州仍有一定數量的外舶停靠。加以前述廣州通往中原地區的北上路線相當通暢，在在使得廣州擁有良好的交通條件及商業貿易上的優勢。

二、交通運輸

在交通運輸方面，唐代廣州因有鬱水、溱水等重要河川及其支流，可往北連通湘水及贛水等水系，因而水上交通十分便捷。加上廣州居於南北之要衝，又是海上絲綢之路的終點站，因而交通運輸相當繁忙。同時廣州也因優越的地理位置，而使得商業貿易大盛，如元稹的〈授王師魯等嶺南判官制〉所云：廣州「有珠璣瑇瑁之奇貨」〔註19〕，因此來自鄰近地區和海外的貨物及珍寶聚集於廣州。故史云：「自揚、益、湘南至交、廣、閩中等州，公家漕

〔註15〕《南齊書》，卷32，〈王琨傳〉，頁578。

〔註16〕姚思廉（唐）撰，《梁書》（臺北，鼎文書局，1993年），卷33，〈王僧孺傳〉，頁470。

〔註17〕魏徵、令狐德棻（唐）等撰，《隋書》（臺北，鼎文書局，1987年），卷32，〈地理志下〉，頁886～887。

〔註18〕廖幼華指出，因三國以後越洋航路的逐漸形成，自此「大型船舶逐漸捨棄沿海航線，轉走新的南海航線，自此廣州取代徐聞，成爲嶺南最大的貿易港口」，參見廖幼華，〈唐宋之際北部灣沿海交通發展〉，載《白沙歷史地理學報》，第7期（民國98年4月），頁5。

〔註19〕元稹，〈授王師魯等嶺南判官制〉，元稹（唐），《元稹集》（臺北，漢京文化出版公司，1983年10月），〈外集〉，卷五，頁667。

運，私行商旅，舳艫相繼」〔註20〕，貼切地描寫從揚州、益州到交州、廣州等地，舟船川流不息的情形。

　　廣州是唐代海外貿易的最大港口，又是南海航線的起點〔註21〕，且設有市舶司，因此來自海外的商旅群集於廣州。在唐玄宗開元四年（716）張九齡重修了大庾嶺的通道後，大大提高了此條路線的運輸量〔註22〕，更便於商旅的往來，此通道乃與靈渠成為淮南至嶺南的重要路線〔註23〕。在修建大庾嶺路方面，張九齡的〈開鑿大庾嶺路序〉云：

> 初嶺東廢路，人苦峻急，行逕寅緣，數里重林之表，飛梁嶪巇，千丈層崖之半，顛躋用惕，漸絕其元。……而海外諸國，日以通商，齒革羽毛之殷，魚鹽蜃蛤之利，上足以備府庫之用，下足以贍江淮之求〔註24〕。

從文中可知在張九齡開大庾嶺路前，因舊道年久失修，因此南北間的交通，均相當的不方便。並且此路還關係到國家府庫的充實與否，故此路開成後，可以「上足以備府庫之用，下足以贍江淮之求」〔註25〕，對南北交通乃至於唐廷均有相當大的助益。

　　元和三年（808）時李翱由洛陽南下廣州，即走大庾嶺路。據李翱的《來南錄》記載元和四年「五月壬子至吉州，壬戌至虔州，辛未上大庾嶺，明日至湞昌。……六月已亥朔至韶州。……癸未至廣州」〔註26〕，李翱除了對所走的路線及所經地點加以記錄外，並詳細記載了從洛陽到廣州的水勢的順逆流及里程，若走水道出衢州、信州的話，七千六百里；若出上元西江者，七千一百三十里〔註27〕。

　　另一條北上的交通路線是靈渠，靈渠是溝通灕水與湘水的人工河道，秦

〔註20〕　《元和郡縣圖志》，卷5，〈河南道一〉，頁137。

〔註21〕　劉希為，《隋唐交通》（臺北，新文豐出版社，1992年3月），頁283。

〔註22〕　其經過程參見張九齡，〈開鑿大庾嶺路序〉，收入唐‧張九齡撰，熊飛校注，《張九齡集校注》（北京，中華書局，2008年），卷17，頁890～891。

〔註23〕　有關魚孟威的重修靈渠，參見《全唐文》，卷804，魚孟威，〈桂州重修靈渠記〉，頁3747下。

〔註24〕　參見張九齡，〈開鑿大庾嶺路序〉，收入唐‧張九齡撰，熊飛校注，《張九齡集校注》（北京，中華書局，2008年），卷17，頁890～891。

〔註25〕　參見《張九齡集校注》，卷17，頁890～891。

〔註26〕　《全唐文》，卷638，李翱〈來南錄〉，頁2853下～2854上。

〔註27〕　《全唐文》，卷638，李翱〈來南錄〉，頁2854上～2854中。

代即已開鑿〔註28〕，至唐代已因年代久遠而廢置，寶曆時曾加以修復，但因工程質量較差，不久即廢置〔註29〕。咸通九年（868），桂州刺史魚孟威重修，增置斗門並改築石堤，《新唐書・地理志》云：「以石爲鏵隄，亙四十里，植大木爲斗門，至十八重，乃通巨舟」。〔註30〕重修後靈渠的通航比過去便捷許多，故魚孟威的〈桂州重修靈渠記〉有「雖百斛大舸，一夫可涉」〔註31〕等語。透過靈渠連結了長江與珠江兩大水系，嶺南船隻可經由湘水、灕水進入長江而到達江淮地區，有效增進了南北間的交通。〔註32〕若欲南抵廣州，則可從靈渠進入嶺南後，經桂州，再順灕水往南，並接鬱水（西江水），即可抵達最大國際貿易港口廣州。〔註33〕

唐末黃巢軍即由靈渠、湘水北上湖南等地，《新唐書・黃巢傳》云：「會賊中大疫，眾死什四，遂引北還。自桂編大桴，沿湘下衡、永，破潭州，李係走朗州。」〔註34〕黃巢軍北上走湘水，並攻下衡、永及潭州等州，即因由湘水北上是順流行船，使得航程大爲縮短，這很可能是湖南觀察使李係敗走朗州的原因之一。再者，唐末南詔侵擾交州等地時，懿宗「詔湖南水運，自湘江入灕渠，江西造切麵粥以饋行營」〔註35〕，即運送駐軍糧食亦走灕水、靈渠道，不過其後因運輸量不足以供軍，因此改由海運運送糧食至廣州〔註36〕。

從波斯及阿拉伯遠道而來的胡商，在中唐以前就已由波斯灣沿海，經麻六甲和北部灣抵廣州，或在福建沿岸登陸，再由梅嶺（大庾嶺）、贛水，經洪

〔註28〕 係秦始皇時命御史監史祿開鑿，因此又名「秦鑿渠」，或稱爲「零渠」、「灕渠」，見《太平寰宇記》，卷162，〈嶺南道・桂州〉，頁3103下～3102。因湘水上游與灕水距離不遠，《水經注・灕水》云「灕水與湘水出一山而分源也」，見闕名撰，北魏・酈道元注，楊守敬疏、熊會貞注，段熙仲、陳橋驛校，《水經注疏》（南京市，江蘇古籍版社，1999年8月），卷38，頁3165。因此靈渠即是在二者間開鑿人工渠道，藉以溝通嶺南與中原間的水路交通。

〔註29〕 見《新唐書》，卷43上，〈地理志〉，頁1105～1106。

〔註30〕 《新唐書》，卷43上，〈地理志〉，頁1105～1106。。

〔註31〕 《全唐文》，卷804，魚孟威，〈桂州重修靈渠記〉，頁3747下。

〔註32〕 參閱何榮昌，〈隋唐運河與長江中下游航運的發展〉，頁375。

〔註33〕 此條路線，曾一民氏稱之爲「桂州越城嶺路」，詳見氏著，《唐代廣州之內陸交通》（臺中，國彰出版社，民國76年），頁115～140詳論。

〔註34〕 《新唐書》，卷225下，〈逆臣下・黃巢傳〉，頁6455。

〔註35〕 《舊唐書》，卷19上，〈懿宗紀〉，頁652～653。

〔註36〕 《舊唐書》，卷19上，〈懿宗紀〉，頁652～653。

州及江州沿長江至揚州〔註 37〕。由於嶺東的道路廢棄，故以往翻越五嶺，由於缺乏道路，是相當艱難的，自從張九齡開大庾嶺後，不論由廣州北上或由長江沿線南下廣州，在交通上均相當便捷，如從韶州經大庾嶺，可抵達虔州，接贛水支流貢水及贛水，再由彭蠡湖，經江州入長江，過揚子可達唐代最大經濟都會揚州。

廣州綿密且四通八達的水陸交通路線，使得廣州擁有便利的交通運輸條件，對於廣州的商業貿易、城市經濟的繁榮及發展有相當大的裨益。可以說有唐一代，廣州商業貿易的蓬勃發展，與其優越的交通條件有密不可分的關係。

在海外交通方面，由漢代以來絲綢等貨物，多走路上絲綢之路抵達西方，不過由於路上絲綢之路，在安史之亂後，受到吐蕃強盛的影響，此條交通路線受到阻礙〔註 38〕，再加上航海技術、船舶製造技術的進步，以及主要運送物品由絲綢改為瓷器等因素，因此路上絲綢之路的重要性，逐漸為海上絲綢之路所取代。

而所運送的貨物的品項也有所改變，由絲綢等輕貨改為瓷器、絲綢、香料等物品。因唐代瓷器外銷十分盛行，大量的長沙窯及越窯瓷器行銷海外，瓷器易碎且笨重的特性不適於陸路運送，而海運不但運輸量大且運費較低廉，適合瓷器的運送。如在黑石號沈船上就發現 6 萬餘件瓷器，推測是要運到西亞銷售，其中即以長沙窯瓷器為大宗〔註 39〕。

唐貞元時宰相賈耽所考察方域道里數最為詳細，《新唐書‧地理七下》列出賈耽之「入四夷道」有七條：

> 一曰營州入安東道，二曰登州海行入高麗渤海道，三曰夏州塞外通大同雲中道，四曰中受降城入回鶻道，五曰安西入西域道，六曰安南通天竺道，七曰廣州通海夷道〔註 40〕。

其中第七條即為廣州通海夷道，這條路線所能達到的國家，是賈耽所記四夷

〔註37〕 參見俞永炳，〈試談絲綢之路上的揚州唐城〉，載《漢唐與邊疆考古研究》第一輯（北京，科學出版社，1994 年 8 月），頁 170。

〔註38〕 陳炎，〈絲綢之路的興衰及其從陸路轉向海路的原因〉，收入陳炎，《海上絲綢之路與中外文化交流》（北京，北京大學出版社，2002 年 2 版），頁 22。

〔註39〕 謝明良，〈記黑石號（Batu Hitam）沈船中的中國陶瓷器〉，《美術史研究集刊》第 13 期（民國 91 年），頁 27。

〔註40〕 《新唐書》，卷 43 下，〈地理志〉，頁 1146。

道中最多的〔註41〕，此條「廣州通夷道」，記載了廣州抵達南海諸國、印度等地的航線，此通海夷道終點站爲茂門王所都縛達城（今伊拉克首都巴格達）〔註42〕。賈耽的廣州通海夷道，對於從廣州西行路線及沿途諸國敘述甚詳〔註43〕，對於研究古代的海上絲綢之路的相關課題，具有相當重要的價值。

廣州通海夷道，捨棄沿北部灣航行的傳統路線，而由海南島東側的九州石、象石，西沙群島以北的漲海南行〔註44〕，並直達占城，而後向西南航行，這條「斜通」航線，是唐五代時期的經常性航線。〔註45〕由廣州沿岸西行，經徐聞到達交州的航線，則因欽州、廉州西南「海多巨石，尤爲難行」，〔註46〕因此舟人避之，不過因鄰近州郡的交通，仍需航行於北部灣海域，因此仍有一定的數量船隻航行。

有學者據義淨《大唐西域求法高僧傳》所載僧人求法事蹟統計，上卷所述 40 餘人，前 20 人主要取道陸路，後 20 人則大半取道海路，下卷 16 人及《重歸南海傳》4 人，均取道海路，從陸路轉走海道的趨勢，大約在高宗麟德（664～665）以後，說明海上絲綢之路已成爲中外交流的主要通道〔註47〕；並且前期出發地點多在交州及欽州，後期出發港則改爲廣州〔註48〕，主要應走前述的「廣州通夷道」。

在《宋高僧傳》中也提到許多僧人經由廣州往返，如釋義淨（俗名張文

〔註41〕 史念海，〈隋唐時期域外地理的探索及世界認識的再擴大〉，收入史念海，《唐代歷史地理研究》，頁 516。

〔註42〕 賈耽的「廣州通海夷道」路線及所需航行時間，見《新唐書》，卷 43 下，〈地理志〉，頁 1153～1154。

〔註43〕 廣州通海夷道所經過的路線及所經地的今地名，詳見史念海，〈隋唐時期域外地理的探索及世界認識的再擴大〉，收入史念海，《唐代歷史地理研究》，頁 516～517 及劉希爲，《隋唐交通》（臺北，新文豐出版社，1992 年 3 月），頁 138～142。此外，南海各國的風俗民情可參見王仲犖，〈唐和南海各國的經濟文化交流〉，收入史念海主編，《唐史論叢》第二輯（西安，陝西人民出版社，1987 年 1 月），頁 278～298 詳論。

〔註44〕 參見《新唐書》，卷 43 下，〈地理志〉，頁 1153～1154 及譚其驤主編，《中國歷史地圖集》第五冊・隋唐五代十國時期，頁 69～70。

〔註45〕 參見鄭學檬，〈唐五代海上絲路研究的若干問題補論〉，《歷史教學》，2016 年第 24 期，頁 6。

〔註46〕 見周去非（宋）撰，楊武泉校注，《嶺外代答校注》（北京，中華書局，2006 年），卷 1，〈象鼻沙〉，頁 37。

〔註47〕 郭城、饒宏展，〈唐代海上絲綢之路海南〉，《今日海南》，2014 年 10 月，頁 32。

〔註48〕 郭城、饒宏展，〈唐代海上絲綢之路海南〉，頁 32。

明）即由番禺（廣州）出發，「經二十五年，歷三十餘國」〔註 49〕。釋跋日羅菩提（金剛智），曾至中印度、西印度等地學法，十餘年全通三藏，泛舶來華，因故數年方至，開元己未年（719）到達廣府，至廣福寺弘法〔註 50〕。又有釋不空，本北天竺婆羅門族，師事金剛智，隨往洛陽，後奉師遺旨往五天〔竺〕及師子國（今斯里蘭卡），至南海郡，開元廿九年（741）十二月，釋不空乃乘崑崙舶至訶陵國〔註 51〕。還有北天竺人釋智慧，精通佛法，聞支那（中國）大國，誓傳佛教，乃泛海東行，尚未到達廣州，為大風飄至師子國，重修巨舶，近廣州時，又為暴風所害，僅釋智慧逃過一劫，後德宗建中初年乃至廣州〔註 52〕。從前述數位高僧行止來看，無論到天竺、南海或到達中國，大都以廣州為出發地及目的地。

在賈耽的廣州通海夷道中，所提及今日馬來半島南端的羅越國〔註 53〕，也與廣州保持相當密切的貿易關係，如《新唐書》，卷一四七，〈南蠻〉云：

> 羅越者，北距海五千里，西南哥谷羅。商賈往來所湊集，俗與墮羅
> 鉢底同，歲乘舶至廣州，州必以聞〔註 54〕。

綜上所述，廣州四通八達的水陸交通路線，以及海上絲綢之路等貿易路線的開拓，對於唐代廣州及鄰近地區經濟的發展及繁榮有相當的助益。

第三節　廣州的國內貿易

廣州位於富饒的珠江三角洲上，不僅瀕臨大海，並且廣州港在廣州城南不僅可以珠江與腹地連結，且海潮可直入港內，兼有河港與海港之利〔註 55〕，故交通十分便捷，也因此成為嶺南地區最重要的外貿港口及商業城市。

若由廣州西行，可由鬱水支流灕水連接靈渠，再由湘水通往湖南地區的永州、衡州、潭州、岳州等地，過洞庭湖可接長江。若再西行可抵長江中游最大都會江陵，再由長江逆流而上，可達山南道的歸州、忠州、渝州及瀘州，

〔註49〕　參見贊寧（宋）撰，范祥雍點校，《宋高僧傳》（上海，上海古籍出版社，2014
　　　　年 3 月），卷一，〈譯經篇·唐京兆大薦福寺義淨傳一〉，頁 1。
〔註50〕　《宋高僧傳》，卷一，〈譯經篇·唐洛陽廣福寺金剛智傳二〉，頁 4。
〔註51〕　《宋高僧傳》，卷一，〈譯經篇·唐京兆大興善寺不空傳三〉，頁 7。
〔註52〕　《宋高僧傳》，卷二，〈譯經篇·唐洛京智慧傳二〉，頁 20～21。
〔註53〕　《新唐書》，卷 43 下，〈地理志〉，頁 1153 及劉希為，《隋唐交通》，頁 139。
〔註54〕　《新唐書》，卷 222 下，〈南蠻下·羅越〉，頁 6306。
〔註55〕　參見王元林，《國家祭祀與海上絲路遺跡——廣州南海神廟研究》（北京，中
　　　　華書局，2006 年 8 月），頁 94。

再西行可抵劍南道的益州。〔註 56〕若從岳州往東行，則由長江順流，可抵沔州及鄂州，再往東行，可抵達揚州。

其次，由廣州北行，或可由溱水經大庾嶺路，循贛水，經虔州、吉州、洪州及江州等地，東連長江，則可至唐代最大經濟都會揚州。〔註 57〕如再南接江南運河，可抵潤州、常州、蘇州及杭州等地。如往北可由漕渠，經楚州、泗州，接汴水可至汴州，再連河水（黃河）及支流洛水可達東都洛陽。〔註 58〕再者，由廣州往東行，水陸並行，可由循江及章水支流安遠水，抵達福建地區的汀州。

廣州因擁有良好的地理位置及交通條件，在魏晉南北朝時期已成爲嶺南地區最大的貿易港口〔註 59〕。在此情勢發展下，入唐後廣州逐漸取代交州在海上絲綢之路終點站的地位，因此海舶絡繹不絕地來到廣州，從事商業貿易等活動，唐代廣州遂躍居最大對外貿易港口。

一、商業貿易的繁榮

早在漢代，番禺即成爲嶺南地區的經濟中心，六朝時期，廣州已逐漸代龍編（交州），乃成爲嶺南地區最重要的外貿港口。廣州在唐代先後爲廣州總管府、大都督府、中都督府及嶺南道采訪使駐所，肅宗至德元載（756）升爲嶺南五府經略使兼節度使（下文簡稱「嶺南節度使」）駐所，足見政治、軍事及經濟地位均相當重要。

唐代廣州乃至嶺南地區的商業，不但受惠於優越的地理位置，加上農業生產進步及堅實的手工業基礎而相當繁榮。廣州除緊鄰大海，對外交通發達外，對內的水陸交通亦相當便捷，並且廣州人民亦習於從商，如《新唐書》，

〔註56〕 參見羅傳棟主編，《長江航運史》（古代部分）（北京，人民交通出版社，1991年 6 月），頁 174～175。

〔註57〕 參見羅傳棟主編，《長江航運史》（古代部分）（北京，人民交通出版社，1991年 6 月），頁 175～176。

〔註58〕 由運河北上洛陽、長安等地的交通路線，參見朱祖德，〈唐代淮南地區的交通運輸〉，《唐五代時期淮南地區經濟發展之研究》（新北市，花木蘭文化出版社，2013 年 9 月），頁 76～77。

〔註59〕 廖幼華指出，因三國以後越洋航路的逐漸形成，自此「大型船舶逐漸捨棄沿海航線，轉走新的南海航線，自此廣州取代徐聞，成爲嶺南最大的貿易港口」，參見廖幼華，〈唐宋之際北部灣沿海交通發展〉，載《白沙歷史地理學報》，第 7 期（2009 年 4 月），頁 5。

卷一七○，〈王鍔傳〉云「廣人與蠻雜處，……多牟利於市」〔註60〕，足見廣州一地從商的人民不在少數。

　　早在唐初，廣州都督嘗仁弘即「交通豪酋，納金寶，沒降獠爲奴婢，又擅賦夷人。既還，有舟七十」〔註61〕，嘗仁弘因擅賦夷人及以降獠爲奴婢等手法，竟擁有七十艘船，可以說是相當大的收益。武后時名相陸贄說廣州「地當衝要，俗號殷繁，交易之徒，素所奔湊」，〔註62〕表明廣州地理位置的優異及來往商旅之眾多。《舊唐書・盧奐傳》云廣州「利兼水陸，瓌寶山積」〔註63〕，衡量廣州的經濟情形，是相當貼切的描述。開成年間（836～840），盧鈞任嶺南節度使時，當時情形是「舊帥作法興利以致富，凡爲南海者，靡不梱載而還」〔註64〕，足見包括廣州在內嶺南地區之富庶，因而任職嶺南節度使者無不車載而還，所興之利，即爲海外通商之利。

　　若由唐代最大經濟都會揚州南下經商，常經由長江、彭蠡湖，接贛水而下，越大庾嶺而達廣州。商旅在沿途並可匯集江西地區所盛產的茶葉及瓷器等物資再南下廣州，故在這條路線上的江州、洪州及廣州等城市商業貿易均相當發達。當時亦有不少商人來往於廣州、湖南間，《北夢瑣言》即云：

> 有賈客沈申者，常來往番禺間，廣主優待之，令如北中求寶帶，申於洛汴間市得玉帶一，乃奇貨也。回由湘潭，希聲竊知之。召申詣衙，賜以酒食，抵夜送還店預戒軍巡，以犯夜戮之〔註65〕，

從此條記載足見湖南及嶺南地區間的商人往來，相當頻繁。在廣州與浙西地區的貿易情形，元稹的〈和樂天送客遊嶺南二十韻〉詩云：

> 貢兼蛟女絹，俗重語兒巾。南方去京華絕遠，冠冕不到，唯海路稍通，吳中商肆多榜云：「此有語兒巾子」。舶主腰藏寶，南方呼波斯爲舶主。胡人異寶多自懷藏，以避強丐。黃家砦南夷之區落起塵。〔註66〕

吳地主要指蘇州、湖州及杭州等地，並且蘇州有一名爲「語兒市」的草市，

〔註60〕　《新唐書》，卷170，〈王鍔傳〉，頁5169。

〔註61〕　《新唐書》，卷56，〈刑法志〉，頁1412。

〔註62〕　《陸宣公集》，卷18，〈論嶺南請於安南置市舶中使狀〉，頁186。

〔註63〕　《舊唐書》，卷98，〈盧奐傳〉，頁3070。

〔註64〕　《舊唐書》，卷177，〈盧鈞傳〉，頁4591。

〔註65〕　孫光憲（五代）撰，賈二強點校，《北夢瑣言》（北京：中華書局，2002年6月）〈逸文〉，卷1，頁383，「馬希聲謀殺沈申」條。

〔註66〕　《元稹集》，卷12，〈和樂天送客遊嶺南二十韻〉，頁139～140。

〔註 67〕足見詩中所指吳中應即為蘇州。語兒巾見於蘇州市場，足見嶺南和蘇州一帶商旅來往亦相當頻繁。

唐代廣州地區由於是海鹽產地〔註 68〕，故食鹽的交易亦相當活絡，其中私鹽的交易亦應佔有相當的比例。白居易的〈鹽商婦〉詩云：「鹽商婦，多金帛，不事田農與蠶績，南北東西不失家，風水為鄉舟船作宅。……婿作鹽商十五年，不屬州縣屬天子，每年鹽利入官時，少入官家多入私，官家利薄私家厚，鹽鐵尚書遠不知。」〔註 69〕生動說明鹽商販賣私鹽有厚利可圖。廣州由於盛產食鹽，因此亦應存在私鹽交易。

唐末，廣州的商業貿易景況仍不減於前，如南漢國主劉隱的祖父劉安仁「上蔡人也，後徙閩中，商賈南海，因家焉」〔註 70〕，說明劉安仁原居福建〔註 71〕，到廣州一帶經商，後來定居於廣州。至劉陟（巖）時「廣聚南海珠璣，西通黔、蜀，得其珍玩，窮奢極侈，娛僭一方」〔註 72〕，並「惟厚自奉養，廣務華靡，末年起珠堂玉殿，飾以金碧翠羽，嶺北行商，或至其國，皆召而示之，誇其壯麗」〔註 73〕，足見即使是在五代割據時期，嶺北商人仍然絡繹不絕來到廣州。

二、貿易商品

唐代廣州的貿易商品，主要有瓷器、食鹽、紡織品、金銀、香料、犀角、象牙、真珠及荔枝等，其中金銀、瓷器、食鹽及紡織品等為手工業產品。

瓷器交易方面，唐代包括廣州在內的嶺南地區，製瓷業相當發達。如僅嶺南道東部就有瓷窯遺址 23 處，分佈在唐代廣州、潮州、瑞州、封州、高州、羅州及雷州等地。南漢時廣州更增加了皇帝崗窯、南海官窯、澄海程洋崗窯、

〔註 67〕朱祖德，《唐五代兩浙地區經濟發展之研究》（台北，花木蘭文化出版社，2009年 3 月），頁 109「唐代兩浙地區草市一覽表」。

〔註 68〕廣州的製鹽業，參見朱祖德，〈唐代廣州的經濟發展〉，載《國立彰化師範大學文學院學報》，第 11 期（2015 年 3 月），頁 90。

〔註 69〕《白居易集》，卷 4，頁 84，〈鹽商婦〉。

〔註 70〕歐陽修（宋）撰，徐無黨（宋）注，《新五代史》（台北，鼎文書局，1994年 6 月），卷 65，〈南漢世家〉，頁 809。

〔註 71〕《舊五代史·僭偽列傳》云劉仁安，仕唐為潮州刺史，見薛居正（宋）等撰，邵晉涵（清）輯，《舊五代史》（臺北，鼎文書局，1992 年 4 月），卷 135，〈僭偽列傳第二〉，頁 1807。

〔註 72〕《舊五代史》，卷 135，〈僭偽列傳第二〉，頁 1808。

〔註 73〕《舊五代史》，卷 135，〈僭偽列傳第二〉，頁 1808～1809。

官隴窯、北洋窯及窯東窯等多處瓷窯。〔註74〕

　　再者，廣東的梅縣及新會均發現唐代瓷窯遺址。其中廣東梅縣的唐窯爲水車窯，水車窯有兩處窯口，其形式均爲改良式饅頭窯，因此促進了瓷窯的產量和質量。〔註75〕在廣東新會所發現的唐代窯址爲官沖窯，窯場分佈面積廣達二萬餘平方公尺，足見瓷窯的生產規模不小，主要產品以青瓷與素燒瓷爲主，亦有少量的醬黑釉瓷〔註76〕。

　　由於唐代廣州是嶺南地區的經濟中心，又是當時最大對外貿易港口，並且前述潮州、瑞州等瓷器產地均鄰近廣州，因此其瓷器產品均應集中在廣州交易。由於廣州及鄰近地區均盛產瓷器，並且相較於絲綢，瓷器作爲商品來說，較爲笨重且易碎，因此運送瓷器若走水路或海路，會比走陸路來的合適。今日印尼及阿曼等地博物館中收藏的南漢陶瓷器，足以證明南漢時期，陶瓷器已作爲商品外銷〔註77〕。

　　在食鹽交易方面，嶺南地區所生產的食鹽爲海鹽，《史記‧貨殖列傳》載「山東食海鹽、山西食鹽鹵，領（嶺）南、沙北固往往出鹽，大體如此矣」〔註78〕，足見在西漢時包括廣州在內的嶺南地區即已生產食鹽。其後並在南海郡設置鹽官，據《漢書》，卷二十八下，〈地理志〉的記載：

> 南海郡，秦置。秦敗，尉佗王此地。武帝元鼎六年開。屬交州。戶萬九千六
> 百一十三，口九萬四千二百五十三。有圃羞官。縣六：番禺，尉佗都。
> 有鹽官。〔註79〕

漢代番禺約爲唐代的廣州地區，足見番禺食鹽生產量相當大，漢廷才會專門設置鹽官來管理。

〔註74〕 參見廣東博物館等，《廣東唐宋窯址出土陶瓷》（香港，香港大學馮平山博物館，1985年），頁11、陳歷明主編，《潮汕文物志》上冊（廣東，汕頭市文管會，1985年），頁68～73及陳萬里，《中國青瓷史略》（上海，上海人民出版社，1962年），頁50。

〔註75〕 參見楊少祥，〈廣東梅縣市唐宋窯址〉，收入廣州省文物局、廣東省文物考古研究所、廣州市文物考古研究所、深圳市文物考古鑒定所編，《廣東文物考古三十年》（廣州，暨南大學出版社，2009年），頁479～483。

〔註76〕 參見廣東省文物考古研究所、新會市博物館，〈廣東新會官沖古窯址〉，收入《廣東文物考古三十年》，頁487及497～498。

〔註77〕 陳欣，《南漢國史》（廣州，廣東人民出版社，2010年2月），頁34。

〔註78〕 《史記》，卷129，〈貨殖列傳〉，頁3269。

〔註79〕 《漢書》，卷28下，〈地理志〉，頁1628。

　　廣州的食鹽生產情形，《新唐書・食貨志》載廣州新會縣「有鹽」，〔註80〕廣州東莞縣，孫吳時曾置司鹽都尉，〔註81〕足見食鹽生產歷史悠久。《太平寰宇記》載廣州信安縣「煮鹽，轉久彌密」。〔註82〕足見廣州一地的食鹽產量不在少數。《太平寰宇記》云「南海一隅雖無積雪，秋涼亦有微霜，貨殖魚鹽，自古猶多」，〔註83〕足見廣州一地除商業貿易繁盛外，食鹽交易亦相當活絡。

　　紡織品交易方面，唐代廣州的紡織品，較之江南蘇州、杭州等地的絲織品，並不十分出色，仍有數種紡織品生產。如《新唐書・地理志》即云嶺南地區：「厥賦：蕉、紵、落麻。厥貢：金、銀、孔翠、犀、象、綵藤、竹布」〔註84〕，其中紵、落麻爲原料，竹布則爲紡織品的一種。

　　據記載廣州在武則天時即曾進「集翠裘」〔註85〕，不但「珍麗異常」，並且「價逾千金」，〔註86〕集翠裘的珍貴可見一斑。《元和郡縣圖志》，卷三四，〈嶺南道一・廣州〉載廣州開元貢有絲布、竹布、蕉布等紡織品〔註87〕，又《太平寰宇記》，卷一五七，〈嶺南道・廣州〉信安縣條亦云：「又有勾緣藤，南人績以爲布」，〔註88〕足見廣州的紡織業亦有相當程度的發展，紡織品進入市場後，成爲重要商品行銷各地。《嶺外代答》載，廣州所管雷州等地有「吉貝」布〔註89〕，吉貝爲今日之棉花，環王國、婆利、哥羅及驃王國等諸國，信奉佛教不殺生者，多以吉貝爲衣〔註90〕。

　　嶺南地區盛產金銀，廣州地區亦有金、銀、銅、鐵、鉛、錫等多種礦藏，由於盛產各種金屬，因此廣州的冶鑄業有悠久的歷史，如自東漢以來，土著

〔註80〕　《新唐書》，卷43上，〈地理志〉，頁1096。
〔註81〕　《太平寰宇記》，卷157，〈嶺南道・廣州〉，頁3019。
〔註82〕　《太平寰宇記》，卷157，〈嶺南道・廣州〉，頁3022。信安縣，唐時爲義寧縣，入宋更名爲信安縣。
〔註83〕　《太平寰宇記》，卷157，〈嶺南道・廣州〉，頁3012。
〔註84〕　《新唐書》，卷43上，〈地理志〉，頁1095。
〔註85〕　《太平廣記》，卷405，頁3267，〈集翠裘條〉引《集異記》。
〔註86〕　《太平廣記》，卷405，頁3267，〈集翠裘條〉引《集異記》。
〔註87〕　參見《元和郡縣圖志》，卷34，〈嶺南道一・廣州〉，頁886。
〔註88〕　《太平寰宇記》，卷157，〈嶺南道・廣州〉，頁3023。
〔註89〕　見周去非（宋）撰，楊武泉校注，《嶺外代答校注》（北京，中華書局，2006年），卷6，〈服用門〉，頁228～229。
〔註90〕　見《新唐書》，卷222下，〈南蠻傳下〉，頁6297～6300、6303及6308。《新唐書・南蠻傳下》云驃王國「以蠶帛傷生不敢衣」，見《新唐書》，卷222下，〈南蠻傳下〉，頁6308。

即有鑄大銅鼓、及贈送金銀釵的習俗。〔註91〕《新唐書・地理志》亦載廣州土貢「銀」〔註92〕。並且據元稹的〈錢貨議狀〉一文所載「自嶺已南，以金銀爲貨幣」〔註93〕，足見嶺南地區使用金、銀的情況相當普遍，同時也是交易商品之一〔註94〕，其土貢的金、銀，從 1956 年西安出土銀錠來看，係製成一定樣式〔註95〕。

　　香料交易部分，廣州市面上所交易的香料，雖有相當部分來自有「香料群島」之稱的南洋群島或海外其他地區，不過嶺南地區亦生產香料，廣州和嶺南所產香料，以及自海外進口香料，均應透過綿密的交通網絡，運往全國各地。

　　著名漢學家薛愛華在《撒馬爾罕的金桃——唐代舶來品研究》一書中指出：

> 雖然傳到唐朝的這些貴重的香料產於全世界各地，但是它們中絕大
> 多數都是由海船通過中國海運來的。……源源不斷的香料船，使廣
> 州成了當時世界上最大的香料市場之一〔註96〕。

足見無論是來自嶺南的香料或是由海舶所運來的香料，在廣州都是商品交易的大宗。《新唐書・地理志》載，廣州土貢有沉香、甲香、詹糖香等數種香料，

〔註91〕 參見《後漢書》，卷 24，〈馬援列傳〉，頁 841 引《裴氏廣州記》。

〔註92〕 《新唐書》，卷 43 上，〈地理志〉，頁 1095。

〔註93〕 元稹（唐），《元稹集》（台北，漢京文化事業有限公司，1983 年 10 月），卷 34，〈錢貨議狀〉，頁 396。

〔註94〕 「以金銀爲貨幣」應有二種可能，其一是在「以物易物」情況下的以金銀交易，嚴格來說此種情形應不能稱爲貨幣。另一種情形就是如同用絹一樣，把金銀當作準貨幣來使用，如揚州曾發現切割過的碎金，據推測是作爲貨幣使用；在《入唐求法巡禮記》中多次提到用沙金交易，足見即使不在嶺南地區的揚州也有以金交易的情形，參見朱祖德，〈唐代揚州的商業貿易〉，《史學彙刊》，第 30 期，頁 81～82。嶺南地區既盛產金銀，唐政府復因銅錢流通量不足，因此多次禁止銅錢出嶺南，致使嶺南地區主要使用金銀作爲交易手段，因此「自嶺已南，以金銀爲貨幣」，就成爲一種時人所認知的情形。不過唐代並未鑄造金銀錢幣，因此推測金銀可能需切割才能用於交易。

〔註95〕 1956 年西安出土天寶銀錠刻字「嶺南採訪使兼南海郡太守臣彭杲進，天寶十年」，原見〈彌足珍貴的天寶遺物〉，《文物參考資料》1957 年第 4 期，轉引自郁賢皓，《唐刺史考全編》第五冊（合肥市，安徽大學出版社，2000 年 1 月初版），頁 3162。

〔註96〕 薛愛華（美）撰，吳玉貴譯，《撒馬爾罕的金桃—唐代舶來品研究》（北京，社會科學文獻出版社，1989 年初版），頁 397～398。

所領儋州土貢糖香，交州所管陸州土貢甲香、驩州土貢沉香〔註97〕，《嶺外代答》載「沉香，出交趾」〔註98〕，其產地應爲驩州。不過廣州土貢的香料，可能有部分來自海外貿易，而不都是當地所生產。關於廣州香料的生產情形，《嶺外代答》載「橄欖香，出廣州及北海」〔註99〕，並且據學者研究，沉香及蘇合香亦爲廣州所產香料〔註100〕，並且嶺南地區所生產香料的質和量均相當優異〔註101〕。

鑑眞和尚在東赴日本前在揚州購置了大量物資，其中包括麝香、沉香、甲香、甘松香、龍腦香、膽唐香、安息香、棧香、零陵香、青木香及薰陸香等，〔註102〕其中沉香、甲香、零陵香及棧香產於嶺南地區〔註103〕。由於揚州一地未生產香料，因此不論是嶺南所產或來自海外的香料，均應由廣州北運或是胡商到揚州交易的商品。

犀角、象牙、珍珠等交易，史云「番禺亦其一都會也，珠璣、犀、瑇瑁、果、布之湊」〔註104〕、「又嶺外酋帥，因生口、翡翠、明珠、犀象之饒，雄於鄉曲者，朝廷多因而署之，以收其利，歷宋齊梁陳，皆因而不改」〔註105〕，足見廣州自南北朝以來，即爲珍珠、犀角、象牙等珍貨的聚集地，唐代嶺南

〔註97〕《新唐書》，卷43上，〈地理志〉，頁1095、1101、1112及1113。

〔註98〕見周去非（宋）撰，楊武泉校注，《嶺外代答校注》（北京，中華書局，2006年），卷7，〈眾香條〉，頁246。

〔註99〕見周去非（宋）撰，楊武泉校注，《嶺外代答校注》，卷7，〈眾香條〉，頁246。

〔註100〕參見日野開三郎，〈唐代嶺南に於ける金銀の流通〉，收入《續唐代邸店の研究》（作者自版，昭和45年12月初版），頁477。

〔註101〕見薛愛華撰，吳玉貴譯，《撒馬爾罕的金桃—唐代舶來品研究》，頁397。

〔註102〕參見眞人元開，《唐大和上東征傳》（北京，中華書局，2000年4月初版），頁47～48。其中薰陸香出大秦國，見嵇含（晉）撰，《南方草木狀》，收入《歷代嶺南筆記八種》（廣州，廣東人民出版社，2011年），卷中，頁15。

〔註103〕沉香及甲香，參見《新唐書》，卷43上，〈地理志〉，頁1095、1101、1112及1113。零陵香出瑤洞及靜江、融州及象州，見周去非（宋）撰，楊武泉校注，《嶺外代答校注》（北京，中華書局，2006年），卷7，〈零陵香條〉，頁248。棧香產於羅州，見劉恂（唐）撰，魯迅校勘，《嶺表錄異》，收入《歷代嶺南筆記八種》（廣州，廣東人民出版社，2011年3月），卷中，頁63。沉香除交趾及驩州外，海南島上的瓊州、儋州、崖州亦出沉香，其中瓊州所產香，品質最佳，見范成大（宋），胡起望、覃起廣校注，《桂海虞衡志輯佚校注》（成都，四川民族出版社，1986年9月），〈志香·沉水香〉條注2，頁41。

〔註104〕司馬遷（漢）撰，《史記》（臺北，鼎文書局，1986年），卷129，〈貨殖列傳〉，頁3268。

〔註105〕杜佑，《通典》，卷五，〈食貨典〉，頁90。

地區有象〔註106〕、犀牛〔註107〕，海中亦可採珠〔註108〕，因此明珠、犀角、象牙等物品或來自海外的舶來品，也可能來自嶺南地區。

　　荔枝交易部分，廣州地區盛產荔枝，因此荔枝也是廣州的重要商品之一，《唐國史補》云：「楊貴妃生於蜀，好食荔枝。南海所生，尤勝蜀者」〔註109〕，足見廣州的荔枝品質甚佳。並且據《番禺雜記》記載品種甚多，其中以焦核小、春花及胡偈三種荔枝的品質最佳，還有鱉卵等品種，〔註110〕足見當時荔枝品種之多，因此相關交易亦相當興旺。

　　此外，廣州由於近海，且爲唐代的最大外貿港口，因此造船業相當發達，應《太平寰宇記》即載廣州土貢「番舶」〔註111〕，既言「番舶」，明指非傳統工法製造的船隻，推測有可能是指採用《嶺外代答》所提到的方法製成的海船。《嶺外代答》，卷六，〈藤舟條〉云：「深廣沿海州軍，難得鐵釘桐油，造船皆空板穿藤約束而成，於藤縫中以海上所生茜草，乾而窒之，遇水則漲，舟爲之不漏矣。其舟甚大，越大海商販皆用之」〔註112〕，從「其舟甚大，越大海商販皆用之」看來，此種船隻堅固耐用，相當受到歡迎。並且據記載，鑑眞和尙爲東渡日本，曾向嶺南道探訪使劉巨鱗買了軍船一艘〔註113〕，因此

〔註106〕《嶺表錄異》云「廣之屬郡潮州、循州多野象」見劉恂（唐）撰，魯迅校勘，《嶺表錄異》，卷上，頁54。《嶺外代答校注》，卷9，〈禽獸門〉有「象」條，見周去非（宋）撰，楊武泉校注，《嶺外代答校注》卷9，〈禽獸門・象〉，頁345～346。又安南多大象，見《太平廣記》，卷441，〈安南獵者〉條，頁3601～3602。

〔註107〕《嶺表錄異》又云「嶺表所產犀牛，大約似牛而猪頭，腳似象，蹄有三甲，首有二角：一在額上爲兕犀，一在鼻上，較小，爲胡帽犀」，見劉恂（唐）撰，魯迅校勘，《嶺表錄異》，卷中，頁66。

〔註108〕雖珍珠大部分爲海外貿易所得，但據《廣州記》載：「海中有大珠，明月珠、水精珠」，見顧微（晉）撰，陶宗儀輯（元），楊偉群點校，《廣州記》，收入《歷代嶺南筆記八種》（廣州，廣東人民出版社，2011年），頁3，足見廣州亦有珍珠之生產。又容管之廉州有珠池，所產珍珠頗負盛名，見劉恂（唐）撰，魯迅校勘，《嶺表錄異》，卷上，頁49。

〔註109〕《唐國史補》，卷上，頁19。

〔註110〕鄭熊（唐）撰，陶宗儀（元）輯，《番禺雜記》，收入《歷代嶺南筆記八種》（廣州，廣東人民出版社，2011年），頁35。

〔註111〕《太平寰宇記》，卷157，〈嶺南道・廣州〉，頁3011。

〔註112〕周去非（宋）撰，楊武泉校注，《嶺外代答校注》（北京，中華書局，2006年），卷6，〈藤舟條〉，頁218。

〔註113〕元開（日）撰，汪向榮校注，《唐大和上東征傳》（北京，中華書局，2000年4月），頁47。

推測船舶亦是廣州交易的品項之一。

第四節　廣州的海外貿易

　　廣州位於珠江三角洲上，不僅緊臨大海，並且位於西江、東江及北江之交會點，〔註114〕故區域內及對外交通均十分便捷，故陸扆〈授陳珮廣州節度使制〉云：「漲海奧區，番禺巨屏，雄藩夷之寶貨，冠吳越之榮華」〔註115〕。法國學者伯希和指出，交州在兩漢及魏晉南北朝時期，長期為遠洋航行之終點站，〔註116〕而降至唐代，交州的地位，可以說大部分由鄰近的廣州所取代，因「航舶漸取直接航線徑赴中國，交州之地位，遂終為廣州所奪。七世紀時如義淨等即在廣州登舶，然其間興替不無競爭也」〔註117〕，廣州經魏晉南北朝時期的逐步發展，可以說在唐初已大致取代交州的海上絲路終點站地位，因而一躍而成為當時第一大外貿港口。

　　不過這段過程是逐漸演變而非突然轉變，據學者研究在三國時期以後由於越洋航路的逐漸形成，〔註118〕以及伴隨著航海技術及船隻的穩定度增加，外舶已漸漸將停靠港從徐聞、交州等地改為廣州，廣州因此而海舶大集，商業貿易十分繁榮。

　　廣州為嶺南地區首府，擁有良好的地理位置，並為海上絲綢之路的終點站，因此海外貿易相當繁榮，來自波斯、大食及獅子國（今斯里蘭卡）等地的商舶絡繹於途，如《唐國史補》曰：

> 南海舶，外國船也。每歲至安南、廣州。獅子國舶最大，梯而上下
> 數丈，皆積寶貨。至者本道奏報，郡邑為之喧闐。有蕃長為主領，
> 市舶使籍其名物，納舶腳，禁珍異，蕃商有以詐欺入牢獄者〔註119〕。

由「梯而上下數丈」來看，足見獅子國船舶規模之大，其載貨量想必十分驚人。「至者本道奏報，郡邑為之喧闐」的敘述，顯示當地官民對海外商船靠岸

〔註114〕見張澤咸，《唐代工商業》（北京，中國社會科學出版社，1995年），頁224。
〔註115〕《全唐文》，卷827，陸扆，〈授陳珮廣州節度使制〉，頁3864中。
〔註116〕參見伯希和（法）著，馮承鈞譯，《交廣印度兩道考》（北京，中華書局，2003年），頁184，上卷，陸道考，「交廣之興替」一節詳論。
〔註117〕伯希和（法）著，馮承鈞譯，《交廣印度兩道考》，頁184。
〔註118〕參見廖幼華，〈唐宋之際北部灣沿海交通發展〉，載《白沙歷史地理學報》，第7期（2009年4月），頁5及李孝聰，《中國區域歷史地理》（北京，北京大學出版社，2009年），頁375。
〔註119〕《唐國史補》，卷下，頁63。

的重視與期待。

　　日本學者桑原隲藏指出「自八世紀初至十五世紀末歐人來東洋以前，凡八百年間，執世界通商之牛耳者，厥爲阿拉伯人。其最盛之時，則在八世紀後半阿拔斯王朝奠都縛達以後」〔註120〕，縛達城（今伊拉克首都巴格達）即賈耽通海夷道的目的地〔註121〕。在此之前，七世紀末年，中國僧徒至南海者多乘波斯舶，八世紀後，波斯船外始見大食及其他外舶之記載，不過常有他國人混入波斯之列〔註122〕。

　　南漢時，南漢主劉鋹「尤愚，以爲羣臣皆有家室，顧子孫，不能盡忠，惟宦官親近可任，遂委其政於宦者龔澄樞、陳延壽等，至其羣臣有欲用者，皆閹而後用。澄樞等既專政，鋹乃與宮婢波斯女等淫戲後宮，不復出省事」〔註123〕，又有女巫樊胡子受到劉鋹重用〔註124〕，觀其名，疑其亦爲胡人，足見南漢時胡人在廣州者不在少數。並且據日本學者藤田豐八考證，南漢先祖劉謙的祖籍，並非史籍所稱上蔡或彭城，而是大食人，因此劉鋹親近胡人的舉動，應與其胡人血統有密切關連。〔註125〕

　　唐代廣州不僅爲當時中外交流的樞紐，同時也是國際貿易的重要港口。如九世紀大食著名地理學家伊本‧胡爾達茲比赫（Ibn khordadbeh）在所著《道里邦國志》一書中，將漢府（廣州），列爲與魯金（交州）、剛突（揚州）、漢久齊名的四大港口〔註126〕，並認爲廣州是當時「中國最大的港口」〔註127〕，桑原隲藏在《唐宋貿易港研究》一書中亦對此四大港口詳加論證〔註128〕。

〔註120〕桑原隲藏（日）著，陳裕菁譯訂，《蒲壽庚考》（北京，中華書局，2009 年 5月），頁 1。

〔註121〕見《新唐書》，卷 43 下，〈地理志〉，頁 1154。

〔註122〕桑原隲藏（日）著，陳裕菁譯訂，《蒲壽庚考》，頁 1，陳裕菁注。

〔註123〕《新五代史》，卷 65，〈南漢世家〉，頁 817。

〔註124〕《新五代史》，卷 65，〈南漢世家〉，頁 817。

〔註125〕參見藤田豐八，〈南漢劉氏祖先考〉，收入藤田豐八（日）撰，何健民譯，《中國南海古代交通叢考》（太原，山西人民出版社，2015 年 12 月初版），上冊，頁 140～147。

〔註126〕見伊本‧胡爾達茲比赫（Ibn khordadhbeh）（阿拉伯）著，宋峴譯注，《道里邦國志》（北京，中華書局，1991 年 12 月初版），頁 72。

〔註127〕見伊本‧胡爾達茲比赫著，宋峴譯注，《道里邦國志》，頁 72。

〔註128〕參見桑原隲藏（日）著，楊鍊譯，《唐宋貿易港研究》（臺北，臺灣商務印書館，1963 年 12 月），頁 72 至 154。至於《道里邦國志》所載四大港口中的「漢久」港，桑原隲藏考證後認爲是福建地區的泉州，參見桑原隲藏著，楊鍊譯，《唐宋貿易港研究》，頁 130～154。

在《唐大和上東征傳》中，提及曾欲前往日本弘法，而船隻遭風浪飄移至廣州的鑑眞和尚見到：

> 江中有婆羅門、波斯、崑崙等舶，不知其數；並載香藥、珍寶，積載如山，其舶深六、七丈。師子國、大石國、骨唐國、白蠻、赤蠻等往來居〔住〕，種類極多。〔註129〕

其中「大石國」即爲大食，「師子國」爲獅子國；「崑崙」應爲今日的馬來半島、印度尼西亞等東南亞國家〔註130〕。足見至廣州的海外商旅從事貿易甚多，「香藥、珍寶、積載如山」的描述，顯示出胡商的貴重貨物之多，價值不斐，側面也顯示廣州地區商業貿易相當地發達。當時由海外舶來品主要是珠寶、藥材及各種香料，而從廣州等地出口的商品，則主要爲瓷器及絲綢等。

同時嶺南節度使因掌握市舶之利，故多懷珍藏，其中亦有富可敵國者，如《舊唐書・王鍔傳》云：

> 西南大海中諸國舶至，則盡沒其利，由是鍔家財富於公藏。日發十餘艇，重以犀象珠貝，稱商貨而出諸境〔註131〕。

王鍔傳中「則盡沒其利」一句，《新唐書》本傳作「盡有其稅」，則王鍔課胡商的稅率應遠超過定數。按《新唐書・食貨志》載，商賈稅三十分之一，〔註132〕然海外舶來品的稅率則應較高。據《萍洲可談》記載，是依物品的價值課稅，其稅率約十分之一至十分之三，可以作爲稅率的參考。〔註133〕

在《太平廣記》中有許多對胡商經營珠玉及奇珍異寶的記載，如「崔煒

〔註129〕元開，《唐大和上東征傳》，頁74。

〔註130〕參見元開，《唐大和上東征傳》，頁75注。

〔註131〕《舊唐書》，卷151，〈王鍔傳〉，頁4060。

〔註132〕《新唐書》，卷52，〈食貨志〉，頁1351。

〔註133〕據朱彧的《萍洲可談》載：「凡舶至，帥漕與市舶監官蒞閱其貨而征之，謂之「抽解」，以十分爲率，眞珠龍腦凡細色抽一分，瑇瑁蘇木凡麤色抽三分，抽外官市各有差，然後商人得爲己物。象牙重及三十斤幷乳香，抽外盡官市，蓋榷貨也。商人有象牙稍大者，必裁爲三〔十〕斤以下，規免官市。凡官市價微，又準他貨與之，多折閱，故商人病之。舶至未經抽解，敢私取物貨者，雖一毫皆沒其餘貨，科罪有差，故商人莫敢犯」，見《萍洲可談》，卷2，頁132。此雖爲北宋時的情形，亦可補充《唐國史補》所載資料。參見朱祖德，〈唐代嶺南東道地區經濟之發展〉，《史學彙刊》第33期（2014年12月），頁30～31。

條」〔註 134〕、「張無頗條」〔註 135〕及「陸顒條」〔註 136〕等數例，均描繪胡商
在廣州經營奇珍異寶的交易，胡商常出高價競購他們認爲珍貴的珠寶，可見
珠寶交易在廣州不但相當活絡，且獲利亦不少。

　　唐代廣州因位居於對外商業貿易的第一要埠，外舶來往絡繹於途，商業
貿易相當發達，故史稱：「外蕃歲以珠、瑇（玳）瑁、香、文犀浮海至」〔註
137〕、「南海有蠻舶之利，珍貨輻湊」〔註 138〕，足見廣州實爲唐廷財稅之所寄，
除要收市外〔註 139〕，還要不時視上意來進奉，且因置市舶使收取舶腳，故需
倚重能臣幹吏，招徠商船，以收其效。而廣州則是嶺南地區的政、經中心，
人口稠密，物產富饒，且擁有良好的交通條件，加上充足的勞動力，使手工
業及商業均相當發達。

　　在《全唐文》，卷七五，唐文宗〈大和八年疾愈德音〉一文中提到：

　　　南海蕃舶本以慕化而來，固在接以恩仁，使其感悅。如聞比年，長
　　　吏多務徵求，嗟怨之聲，達於殊俗。……其嶺南、福建及揚州蕃客，
　　　宜委節度觀察使常加存問，除舶腳、收市、進奉外，任其來往通流，
　　　自爲交易，不得重加率稅。〔註 140〕

唐文宗的〈大和八年疾愈德音〉，說明包括廣州在內的嶺南地區、福建地區及
揚州等地是當時三大胡商聚集地區，並要求除舶腳、收市、進奉外，有司不
得隨意增加稅率，苛刻舶商。

　　廣州的海外貿易與宮廷及上層階級的需求，有密切關連，杜甫〈自平〉
詩云：

　　　自平宮中一作中宮，一作中官呂太一中使呂太乙爲市舶使，矯詔募兵作亂，收
　　　珠南海千餘日，近供生犀翡翠稀，復恐征戎一作戍干戈密，蠻溪豪族
　　　小一作山動搖〔註 141〕。

〔註 134〕見《太平廣記》，卷 34，頁 216〜219，「崔煒條」引《傳奇》。
〔註 135〕見《太平廣記》，卷 310，頁 2452，「張無頗條」引《傳奇》。
〔註 136〕見《太平廣記》，卷 476，頁 3920〜3922，「陸顒條」引《宣室志》
〔註 137〕《新唐書》，卷 143，〈徐申傳〉，頁 4695。
〔註 138〕《舊唐書》，卷 177，〈盧鈞傳〉，頁 4591。
〔註 139〕「收市」參見陳明光、靳小龍，〈論唐代廣州的海外交易、市舶制度與財政〉，
　　　　《中國經濟史研究》，2005 年第 1 期，頁 108〜109 及黎虎，〈唐代的市舶使
　　　　與市舶管理〉，《歷史研究》，1998 年第 3 期，頁 32。
〔註 140〕《全唐文》，卷 75，唐文宗，〈大和八年疾愈德音〉，頁 342 中。
〔註 141〕《全唐詩》，卷 220，杜甫，〈自平〉，頁 2325。

足見珍珠、生犀及翡翠等爲宮廷所需用之物，日本學者亦認爲廣州舶來品的最大需求地是長安的宮廷〔註142〕。廣州市舶使呂太一之亂在唐代宗廣德元年（763），〔註143〕詩中提到千餘日，距平呂太一已有三年矣。其實不僅唐代如此，早在劉宋時，皇帝即對任職交、廣者即多所索要，《南史》，卷25，〈垣護之傳附閬〉云：

> 時交土全實，閬罷州還，資財鉅萬。孝武末年貪愸，刺史二千石罷任還都，必限使獻奉，又以蒱戲取，要令罄盡乃止。閬還至南州，而孝武晏駕，擁南資爲富人。〔註144〕

所謂「南資」即爲商舶之利，閬罷任時因適逢孝武帝崩，才得以「擁南資爲富人」。〈舊唐書‧李勉傳〉云：李勉任嶺南節度使「在官累年，器用車服無增飾。及代歸，至石門停舟，悉搜家人所貯南貨犀象諸物，投之江中。」〔註145〕，以李勉之廉潔，家人仍懷藏「南貨犀象諸物」，足見所謂南貨充仞於廣州。這裡的「南貨」，包括犀象諸物，其內涵與「南資」差異不大。

唐末黃巢軍南向，圍廣州時，曾向唐廷要求天平軍節度，當時鄭畋建議同意此請，以緩其兵。而黃巢復索要安南都護、廣州節度使，于琮即以「南海市舶不賨，賊得益富，而國用屈」〔註146〕爲由拒絕此議。張九齡的〈開鑿大庾嶺路序〉云：「而海外諸國，日以通商，齒革羽毛之殷，魚鹽蜃蛤之利，上足以備府庫之用，下足以贍江淮之求。」〔註147〕所謂府庫之求，即應來自宮庭的需來。上述可見宮廷、富家大戶等中上階層，是所謂「南貨」的最大消費者。

至五代時，南漢國仍因海外貿易，而有豐厚的收益，史云南漢主劉龑「又好奢侈，悉聚南海珍寶，以爲玉堂珠殿」〔註148〕，甚至以珠玉做爲建築的

〔註142〕 參見日野開三郎，〈唐代嶺南に於ける金銀の流通〉，收入《續唐代邸店の研究》（作者自版，昭和45年12月初版），頁394。
〔註143〕《資治通鑑》，卷223，代宗廣德元年十一月，頁7157。
〔註144〕 李延壽（唐）撰，《南史》（北京，中華書局，1992年），卷25，〈垣護之傳附閬〉，頁688。
〔註145〕《舊唐書》，卷131，〈李勉傳〉，頁3635。「四十餘」，或作「四千餘」，不過衡情論理，應以四十餘較爲合理。
〔註146〕《新唐書》，卷225下，〈逆臣下〉，頁6454。《新唐書》，卷185，〈鄭畋傳〉，頁5402～5403載于琮云「南海以寶產富天下，如與賊，國藏竭矣」，與《新唐書‧逆臣下》所載，其意略同。
〔註147〕 參見張九齡，〈開鑿大庾嶺路序〉，收入唐‧張九齡撰，熊飛校注，《張九齡集校注》（北京，中華書局，2008年），卷17，頁890～891。
〔註148〕《新五代史》，卷65，〈南漢世家〉，頁811。

裝飾品。劉晟時「遣巨艦指揮使暨彥贇，以兵入海，掠商人金帛作離宮遊獵」
〔註149〕。南漢最後一位君主劉鋹，在國亡之際仍企圖「以海舶十餘，悉載
珍寶、嬪御，將入海」〔註150〕，然因宦官樂範竊其舟而未成。足見在五代
戰亂之時，南漢國仍因海舶之利，而相當富庶。

一、市舶之利的管理

　　唐代市舶使究竟設置於何時，由於現有史籍中未明確交待，學界也有不
同看法〔註151〕，其中曾一民氏則推測市舶使設置時間，應在武后光宅（684）
至玄宗開元元年（713）之間〔註152〕。在尚未有進一步證據前，筆者基本上同
意此種看法。

　　市舶使的任務，是負責管理番舶，並查驗貨物，並依規定收取舶腳、徵
稅及收市、進奉，如《唐國史補》所言：

> 南海舶，外國船也。每歲至安南、廣州。……有蕃長為主領，市舶
> 使籍其名物，納舶腳，禁珍異，蕃商有以詐欺入牢獄者。〔註153〕

此外，據《新唐書·孔戣傳》載：「蕃舶泊步有下碇稅，始至有閱貨宴，所餉
犀琲，下及僕隸，戣禁絕，無所求索」，〔註154〕其中「下碇稅」類似關稅性質。
〔註155〕足見「籍其名物，納舶腳，禁珍異」及徵收相關稅收是市舶使的職責
所在，然不肖者常利用職權，橫徵暴斂，或賄賂朝廷重臣及中官，或中飽私
囊，可以說是一個美缺。

　　有關「舶腳」的性質，究竟是商稅、關稅或是運費，目前學界的看法相當
分歧，黎虎認為此處「納舶腳」的「舶腳」，是「徵收關稅，這種關稅又稱為『下

〔註149〕《新五代史》，卷65，〈南漢世家〉，頁816。
〔註150〕《新五代史》，卷65，〈南漢世家〉，頁819。
〔註151〕凍國棟在《唐代的商品經濟與經營管理》一書指出，市舶機構在開元二年前
　　　　已設置，但未作進一步推論。見凍國棟，《唐代的商品經濟與經營管理》（武
　　　　昌，武漢大學出版社，1990年3月），頁185。日本學者斯波義信則認為市舶
　　　　司設置於714年，即唐玄宗開元二年，見斯波義信（日）著，布和譯，《中國
　　　　都市史》（北京，北京大學出版社，2013年），頁137，亦未作進一步推論。
〔註152〕參見曾一民，《唐代廣州考》（香港，珠海大學中國歷史研究所博士論文，1983
　　　　年），頁712～725詳論。
〔註153〕《唐國史補》，卷下，頁63。
〔註154〕《新唐書》，卷163，〈孔巢父附孔戣傳〉，頁5009。
〔註155〕「下碇稅」參見曾一民，〈唐魯國公孔戣治廣州之政績〉，收入黃約瑟、劉健
　　　　明編，《隋唐史論集》（香港，香港大學亞洲研究中心出版，1993年），頁94。

碇稅』」〔註156〕；陳明光及靳小龍則認爲「舶腳」屬於商稅，並且與「下碇稅」無關〔註157〕；曾一民則力排眾議，指出「舶腳」應非關稅，而是指「僱用腳夫搬運貨物所付的工資」〔註158〕。筆者認爲「納舶腳」的「腳」字，在唐代應作「搬運費用」解釋較妥〔註159〕，與商稅並無直接關係。至於下碇稅的稅率，據《萍洲可談》記載，稅率原則上依物品的價值，如眞珠、龍腦等細者十分之一，瑪瑁、蘇木等粗者爲十分之三，可作爲稅率的參考。〔註160〕

因廣州擁有極爲優越的地理位置，是海上絲路的中繼站，因此廣州常有外舶停靠做生意，故史云：「外蕃歲以珠、瑇（玳）瑁、香、文犀浮海至」〔註161〕、「南海有海舶之利，貨貝狎至」〔註162〕，然主持者常用提高稅率及巧立名目等手段，收取額外的錢財及寶貨，故時任嶺南節度使者，大都以美缺視之。其中以王鍔任嶺南節度使時橫征暴斂，最爲嚴重，《舊唐書》，卷一五一，〈王鍔傳〉云：

> 西南大海中諸國舶至，則盡沒其利，由是鍔家財富於公藏。日發十
> 餘艇，重以犀象珠貝，稱商貨而出諸境。周以歲時，循環不絕，凡
> 八年，京師權門多富鍔之財〔註163〕。

由於海外商舶至者，王鍔「盡沒其利」，因此富可敵國。王鍔又以商貨爲名，運送珍寶行銷四方，大發利市。再者，王茂元之例亦可爲證，《舊唐書》，卷一五二，〈王茂元傳〉云：「在安南招懷蠻落，頗立政能。南中多異貨，茂元積聚家

〔註156〕見黎虎，〈唐代的市舶使與市舶管理〉，《歷史研究》，1998 年第 3 期，頁 31。

〔註157〕參見陳明光、靳小龍，〈論唐代廣州的海外交易、市舶制度與財政〉，《中國經濟史研究》，2005 年第 1 期，頁 113～114。

〔註158〕參見曾一民，〈唐魯國公孔戣治廣州之政績〉，頁 94。

〔註159〕如《舊唐書》，卷 48，〈食貨志上〉載「關輔庸調，所稅非少，既寡蠶桑，皆資菽粟，常賤糶貴買，損費逾深。又江淮等苦變造之勞，河路增轉輸之弊，每計其運腳，數倍加錢。」見《舊唐書》，卷 48，〈食貨志〉，頁 2090。並且《舊唐書》，卷 49，〈食貨志下〉亦云「貞元八年十月，敕：『諸軍鎮和糴貯備，共三十三萬石，價之外，更量與優饒。其粟及麻，據米數準折虛價，直委度支，以停江淮運腳錢充，並支綾絹絁綿，勿令折估』」，見《舊唐書》，卷 48，〈食貨志〉，頁 2125。此二處「運腳」均爲運費之意。因此《唐國史補》所載舶腳，應是運費性質，而非關稅或商稅。

〔註160〕見《萍洲可談》，卷 2，頁 132。此雖爲北宋時的情形，亦可補充《唐國史補》所載資料。並參見朱祖德，〈唐代嶺南東道地區經濟之發展〉，《史學彙刊》第 33 期（2014 年 12 月），頁 30～31。

〔註161〕《新唐書》，卷 143，〈徐申傳〉，頁 4695。

〔註162〕《舊唐書》，卷 163，〈胡証傳〉，頁 4259～4262。

〔註163〕《舊唐書》，卷 151，〈王鍔傳〉，頁 4060。

財鉅萬計」〔註164〕，王茂元雖善聚家財，然亦招懷蠻夷部落，在政治上仍有所作爲。除王鍔及王茂元外，玄宗時的劉巨鱗及彭杲「皆以贓敗」〔註165〕，肅宗時的張萬頃「以贓貶巫州龍標縣尉員外置長任」〔註166〕，宣宗時的紇干臮「以貪猥聞」〔註167〕，其餘節帥斂聚貨財者可謂不勝枚舉。

而在唐代任職嶺南節度使的，並非均是貪求富貴，潔身自愛者也相當多。如唐太宗貞觀元年（627）任廣州都督的馮立，嘗畢飲貪泉〔註168〕，足見其氣節。其後王方慶、宋璟、李朝隱、盧奐、李勉、徐申、孔戣及盧鈞等爲官廣州時，皆清廉公正，爲世所稱。其中宋璟、李朝隱及盧奐尤爲史所稱，《新唐書・盧奐傳》即云：

> 南海郡兼水陸都會，物產瓌怪，前守劉巨鱗、彭杲皆以贓敗，故以奐代之。汙史斂手，中人之市舶者亦不敢干其法，遠俗爲安。時謂自開元後四十年，治廣有清節者，宋璟、李朝隱、奐三人而已。〔註169〕

盧奐爲官廣州，不但貪官污吏束手，連一向跋扈的中官，也謹遵法度，不敢違令，足見盧奐之清正廉潔，故爲時所稱。

李勉任嶺南節度使時使時，每年海舶來者大增，政績斐然，《舊唐書》，卷一三一，〈李勉傳〉云：

> 前後西域舶泛海至者歲纔四五，勉性廉潔，舶來都不檢閱，故末年至者四十（千）餘。在官累年，器用車服無增飾。及代歸，至石門停舟，悉搜家人所貯南貨犀象諸物，投之江中，耆老以爲可繼前朝宋璟、盧奐、李朝隱之徒。〔註170〕

〔註164〕《舊唐書》，卷152，〈王茂元傳〉，頁4070。

〔註165〕見《新唐書》，卷126，〈盧奐傳〉，頁4418；《舊唐書》，卷98，〈盧奐傳〉，頁3070云：「時南海郡利兼水陸，瓌寶山積，劉巨鱗、彭杲相替爲太守、五府節度，皆坐贓鉅萬而死」。

〔註166〕《冊府元龜》，卷700，〈牧守部・貪黷〉，頁8352下。

〔註167〕《東觀奏記》卷中，云：「廣州節度使紇干臮以貪猥聞，貶慶王府長史、分司東都。制曰：『鍾陵問俗，澄清之化靡聞，南海撫封，貪瀆之聲何甚！而又交通詭遇，溝壑無厭。跡固異於澹臺，道殊乖於吳隱』」。見裴庭裕（唐）撰，田廷柱點校，《東觀奏記》（北京，中華書局，1994年9月），卷中，頁112。

〔註168〕劉肅（唐）撰，許德楠等點校，《大唐新語》（北京，中華書局，1997年12月），卷3，〈清廉〉，頁49。

〔註169〕《新唐書》，卷126，〈盧奐傳〉，頁4418。

〔註170〕《舊唐書》，卷131，〈李勉傳〉，頁3635。四十餘，或作四千餘，不過衡情論理，應以四十餘較合理。

李勉「悉搜家人所貯南貨犀象諸物，投之江中」一事，《唐國史補》亦有記載，作「悉搜家人犀象，投于江中而去」〔註171〕。李勉不但平服內亂，並且不多加索要，讓胡商從事交易，因此至廣州的海舶日增，數年後，海舶來者竟達原來十倍之多。

　　徐申在嶺南節度使任內，亦將廣州移風化俗，且「於常貢外，未嘗贉索，商賈饒盈」〔註172〕。孔戣在歷任嶺南節度使中爲政清廉，政績卓著，《舊唐書・孔戣傳》云：

> 戣剛正清儉，在南海，請刺史俸料之外，絕其取索。先是帥南海者，
> 京師權要多託買南人爲奴婢，戣不受託。至郡，禁絕賣女口。先是準
> 詔禱南海神，多令從事代祠。戣每受詔，自犯風波而往。韓愈在潮州，
> 作詩以美之。……唯戣以清儉爲理，不務邀功，交、廣大理〔註173〕。

孔戣不但不向胡商額外索要，並且「刺史俸料之外，絕其取索」，使商舶的貨品交易，不受巧立名目、橫征暴斂的影響。此外，孔戣更是不避風險，親自奉詔到南海神廟祭祀〔註174〕，實是難得可貴。

　　而嶺南節度使中爲官廉潔的，尚有盧鈞，《舊唐書》，卷一七七，盧鈞本傳就提到：

> 南海有蠻舶之利，珍貨輻湊。舊帥作法興利以致富，凡爲南海者，
> 靡不梱載而還。鈞性仁恕，爲政廉潔，請監軍領市舶〔註175〕。

《資治通鑑》亦云：「鈞至鎮，以清惠名」〔註176〕。本傳所云「作法興利」即節帥擅加稅率，或以收市、進奉名義，進行剝削。此外，官者領市舶，在唐代屢見不鮮，已有學者專論〔註177〕，而其所造成的影響，是值得進一步探究的課題。

〔註171〕《唐國史補》，卷上，頁 21。
〔註172〕《新唐書》，卷 143，〈徐申傳〉，頁 4695。
〔註173〕《舊唐書》，卷 154，〈孔戣傳〉，頁 4098。
〔註174〕南海神在唐代地位十分崇高，朝廷屢屢加封，有「廣利王」之稱，故孔戣乃受詔前往祭祀；據學者考證南海神廟設置於隋代，有關南海神廟的建置經過、發展、重要性參見王元林，〈論唐代廣州內外港與海上交通的關係〉，《唐都學刊》第 22 卷第 6 期（2006 年 11 月），頁 23～24 及王元林，《國家祭祀與海上絲路遺跡——廣州南海神廟研究》（北京，中華書局，2006 年 8 月），頁 48～83 詳論。
〔註175〕《舊唐書》，卷 177，〈盧鈞傳〉，頁 4591。
〔註176〕《資治通鑑》，卷 245，開成元年（836）十二月庚戌條，頁 7928。
〔註177〕黎虎，〈唐代的市舶使與市舶管理〉，頁 21～37。

　　宣宗大中三年至五年（849～851），韋正貫任嶺南節度使時，亦頗有政績，蕭鄴，〈嶺南節度使韋公（正貫）神道碑〉云：

> 百粵之地，其俗剽輕，獵浮淫之利，民罕著本。又遠天子之法，稅調衰急，一舞於吏手，故細骨假校益豪，民用是困。從公至，鋤侵牟之窟，削冒名之吏，盡反爲民。煩促頓舒，流庸盡復。先是海外蕃賈贏象犀貝珠而至者，帥與監舶使，必摟其偉異，而以比弊抑償之。至者見欺，來者始絕。公悉變故態，一無取求，問其所安，交易其物，海客大至。〔註178〕

足見海外商客「至者見欺，來者始絕」〔註179〕的原因，是因「帥與監舶使，必摟其偉異，而以比弊抑償之」〔註180〕，而這種作法，是土管商舶之利的節度使與監舶使，長久以來的陋習，無怪乎海外商舶至者甚少。正因韋正貫改除舊習，因此海外商舶大至，其實韋正貫的處理與李勉任職嶺南節使時的作法類似，均達到海舶大至的效果。

　　再者，有時亦因節帥處理「舶務」不當，而導致胡商群起攻之，如《資治通鑑》，卷二〇三，光宅元年（684）秋七月戊午條即云：

> 廣州都督路元叡爲崑崙所殺，元叡闇懦，僚屬恣橫。有商舶至，僚屬侵漁不已，商胡訴於元叡，元叡索枷，欲繫治之，羣胡怒，有崑崙袖劍直登聽事，殺元叡及左右十餘人而去。〔註181〕

路元叡不但縱容手下官吏剝削胡商，甚至還要懲治前來告狀的胡商，以致羣胡怒不可遏，甚至殺了路元叡，事態可以說是相當嚴重。此事說明節度使如處理海外貿易相關事務不當，恐招致殺身之禍。側面也顯示廣州胡商眾多，執政者需妥善處理相關事務。

　　此次事件後王方慶續任嶺南節度使，《舊唐書・王方慶傳》云：「舊都督路元睿冒求其貨，崑崙懷刃殺之，方慶在任數載，秋毫不犯」〔註182〕，足見爲官廣州者，需謹慎自持。

　　此外，據《舊唐書》，卷一〇，〈肅宗紀〉載乾元元年（758）九月「癸巳，

〔註178〕　《全唐文》，卷764，〈嶺南節度使韋公神道碑〉，頁3521中。
〔註179〕　《全唐文》，卷764，〈嶺南節度使韋公神道碑〉，頁3521中。
〔註180〕　《全唐文》，卷764，〈嶺南節度使韋公神道碑〉，頁3521中。
〔註181〕　《資治通鑑》，卷203，則天后光宅元年（684）秋七月戊午條，頁6420。
〔註182〕　《舊唐書》，卷89，〈王方慶傳〉，頁2897。

廣州奏大食國、波斯國兵眾攻城，刺史韋利見棄城而遁」〔註183〕；另《舊唐書》，卷一九八，〈西戎・波斯國〉云：「乾元元年，波斯與大食同寇廣州，劫倉庫，焚廬舍，浮海而去」。〔註184〕從時間上來看，二書所載爲同一事件，應是因嶺南節度使或市舶使處理外舶相關事務不當，才會導致波斯與大食聯合攻打廣州。

二、胡人與胡商

唐代廣州不僅爲國際貿易的重要港口，同時也是當時中外交流的樞紐，因此「蕃國歲來互市，奇珠、玳瑁、異香、文犀皆浮海舶以來」〔註185〕、「外國之貨日至，珠香象犀玳瑁奇物溢於中國，不可勝用」〔註186〕。九世紀大食著名地理學家伊本・胡爾達玆比赫在《道里邦國志》一書中，就將漢府（廣州），列爲與魯金（交州）、剛突（揚州）、漢久齊名的四大港口〔註187〕，並且認爲廣州是當時「中國最大的港口」〔註188〕，若以唐代廣州的繁榮程度證之，伊本所言並非誇大之詞。

天寶九載（750），鑒眞和尚第五次東渡日本未成，船隻漂流至廣州時，見到「江中有婆羅門、波斯、昆侖等舶，不知其數，並載香藥、珍寶，積載如山」〔註189〕。足見諸香及藥（藥）材、珍寶是胡商主要的貿易商品，胡商在廣州購入的物品，則應以絲綢、瓷器及各種珍寶等爲大宗。當時胡商在各地，經營的商品相當廣泛，包括珠寶、珍貝及各種藥材〔註190〕等，此外，胡

〔註183〕《舊唐書》，卷10，〈肅宗紀〉，頁253。

〔註184〕《舊唐書》，卷198，〈波斯國〉，頁5313。

〔註185〕《全唐文》，卷639，李翱，〈唐故金紫光祿大夫檢校禮部尚書使持節都督廣州諸軍事兼廣州刺史兼御史大夫充嶺南節度營田觀察制置本管經略等使東海郡開國公食邑二千戶徐公行狀〉，頁2861中。

〔註186〕韓愈，〈送鄭尚書序〉，韓愈撰，羅聯添編，《韓愈古文校注彙輯》（台北，國立編譯館，2003年6月），卷4，頁1427～1428。

〔註187〕見伊本・胡爾達玆比赫（Ibn khordadhbeh）（阿拉伯）著，宋峴譯注，《道里邦國志》（北京，中華書局，1991年12月初版），頁72。至於《道里邦國志》所載四大港口中的「漢久」港，桑原騭藏考證後認爲是福建地區的泉州港，參見參見桑原騭藏（日）著，楊鍊譯，《唐宋貿易港研究》（臺北，臺灣商務印書館，1963年12月），頁130～154。

〔註188〕見伊本・胡爾達玆比赫著，宋峴譯注，《道里邦國志》，頁72。

〔註189〕見元開，《唐大和上東征傳》，頁74。

〔註190〕參見朱祖德，〈唐代揚州的商業貿易〉，載《史學彙刊》第30期（2012年12月），頁83～84。

商亦有經營類似今日金融業的柜坊者〔註191〕。在廣州經營珠寶生意的，有不少是胡商，除少數是從陸上絲綢之路到達長安、揚州再南下廣州，大部分胡商均由海道抵達廣州。

在《太平廣記》中提到許多胡商，從事珍奇寶物及珠貝等交易的記載，如卷三四的〈崔煒條〉中，崔煒將所得到的南越王趙佗陪葬大食國寶陽燧珠〔註192〕，鬻於「波斯邸」，有一老胡人見則大驚，並云「郎君的入南越王趙佗墓中來，不然者，不合得斯寶」〔註193〕，並以十萬緡易之。崔煒獲寶珠一事雖有神話色彩，然稱「波斯邸」亦爲胡商群集廣州之明證。

除「波斯邸」外，據《宋高僧傳》載當時採訪使劉巨鄰，懇求高僧釋不空灌頂，釋不空後來乘船向師子國，劉巨鄰召誡番禺界蕃客大首領伊習賓，務要船主照料好釋不空及其弟子到達目的地〔註194〕，所言「番禺界蕃客大首領」，應爲類似廣州蕃長之職。據載廣州還有番坊的設置，朱彧，《萍洲可談》云：「廣州番坊，海外諸國人聚居，置蕃長一人，管勾蕃坊公事，專切招邀蕃商入貢，用蕃官爲之，巾袍履笏如華人」〔註195〕，足見胡商在廣州人數之多，乃至需設「蕃坊」，加以管理。

再者，《太平廣記》卷三一〇的〈張無頗條〉中說，張無頗有奇遇，得到廣利王所贈的「駭雞犀、翡翠盌及麗玉明瑰」〔註196〕等珍寶，在廣州僅出售駭雞犀，就已獲巨萬〔註197〕。此外，《太平廣記》卷四七六的〈陸顒條〉，描寫陸顒獲胡商所贈的珍貝，售之即獲金千鎰〔註198〕。胡商們對於珍奇物品，往往出高價來搶購，甚至有達「金千鎰」〔註199〕者，可見珍寶方面的交易在廣州不但相當活絡，且獲利亦相當豐厚。胡商之所以對珠寶類的物品感到興趣，推測除珠寶本身的價值不斐，轉售可獲厚利外，珠寶類物品的重量輕，

〔註191〕參見《太平廣記》，卷17，頁119，〈盧李二生條〉引《逸史》，並參見朱祖德，〈試論唐代揚州在中西交通史上的地位〉，載《興大歷史學報》第18期（2007年6月），頁214。

〔註192〕見《太平廣記》，卷34，頁218～219，〈崔煒條〉引《傳奇》。

〔註193〕《太平廣記》，卷34，頁219，〈崔煒條〉引《傳奇》。

〔註194〕參見《宋高僧傳》，卷一，〈譯經篇・唐京兆大興善寺不空傳三〉，頁7。

〔註195〕參見朱彧（宋）撰，李偉國點校，《萍洲可談》（北京，中華書局，2011年），卷2，頁134。

〔註196〕見《太平廣記》，卷310，頁2452，〈張無頗條〉引《傳奇》。

〔註197〕見《太平廣記》，卷310，頁2452，〈張無頗條〉引《傳奇》。

〔註198〕見《太平廣記》，卷476，頁3920～3922，〈陸顒條〉引《宣室志》。

〔註199〕見《太平廣記》，卷476，頁3922，〈陸顒條〉引《宣室志》。

方便攜帶的特性，也是原因之一。

在《全唐文》，卷七五，〈大和八年疾愈德音〉中亦提到：「其嶺南、福建及揚州蕃客，宜委節度觀察使常加存問，除舶腳、收市、進奉外，任其來往通流，自爲交易，不得重加率稅」。〔註200〕顯示包括廣州及交州在內的嶺南地區、揚州及福建等地，在文宗時期仍是海外胡商聚集之處。日本學者桑原騭藏亦指出「廣州之外，嶺南之交州，江南之揚州，福建之泉州，亦爲自唐以來阿剌伯人通商之地。……此諸港中，繁盛首推廣州」〔註201〕，足見廣州在海外貿易方面之地位。

並且根據《中國印度見聞錄》的記載，廣州不但是胡商群集之所，還是阿拉伯商人薈萃的城市〔註202〕。根據阿拉伯遊歷家阿布賽特·哈桑（Abu Zaid Hassan）的記載，龐勛之亂時「以回教紀元二六四年陷廣府，殺回教徒、猶太人、基督教徒、火教徒，數達十二萬以至二十萬人。……外國之商人船主，皆遭虐待侮辱，貨物則悉被劫掠，國內商品製造廠，皆被破壞。對外貿易，完全停滯。」〔註203〕足見在龐勛之亂時，廣州的城市經濟及對外貿易均遭受到相當大的破壞。至於當時廣州會有這麼多來自海外各地的回教徒、猶太人、基督教徒、火教徒等教徒，側面顯示廣州是胡商及胡人群集之地，甚至比起唐代最大經濟都會揚州〔註204〕，都有過之而無不及。

再者，在黃巢之亂時，黃巢軍隊曾攻入廣州，根據《中國印度見聞錄》的記載當時被黃巢軍隊殺害的各種教徒，達到了十二萬人之多，其云：「不計罹難的中國人在內，僅寄居城中經商的伊斯蘭教徒、猶太教徒、基督教徒、拜火教徒，就總共有十二萬人被他殺害了。」〔註205〕此數字雖與前述龐勛之

〔註200〕《全唐文》，卷75，唐文宗，〈大和八年疾愈德音〉，頁342中。

〔註201〕桑原騭藏（日），陳裕菁譯訂，《蒲壽庚考》，頁1，陳裕菁注。

〔註202〕參見穆根來等譯，《中國印度見聞錄》（北京，中華書局，1983年），頁96。

〔註203〕原出自 Reinaud 編 Relation des voyages, I., pp61～68.此處乃是轉引自方豪，《中西交通史》（台北，中國文化大學出版社，1983年12月），上冊，頁258。

〔註204〕如唐肅宗上元元年（760）平盧兵馬使田神功討劉展於揚州，《舊唐書》，卷110〈鄧景山傳〉云：「商胡大食、波斯等商旅死者數千人」，見《舊唐書》，卷110，〈鄧景山傳〉，頁3313。雖此數字遠較廣州遭龐勛、黃巢之亂所殺害的胡人爲少，然除考慮到劉展之亂發生在中唐，而龐勛之亂及黃巢之亂發生的時間點是在晚唐，廣州的經濟情勢已有進一步的發展外，廣州爲唐代最大貿港口，又是海上絲綢之路的終點站，且據《萍洲可談》記載廣州有「蕃坊」之設置，參見宋·朱彧撰，李偉國點校，《萍洲可談》（北京，中華書局，2011年），卷2，頁134，足見在廣州的胡人的確不在少數。

〔註205〕穆根來等譯，《中國印度見聞錄》，頁96。

亂時，被殺害的各教信徒人數估計均應有所誇大，然確切說明了當時在廣州，聚集了信奉各種宗教的胡人。

《中國印度見聞錄》還提到，此後廣州的商業貿易受到了嚴重的打擊，不但因大批胡商遭殘殺而所剩無幾，並且大量的桑樹被砍伐，是使阿拉伯各國失去了貨源，特別是失去絲綢來源的原因〔註206〕，是值得注意的資料。

當時在廣州的胡人，除信奉回教、猶太教、基督教及拜火教外，信奉佛教的也不少，如《冊府元龜・帝王部・崇釋氏》載代宗大曆四年（769）二月「南天竺國僧三藏文殊德上言，廣州南界蕃人新營兩寺，望賜寺名，詔以寶應、廣德二名賜之」〔註207〕，足見在廣州信奉佛教的胡人信徒不在少數。由前述史料，顯示在唐代廣州的胡人，除前述回教徒、猶太人、基督教徒及火教徒外，也有不少的佛教徒，足以說明廣州在當時不僅是多民族的聚集處，同時也是多元宗教的社會，故能成為中西文化交流的樞紐。

第五節　結　語

唐五代時期嶺南地區的經濟發展呈現不均衡的情形，在淮南及兩浙等精華地區遭受安史之亂的影響，而戶口大量減少時，廣州的戶口卻呈現逆勢成長。而與戶口增長有密切關連的農業生產，在廣州地區亦欣欣向榮。同時廣州的製鹽、製瓷、鑄錢、紡織及造船業等手工業均相當發達，其品質亦精良，瓷器、食鹽及紡織品等作為商品，流入市場後，促進了交易的活絡，對於廣州的商業貿易助益甚大。

在海外貿易方面，廣州不但是海上絲綢之路的終點站，並且是唐代最重要的對外貿易港口，同時為胡商北上揚州、兩京等地的起點，故商業貿易十分繁榮。本文以廣州的商業貿易為研究對象，乃因有唐一代，廣州由於擁有便利的水陸交通條件，因此不僅國內貿易方面相當繁榮，同時城市經濟亦持續發展，在海外貿易方面亦有舉足輕重的地位，期待未來能對嶺南地區的整體商業貿易發展有進一步的探討。

〔附註〕本章原刊於《大葉大學通識教育學報》第十九期（2017年5月），承蒙兩位匿名審查委員惠賜卓見，特此致謝。

〔註206〕見穆根來等譯，《中國印度見聞錄》，頁96。
〔註207〕《冊府元龜》，卷52，〈帝王部・崇釋氏二〉，頁577上。

第六章　結　論

　　唐代的嶺南地區，幅員相當遼闊，除廣州、韶州、桂州及交州等個別地區外，嶺南道的大部分地區在唐前期仍是尚未開發或開發較遲之地。有些地區由於人煙稀少，以致猛獸橫行。同時也因嶺南地區距中原地區十分遙遠，因此被當成官員的貶放之地。唐代嶺南地區的經濟發展，儘管存在著地區性的差異，然包括廣州、韶州、交州及桂州等地的經濟景況，則因交通路線的開闢及海外貿易的日益活絡，而有顯著的發展。

　　在盛唐以後，由於大庾嶺路的開鑿及靈渠的重修，使得嶺南地區通往中原地區的交通，較以往便捷許多。加以廣州自南北朝以來，逐漸取代了交州的貿易地位，而成為當時最大的對外貿易港口，同時廣州的農業及手工業也有相當的進步。不過交州元和時期戶數不減反增，可以看出交州仍不失為嶺南地區的重要貿易港口。

　　廣州北面的韶州，也因位於北通江西的大庾路上，因此較早接受新進的耕作技術，商業貿易也相當地繁榮。桂州由於位於靈渠的交通要道上，故城市經濟上保持相當程度的繁榮。恩州也因位在廣州通往勤、春、高、潘等州的路線上，因此商業貿易上亦有一定程度的發展。唐代交州雖在海外貿易方面的重要性漸不如廣州，然從史料來看，仍不失為主要的貿易港口，因此經濟持續發展，同時元和戶數仍較開元、天寶時有所增加。嶺南西道首府邕州，位在嶺南地區最主要河川──鬱水的支流左右溪的交會點，因此具有交通便利的優勢。然中唐後，因「蠻亂」及南詔的侵擾，使邕州的經濟發展受到一定的限制。

　　綜上所述，有唐一代，嶺南地區雖並非全面性開發，而是存在著不均衡性，然由於上述廣州、韶州、桂州、恩州、交州及邕州等地區的經濟發展，從而帶動了鄰近地區的經濟發展，使得唐五代時期，嶺南地區的經濟，較前代有更進一步的發展，即使若干開發較晚的地區，在宋代以後也有相當程度的發展。

附錄　劉宋時期廣州地區的經濟發展

第一節　前　言

　　三國時期之前本無廣州這一行政區名，三國時吳孫權黃武五年（226）始分交州合浦以北置廣州，以呂岱爲刺史，始有廣州之名，不久復舊。〔註1〕孫休永安七年（264）復分交州置廣州。〔註2〕基本在隋唐以前，廣州是一個較大的地理區域概念，如晉時廣州即統有南海郡、臨賀郡、始安郡、始興郡、蒼梧郡、鬱林郡、桂林郡、高涼郡、高興郡及寧浦郡等 10 郡；〔註3〕劉宋時

〔註1〕　見陳壽（西晉）撰、裴松之（南朝宋）注，《三國志》（臺北，洪氏出版社，民國 73 年），卷 47，〈孫權傳〉，頁 1133 及卷 49，〈士燮傳〉，頁 1193。《晉書・地理志》云「至吳黃武五年，分交州之南海、蒼梧、鬱林、高梁四郡立爲廣州，俄復舊。永安六年，復分交州置廣州，分合浦立合浦北部，以都尉領之。」見房玄齡（唐）等撰，《晉書》（臺北，鼎文書局，民國 65 年），卷 15，〈地理志・廣州〉，頁 466。《晉書・地理志》所載永安六年復分交州置廣州之事，據《三國志・孫休傳》應爲永安七年，見《三國志》，卷 48，〈孫休傳〉，頁 1162。

〔註2〕　見《三國志》，卷 48，〈孫休傳〉，頁 1162、沈約（南朝梁）等撰，《宋書》（臺北，鼎文書局，民國 76 年），卷 38，〈州郡志〉，頁 1189。

〔註3〕　《晉書》，卷 15，〈地理志・廣州〉，頁 466～468。並參見畢沅（清），《晉書地理志新補正》，卷 4，〈地理下〉，收入《二十五史補編》（北京，中華書局據開明書店版重印，1991 年），頁 3558 中～3559 中、方愷（清），《新校晉書地理志》，收入《二十五史補編》，頁 3577 上～3577 中、洪亮吉（清），《東晉疆域志》，卷 3，〈實州郡縣第三〉，收入《二十五史補編》，頁 3629 中～3632 中、李慈銘（清），《晉書札記》，收入《二十五史三編》（長沙市，嶽麓書社，1994 年）第五冊，頁 227～245。及孔祥軍，《晉書地理志校注》（北京，新世界出版社，2012 年），頁 209～217。

廣州則下轄南海郡、新會郡、東官郡、義安郡、蒼梧郡、晉康郡、新寧郡、永平郡、鬱林郡、晉興郡、桂林郡、高涼郡、宋康郡、寧浦郡、綏建郡、海昌郡、宋熙郡、樂昌郡等 18 郡。〔註4〕劉宋時期的廣州地區，大致約爲現在廣東及廣西大部分地區。

《宋書·州郡志》所載郡數多於《晉書·地理志》，多出的數郡主要是由舊郡析置新郡及新設縣等原因。〔註5〕由於析置新郡及轄地的改易等原因，在南北朝時期廣州轄郡數則約在 18 至 23 郡之間。〔註6〕至唐代廣州的所轄區域則大爲縮小，僅約爲隋代南海郡的部分地區。這種情形與揚州基同相同，揚州在秦漢、魏晉南北朝時期，均爲相當大的區塊，至隋代原揚州所轄地區已分爲多個郡，至唐代揚州的區域僅爲隋代江都郡的一部分。

因廣州所領郡縣前後差異甚大，以及篇幅所限，爲避免論文的論述失焦，本文之廣州地區，將以《宋書·州郡志》所領郡縣爲準，即南海郡、新會郡、東官郡、義安郡、蒼梧郡、晉康郡、新寧郡、永平郡、鬱林郡、晉興郡、桂林郡、高涼郡、宋康郡、寧浦郡、綏建郡、海昌郡、宋熙郡、樂昌郡等 18 郡，臨近地區若有關連者，將一併述及。晉、宋時期廣州地區郡名，多帶有「康」、

〔註4〕 見《宋書》，卷 38，〈州郡志〉，頁 1189～1204。並參見成孺（清），《宋州郡志校勘記》，卷 38，〈州郡四〉，收入《二十五史補編》，頁 4297 上～4297 中、李慈銘（清），《宋書札記》，收入《二十五史三編》（長沙市，嶽麓書社，1994年）第五冊，頁 473～482 及胡阿祥，《宋書州郡志匯釋》（合肥，安徽教育出版社，2006 年），頁 295～315。

〔註5〕 《宋書·州郡志》較《晉書·地理志》多出的數郡，主要是由舊郡析置新郡，如由原南海郡析出新會郡、東官郡及義安郡等 3 郡，蒼梧郡析出永平、新寧及晉康等 3 郡，由鬱林郡析出晉興郡，高涼郡析出宋康郡等，尚有宋熙郡是宋文帝時以交州流寓新置。另高興郡，《宋書·州郡志》未載，《晉書·地理志》載武帝後省高興郡，應是併入高涼郡，還有始安、始興及臨賀三郡先屬湘州，此三郡後又還屬荊州。此外，尚有綏建郡、海昌郡及樂昌郡等三郡爲新置。見沈約（南朝梁）等撰，《宋書》，卷 38，〈州郡志〉，頁 1189～1204 及《晉書》，卷15，〈地理志·廣州〉，頁 468。其中宋康郡、宋熙郡及樂昌郡等 3 郡，譚其驤，《中國歷史地圖集》（上海，地圖出版社，1982 年）東晉十六國南北朝時期，頁 25～26，南朝宋圖未注出。樂昌郡，《宋書·州郡志》未載設置時間，據徐文范，《東晉南北朝輿地表》，樂昌郡置於宋武帝（420～422）時，參見徐文范，《東晉南北朝輿地表》，卷 5，收入《二十五史補編》，頁 6789 中。

〔註6〕 蕭齊時廣州轄南海、東官、義安、新寧、蒼梧、高涼、永平、晉康、新會、廣熙、宋康、宋隆、海昌、綏建、樂昌、鬱林、桂林、寧浦、晉興、齊樂、齊康、齊建及齊熙郡等 23 郡，參見蕭子顯（南朝梁）撰，《南齊書》（臺北，鼎文書局，民國82年），卷 14，〈州郡志上〉，頁 262～266。由於《南齊書·州郡志》未如《宋書·州郡志》對於州郡沿革敘述甚詳，因而未能明其改易過程。

「興」、「熙」等字，為中古時期取嘉名之習，由於「新朝創制所置郡縣取嘉名，前冠以國號」〔註7〕，因此廣州地區的晉康郡、晉興郡、宋康郡及宋熙郡等郡名來源，即因取嘉名之習。

附表1-1　《晉書・地理志》及《宋書・州郡志》廣州領郡比較表〔註8〕

《晉書・地理志》	《宋書・州郡志》	備　　註
南海郡	南海郡	
	新會郡	晉恭帝元熙二年（420）分南海立
	東官郡	晉成帝咸和六年（331）分南海立
	義安郡	晉安帝義熙九年（413）分東官立
蒼梧郡	蒼梧郡	
	永平郡	晉穆帝升平五年（361）分蒼梧立
	新寧郡	晉穆帝永和七年（351）分蒼梧立
	晉康郡	晉穆帝永和七年（351）分蒼梧立
鬱林郡	鬱林郡	
	晉興郡	晉元帝太興元年（318）分鬱林立
桂林郡	桂林郡	
高涼郡	高涼郡	
	宋康郡	宋文帝元嘉九年（432）立〔註9〕
寧浦郡	寧浦郡	
高興郡		併入高涼郡

〔註7〕　見徐成，〈南朝政區研究五題〉，《歷史地理》第27輯（2013年6月），頁14。
〔註8〕　本表資料來源：沈約（南朝梁）等撰，《宋書》，卷38，〈州郡志〉，頁1189～1204及《晉書》，卷15，〈地理志・廣州〉，頁468。並參見孔祥軍，《晉書地理志校注》，頁209～217及胡阿祥，《宋書州郡志匯釋》，頁295～315。
〔註9〕　宋康郡，《宋書・州郡志》未明言由高涼郡析置，《宋書・州郡志》載「宋康太守，本高涼西營」，並且宋康郡所領縣有「廣化令」，《宋書・州郡志》云：「晉太康地志有，屬高興，永初郡國屬高涼」，見《宋書》，卷38，〈州郡志〉，頁1200，因高興郡在晉武帝（265～289）時已併入高涼郡，因此宋康郡應係由高涼郡析置。

臨賀郡	臨慶內史	《宋書‧州郡志》屬湘州
始安郡	始建內史	《宋書‧州郡志》屬湘州
始興郡	廣興公相	《宋書‧州郡志》屬湘州
	海昌郡	宋文帝元嘉十六（439）年立
	綏建郡	宋文帝元嘉十三（436）年立
	宋熙郡	宋文帝元嘉十八（441）年立
	樂昌郡	宋武帝（420～422）時置〔註10〕
合計十郡	合計十八郡	

漢代以降，廣州地區南海郡的番禺，已成爲嶺南地區最重要的商業城市之一。《史記‧貨殖列傳》對當時番禺的商業貿易情形有明確的描述：

> 九疑、蒼梧以南至儋耳者，與江南大同俗，而楊越多焉。番禺亦其
>
> 一都會也，珠璣、犀、瑇瑁、果、布之湊。〔註11〕

足見番禺早在西漢時期即已成爲嶺南地區的經濟中心之一，司馬遷將番禺與其他的區域經濟中心並列，足見其重要性。番禺因擁有良好的地理位置及交通條件，並且因航海技術的進步及越洋航路的逐漸形成等因素，〔註12〕番禺在魏晉南北朝時期已逐漸發展成爲嶺南地區最大的貿易港口。

第二節　農業的發展

廣州地區在地形上主要包括廣東丘陵、珠江三角洲、廣西盆地及兩廣南側斜坡等數種地形，〔註13〕北回歸線橫跨本區，全區可分爲亞熱帶及熱帶氣候。珠江爲本區主要的河川，東江、西江及北江爲其主要支流，其流域可以說涵蓋了整個廣州地區，珠江流域內高溫多雨，植被覆蓋良好，因此珠江的

〔註10〕 參見徐文范，《東晉南北朝輿地表》，卷5，收入《二十五史補編》，頁6789。

〔註11〕 司馬遷（漢）撰，《史記》（臺北，鼎文書局，民國75年），卷129，〈貨殖列傳〉，頁3268。

〔註12〕 廖幼華指出，因三國以後越洋航路的逐漸形成，自此「大型船舶逐漸捨棄沿海航線，轉走新的南海航線，自此廣州取代徐聞，成爲嶺南最大的貿易港口」，參見廖幼華，〈唐宋之際北部灣沿海交通發展〉，載《白沙歷史地理學報》，第7期（2009年4月），頁5。

〔註13〕 任德庚，《中國地理》（臺北，東大圖書有限公司，民國83年），上冊，頁166～167。

河道變遷幅度及機率均較黃河爲小。〔註 14〕如南海郡所在的珠江三角洲，是由北江、東江及西江沖積而成的平原，是南方面積最大的平原，且在北回歸線以南，屬熱帶季風型氣候。〔註 15〕因此夏季雨季長，冬季均溫約在攝氏 20度以上，〔註 16〕可以說四季均有利於農作物的生長，加上珠江在入海分流甚多，因此珠江三角洲形狀成蛛網狀，有利於灌溉及通航。

　　廣州地區由於東漢以來農業技術的發展，至劉宋時已有相當程度的進步，廣州的南海郡地區，同時又擁有適合農作物生長的氣候（熱帶季風型氣候）及地形因素，因此農業發展較廣州其他地區更爲進步。

　　劉宋時期廣州地區農業的發展，主要在農業生產技術的進步方面，其中以使用牛耕較爲重要。古代的耕田向以人力爲主，採用牛耕技術，可大幅提高產量，間接亦可降低生產成本。據考古資料顯示，在佛山瀾石東漢墓中就已發現了陶製水田犁鏵模型，〔註 17〕發掘報告認爲該件水田模型田中已有肥堆，說明已使用底肥，另收稻與種稻同時進行，說明應已實施二造制。〔註 18〕

　　佛山地屬南海郡地區，足見早在東漢時期，廣州地區農業耕作技術已有相當進步。有學者並據此陶製水田犁鏵模型模型推測已有使用牛耕的情形，〔註19〕不過當時牛耕技術是否僅侷限於南海郡一帶地區，或已推廣至鄰近地區，因受限於資料不足，尚未能斷言。由於古代農業生產主要靠人力，而利用牛耕可提高生產力，因此牛耕的普及對於廣州地區農業生產有相當大的貢獻。

　　從考古發現的多件陶製水田模型，〔註 20〕可知在東漢以後，在今廣東部

〔註14〕　陳代光，《中國歷史地理》（廣州，廣東高等教育出版社，1997 年），頁 74～75。

〔註15〕　任德庚，《中國地理》，上冊，頁 166。

〔註16〕　任德庚，《中國地理》，上冊，頁 166。

〔註17〕　參見廣東省文物管理委員會，〈廣東佛山市郊瀾石東漢墓發掘報告〉，《考古》，1964 年第 9 期，頁 448～457。

〔註18〕　參見廣東省文物管理委員會，〈廣東佛山市郊瀾石東漢墓發掘報告〉，《考古》，1964 年第 9 期，頁 457。

〔註19〕　參見廣東省文物管理委員會，〈廣東佛山市郊瀾石東漢墓發掘報告〉，《考古》，1964 年第 9 期，頁 455～456 及司徒尚紀，〈歷史時期廣東農業區的形成、分佈和變遷〉，《中國歷史地理論叢》，1987 年第一輯，頁 79。

〔註20〕　參見向安強、張巨保，〈淺論廣東出土的漢晉水田模型〉，《農業考古》，2007 年第一期，頁 60～61 概述。水田模型圖版見該文頁 63～65，該文所列水田模型共 7 件，其中東漢水田模型 2 件，西晉時期 3 件，東晉時期 2 件，顯見漢晉時期嶺南地區的農業生產技術有所提高。

分地區，已逐漸脫離司馬遷《史記‧平準書》所說的「火耕水耨」〔註21〕的原始耕種方式，尤其是南海郡的番禺一帶地區，已逐漸掌握秧苗移植、牛耕、施肥，〔註22〕以及「一年兩造的精耕細作」〔註23〕等較先進的耕作技術，這些耕作技術的改良對於水稻生產量的提升，無疑是有正面的作用。有學者認爲在嶺南地區以北，僅有個別地區因特殊情形可以施行複種水稻，〔註24〕而在嶺南地區因屬亞熱帶氣候，因此水稻複種的可能性大爲提高，且亦舉水稻複種的實例加以佐證。〔註25〕

在經濟作物方面，據記載早在漢代時期，南海郡的番禺一帶，已有龍眼及荔支（枝）的生產。《漢書‧地理志》云：

> 處近海，多犀、象、毒冒、珠璣、銀、銅、果、布之湊，中國往商
> 賈者多取富焉。番禺，其一都會也。〔註26〕

「果」一項，韋昭注曰「果謂龍眼、離支之屬」，〔註27〕足見在西漢時期，以番禺爲中心的南海郡地區，龍眼、離支的生產已受到重視。《後漢書》，卷四，〈孝和孝殤帝紀〉注引《交州記》云：「龍眼樹高五六丈，似荔支而小」。〔註28〕而《後漢書‧孝和孝殤帝紀》注引《廣州記》則進一步說明：龍眼「子似荔支而員，七月熟」。〔註29〕而荔枝的情形則是：

> 荔支樹高五六丈，大如桂樹，實如雞子，甘而多汁，似安石榴。有

〔註21〕 《史記‧平準書》云「是時山東被河菑，及歲不登數年，人或相食，方一二千里。天子憐之，詔曰：『江南火耕水耨，令飢民得流就食江淮閒，欲留，留處。』遣使冠蓋相屬於道，護之，下巴蜀粟以振之」。火耕水耨，【集解】應劭注曰：「燒草，下水種稻，草與稻並生，高七八寸，因悉芟去，復下水灌之，草死，獨稻長，所謂火耕水耨也。」見《史記》，卷30，〈平準書〉，頁1437。又《漢書‧地理志》云：「楚有江漢川澤山林之饒；江南地廣，或火耕水耨。民食魚稻，以漁獵山伐爲業，果蓏蠃蛤，食物常足」，見班固（漢）等撰，《漢書》（臺北，鼎文書局，民國80年），卷28下，〈地理志〉，頁1666。

〔註22〕 參見向安強、張巨保，〈淺論廣東出土的漢晉水田模型〉，《農業考古》，2007年第一期，頁60～62。

〔註23〕 向安強、張巨保，〈淺論廣東出土的漢晉水田模型〉，頁62。

〔註24〕 張澤咸，〈試論漢唐間的水稻生產〉，載《文史》，第十八輯，頁57。

〔註25〕 張澤咸，〈試論漢唐間的水稻生產〉，載《文史》，第十八輯，頁56～57。

〔註26〕 《漢書》，卷28，〈地理志〉，頁1670；「毒冒」《史記‧貨殖列傳》作「瑇瑁」，見《史記》，卷129，〈貨殖列傳〉，頁3268，即今日之玳瑁。

〔註27〕 《漢書》，卷28，〈地理志〉，頁1670。

〔註28〕 范曄（南朝宋）、司馬彪（西晉）等撰，《後漢書》（臺北，鼎文書局，民國66年），卷4，〈孝和孝殤帝紀〉注引《交州記》，頁194。

〔註29〕 《後漢書》，卷4，〈孝和孝殤帝紀〉注引《廣州記》，頁194。

甜醋者，至日禺中，翕然俱赤，即可食。〔註30〕

東漢以降，包括魏晉南北朝時期乃至隋唐時期，廣州生產的荔支仍頗負盛名。〔註31〕據《番禺雜記》載「犍為、樊道、廣南，荔枝熟時，百鳥肥。其名上曰焦核小；次曰春花；次曰胡偈，此三種為美。次鱉卵大而酸，以為鹽和。率生稻田間。」，〔註32〕足見荔支已有許多品種。而廣州地區龍眼及荔枝等熱帶水果的生產，應已上軌道，唯應以野生樹為主，是否有人工種植的情形，擬於日後再作進一步研究。

第三節　手工業的發展

廣州地區的礦藏豐富，尤富於金、銀，銅的產量亦不在少數，故金屬製造業如冶金業及鑄錢業等均相當發達，此外製鹽業、紡織業及造船業等亦有相當程度的發展。

一、冶金業

早在東漢時期，廣州地區的當地土著即已具有良好的鑄銅技術，如《後漢書‧馬援傳》注引《裴氏廣州記》云：

> 俚獠鑄銅為鼓，鼓唯高大為貴，面闊丈餘。初成，懸於庭，尅晨置酒，招致同類，來者盈門。豪富子女以金銀為大釵，執以叩鼓，叩竟，留遺主人也。〔註33〕

從廣州的當地土著鑄銅為鼓，面積寬達丈餘，以當時的技術水準而言，其製作技術已具有相當的水準。《隋書‧食貨志》亦有類似記載，其云：「並鑄銅為大鼓，初成，懸於庭中，置酒以招同類。來者有豪富子女，則以金銀為大釵，執

〔註30〕《後漢書》，卷4，〈孝和孝殤帝紀〉注引《廣州記》，頁194。
〔註31〕劉恂，《嶺表錄異》稱荔枝為「南中之珍果」，並云「其高、新州與南海產者最佳」，見劉恂（唐）撰，魯迅校勘，《嶺表錄異》（廣東，廣東人民出版社，1983年），卷中，頁62。另據《新唐書‧地理志》記載廣州土貢中，亦有「荔支」一項，見《新唐書》，卷43上，〈地理志〉，頁1095。唐玄宗時，楊貴妃好食荔枝，《唐國史補》，卷上，頁19云「南海所生，尤勝蜀者，故每歲飛馳以進，然方暑而熟，經宿則敗，後人皆不知之」，見李肇（唐）撰，《唐國史補》（臺北，世界書局，民國80年），卷上，頁19。
〔註32〕鄭熊（唐）撰，陶宗儀（元）輯，《番禺雜記》，收入《歷代嶺南筆記八種》（廣州，廣東人民出版社，2011年），頁35。
〔註33〕《後漢書》，卷24，〈馬援列傳〉，頁841注引《裴氏廣州記》。

以叩鼓，竟乃留遺主人，名爲銅鼓釵。」〔註34〕足見自東漢至魏晉南北朝時期，土著仍保有鑄大銅鼓的習俗，因此廣州地區的製銅業應有持續的發展。

　　嶺南地區素以盛產金、銀著稱，前述《後漢書·馬援傳》云：「豪富子女以金銀爲大釵」，〔註35〕能以貴金屬的金、銀製成大釵，並且還留給主人，足見嶺南地區金銀產量肯定不少。另據《始興記》載：「冷君西北有小首山，元嘉元年夏，霖雨山崩，自顚及麓；崩處有光耀，有若晨星焉，居人聚觀皆是銀礫，鑄得銀也」，〔註36〕足見銀礦礦脈並非很深，開採並不困難；且當時始興郡有銀民三百餘戶負責開採銀礦，〔註37〕足見銀的生產量不在少數。並且史載至蕭梁初「交、廣之域，全以金銀爲貨」，〔註38〕廣州地區能以金銀爲主要交易媒介，足見金、銀生產量不在少數。

二、製鹽業

　　食鹽生產方面，在井鹽、池鹽、海鹽等三大類中，其中以海鹽的產量最大。當時沿海地區大都生產海鹽，今日長江以南的江蘇、浙江、福建及廣東等沿海地區是主要產區。而嶺南地區地處於沿海地區，故亦有相當數量的食鹽生產。廣州地區所生產的食鹽屬海鹽，早在漢代番禺即設有鹽官，據《漢書》，卷二十八下，〈地理志〉的記載：

> 南海郡，秦置。秦敗，尉佗王此地。武帝元鼎六年開。屬交州。戶萬九千六
> 百一十三，口九萬四千二百五十三。有圓羞官。縣六：番禺，尉佗都。
> 有鹽官。〔註39〕

番禺約爲廣州地區，足見番禺的食鹽生產量相當大，漢廷才會專門設置鹽官來管理。《宋書·州郡志·廣州》云：「東官太守，何志〔註40〕故司鹽都

〔註34〕《隋書》，卷31，〈地理志〉，頁888。
〔註35〕《後漢書》，卷24，〈馬援列傳〉，頁841注引《裴氏廣州記》。
〔註36〕王韶之（劉宋）撰，曾釗輯（清）輯，《始興記》，收入《歷代嶺南筆記八種》，頁29。
〔註37〕《宋書》，卷92，〈良吏·徐豁傳〉，頁2266。
〔註38〕《隋書》，卷24，〈食貨志〉，頁689。
〔註39〕《漢書》，卷28下，〈地理志〉，頁1628。
〔註40〕「何志」係指何承天的《宋書》；沈約撰《宋書》，得力於先前已有的二部《宋書》，其一是何承天的《宋書》，另一部則是徐爰的《宋書》，沈約又加以考證，因此文中常有何志云云等語。其成書過程參見胡阿祥，《宋書州郡志匯釋》，〈代序〉，頁1～12。

尉，晉成帝立爲郡」〔註41〕，「司鹽都尉」這一官職除《宋書》外，僅見於《魏書》、〔註42〕《晉書》〔註43〕及《通典》，〔註44〕其中《通典‧職官典》列爲晉官品，〔註45〕因此司鹽都尉這一官職應爲晉、劉宋間之負責鹽務的官職，且東官郡是由南海郡析出，足見南海郡所轄地區，從西漢時期到劉宋時期長期生產食鹽。

三、紡織業

《史記‧貨殖列傳》云：「番禺亦其一都會也，珠璣、犀、瑇瑁、果、布之湊」，〔註46〕其中所提及的「布」一項，未能確認是那一種布。《漢書‧地理志》云：「處近海，多犀、象、毒冒、珠璣、銀、銅、果、布之湊，中國往商賈者多取富焉。番禺，其一都會也」，〔註47〕其中「布」一項，韋昭注云「布，葛布也」〔註48〕，顏師古注云「謂諸雜細布皆是也」，〔註49〕足見應以葛布爲主的細布之類。廣州地區還有木綿布，木綿布據晉時顧微撰《廣州記》載「蠻夷不蠶，採木棉爲絮」，〔註50〕是說當地土著不養蠶取絲，而以木綿所織成的布爲衣。除木綿布外，當時一般百姓主要常穿用的衣服以是葛布或麻布爲主，當時廣州地區民間衣著亦應以葛布或麻布所製成的衣服爲主。

〔註41〕 見《宋書》，卷38，〈州郡志‧廣州〉，頁1199，本段校記注云「『司鹽都尉』各本並作『司監都尉』。張森楷《校勘記》云『司監都尉官不經見，疑是司鹽都尉之誤』，按張校是。《通典‧職官典‧晉官品》有司鹽都尉，今訂正」。

〔註42〕 據《魏書‧官氏志》，司鹽都尉官品爲第五品中，參見魏收（北齊）撰，《魏書》（臺北，鼎文書局，民國82年），卷113，〈官氏志〉，頁2985。

〔註43〕 《晉書》，卷76，〈王舒附子允之傳〉，頁2002及《晉書》，卷29，〈五行志〉，頁877。

〔註44〕 杜佑（唐）撰，王文錦等點校，《通典》（北京，中華書局，1992年），卷37，〈職官典〉，頁1005。

〔註45〕 司鹽都尉官品列在第六品，見《通典》，卷37，〈職官典〉，頁1005。

〔註46〕 《史記》，卷129，〈貨殖列傳〉，頁3268。

〔註47〕 《漢書》，卷28，〈地理志〉，頁1670。

〔註48〕 《漢書》，卷28，〈地理志〉，頁1670。

〔註49〕 《漢書》，卷28，〈地理志〉，頁1670。

〔註50〕 顧微（晉）撰，陶宗儀輯（元），楊偉群點校，《廣州記》，收入《歷代嶺南筆記八種》，頁4。現代意義的「綿」，古書多稱「古貝」，還有一種木綿也可製作衣服。中國古代本無現代意義的綿花，應從新疆及印度等地傳入。從印度等地傳入時間點約在五代宋初，《廣州記》所載主要是晉代之情形，因此此處所指應是木綿，而非現代意義的綿花。此觀點感謝廈門大學鄭學檬教授惠賜卓見。

　　三國時士燮據有交、廣之地，士燮每遣使詣權「致雜香細葛，輒以千數。明珠、大貝、流離、翡翠、瑇瑁、犀、象之珍，奇物異果，蕉、邪、龍眼之屬，無歲不至」，[註51] 士燮每年致送孫權的物品中有「細葛」一項，足見當時所產的葛布已相當精緻。史稱劉宋時「廣州嘗獻入筒細布，一端八丈，帝惡其精麗勞人，即付有司彈太守，以布還之，幷制嶺南禁作此布」。[註52] 足見廣州地區的紡織業亦有相當進步，才能貢獻如此「精麗勞人」的入筒細布。蕭梁時鄱陽郡王蕭恢除郢州刺史，「時有進筒中布者，恢以奇貨異服，即命焚之」，[註53] 筒中布是一種纖美柔軟的精細麻布，[註54] 當時筒中布作為精美的禮品用來贈送。左思的《蜀都賦》中有「黃潤比筒，籯金所過」[註55] 之語，以一籯之金，比喻筒中布的價值，其珍貴可見一斑。至於黃潤，李善注云：「謂筒中細布也，司馬相如〈凡將篇〉曰『黃潤纖美，宜制褌』，褌即褲子，揚雄〈蜀都賦〉亦云『筒中黃潤，一端數金』」，[註56] 足見筒中布的價值甚高。

四、造船業

　　廣州地區的番禺由於緊臨大海，且在三國以後逐漸成為南方最重要的貿易港口，因此造船業相當發達。據考古資料顯示，在今廣州市曾發掘出秦代造船遺址，[註57] 且造船木料加工場地的面積相當大，[註58] 足見早在秦代，番禺的造船業就已萌芽。三國時期孫吳的主要造船地除建安郡 [註59] 外，尚有南海郡番禺縣（今廣州市）、臨海郡永寧縣（今浙江溫州）及橫嶼船屯（今

〔註51〕《三國志》，卷49，〈士燮傳〉，頁1192～1193。

〔註52〕李延壽（唐）撰，《南史》（北京，中華書局，1992年），卷1，〈宋本紀上〉，頁28。

〔註53〕李延壽（唐）撰，《南史》，卷52，〈梁宗室下・鄱陽忠烈王恢傳〉，頁1295。

〔註54〕見高敏主編，《魏晉南北朝經濟史》（上海，上海人民出版社，1996年），頁873。

〔註55〕蕭統（南朝梁）編，李善（唐）注，《文選》（臺北，華正書局，民國73年），卷4，頁79上。

〔註56〕《文選》，卷4，頁79上。

〔註57〕南越王宮博物館籌建處，〈廣州秦代造船遺址第三次發掘〉，收入廣州省文物局、廣東省文物考古研究所及廣州市文物考古研究所等編，《廣東文物考古三十年》（廣州，暨南大學出版社，2009年），頁277～285。

〔註58〕越王宮博物館籌建處，〈廣州秦代造船遺址第三次發掘〉，收入廣州省文物局、廣東省文物考古研究所及廣州市文物考古研究所等編，《廣東文物考古三十年》，頁279。

〔註59〕參見《三國志》，卷48，〈三嗣主傳〉，頁1170及《三國志》，卷53，〈張紘傳〉，頁1246。

浙江平陽）等地。〔註 60〕史載孫吳因造船業的發達及軍用及民生的需求，船隻甚多，到孫皓降晉時仍有船隻五千餘艘，〔註 61〕足見番禺等造船基地，製造船隻的數量應爲數不少。

劉宋時盧循欲自番禺北上攻南康及豫章諸郡等地，其將徐道覆即先於南康山（大庾嶺附近）伐船材，待「船材大積」〔註 62〕後，即「悉取以裝艦，旬日而辦」，〔註 63〕史云盧循軍「別有八艚艦九枚，起四層，高十二丈」、〔註 64〕「戰士十餘萬，舟車百里不絕，樓船高十二丈」，〔註 65〕其中部分樓船有四層，且高達十二丈，要製造如此大型船隻，應有相當的技術及合宜的木材方可行，並且從前述徐道覆大造船艦來看，其中部分船隻應在嶺南地區所造。

五、鑄錢業

據考古資料顯示，在今天廣州市附近，發掘出三國時期的錢幣窖藏，此窖藏錢幣達 3,000 枚之譜，不但錢幣數量大，並且所出土的錢幣，從漢代的五銖錢到三國時期的吳、蜀國鑄錢等多種錢幣都包括在內，〔註 66〕側面顯示雖嶺南地區主要以金、銀爲交易媒介，然廣州地區從漢代以來至三國時期，錢幣仍有相當的流通量。同時研究者也認爲從窖藏的大量五銖錢，以及大量五銖錢的隨葬始自西漢後期，到東漢時期達於高峰，顯示「五銖錢的一部分可能來自於本地區」，〔註 67〕並且筆者認爲雖番禺地區尚未發現唐代以前的鑄錢遺址，但從該窖藏的出土錢幣，幾乎涵蓋三國時期吳、蜀國所生產的所有錢幣種類，並且少見於他處的「大泉二千錢」，該窖藏至少 359 枚來看，〔註 68〕

〔註60〕 張大可，〈論孫吳政權對江南的開發〉，載氏著，《三國史研究》（甘肅人民出版社，1994 年），頁 306。

〔註61〕 《三國志》，卷 48，〈三嗣主傳第三〉裴注引《晉陽秋》，頁 1177。

〔註62〕 《資治通鑑》，卷 115，〈晉紀三七〉，安帝義熙六年（410）八月，頁 3628。

〔註63〕 《資治通鑑》，卷 115，〈晉紀三七〉，安帝義熙六年（410）八月，頁 3628。

〔註64〕 《宋書》，卷 1，〈武帝紀〉，頁 18，

〔註65〕 《資治通鑑》，卷 115，〈晉紀三七〉，安帝義熙六年（410）八月，頁 3632。

〔註66〕 廣州市文物考古研究所，〈廣州市西湖路三國錢幣窖藏和唐代鑄幣遺址〉，收入廣州省文物局、廣東省文物考古研究所及廣州市文物考古研究所等編，《廣東文物考古三十年》，頁 457～461。

〔註67〕 廣州市文物考古研究所，〈廣州市西湖路三國錢幣窖藏和唐代鑄幣遺址〉，頁 463。

〔註68〕 廣州市文物考古研究所，〈廣州市西湖路三國錢幣窖藏和唐代鑄幣遺址〉，頁 461。

在番禺有設鑪鑄錢的可能性大為增加。

第四節　交通運輸、商業發展及戶口變化

　　廣州地區南海郡的番禺位於珠江三角洲上，不僅緊臨大海，並且位於西江、東江及北江之交會點，〔註69〕故區域內及對外交通均十分便捷。在伯希和所著的《交廣印度兩道考》一書中認為，交州在兩漢及魏晉南北朝時期，長期為遠洋航行之終點站，〔註70〕而降至唐代，交州的地位，則可以說大部分由鄰近的廣州所取代，因「航舶漸取直接航線徑赴中國，交州之地位，遂終為廣州所奪。七世紀時如義淨等即在廣州登舶，然其間興替不無競爭也」，〔註71〕番禺經魏晉南北朝時期的逐步發展，可以說在唐初已取代交州的海上絲路終點站地位，因而一躍而成為當時第一大外貿港口。

　　其實這段過程是逐步演變而非一蹴可及，據學者研究在三國時期以後由於越洋航路的逐漸形成，〔註72〕以及伴隨著航海技術及船隻的穩定度增加，外舶已漸漸將停靠港從徐聞等地改為番禺，番禺因此而海舶大集，商業貿易十分繁榮。從史籍及考古資料顯示，劉宋時期廣州地區不但藉由番禺與南海諸國進行貿易，關係十分密切，與波斯等西亞諸國也有貿易往來。〔註73〕

　　除前述航路的改變，影響了外舶到番禺的數量外，復因魏晉南北朝時期陸上絲路因諸多政權割據及戰亂不休而受到阻礙，因此海上絲綢之路乃逐漸取而代之。〔註74〕番禺受惠於海上絲綢之路興起，在魏晉南北朝時期，番禺又逐漸取代交趾長期作為遠洋航行的終點站位置，因此番禺的商業貿易乃日趨繁榮。

　　劉宋時期廣州地區由於番禺的海外貿易興盛，從而帶動了鄰近地區經濟的持續發展，因此戶口也有增加的趨勢。劉宋時期廣州地區的郡數，已由晉

〔註69〕　見張澤咸，《唐代工商業》（北京，中國社會科學出版社，1995年），頁224。
〔註70〕　參見伯希和（法）著，馮承鈞譯，《交廣印度兩道考》（北京，中華書局，2003年），頁184，上卷，陸道考，「交廣之興替」一節詳論。
〔註71〕　伯希和（法）著，馮承鈞譯，《交廣印度兩道考》，頁184。
〔註72〕　參見廖幼華，〈唐宋之際北部灣沿海交通發展〉，載《白沙歷史地理學報》，第7期（2009年4月），頁5及李孝聰，《中國區域歷史地理》（北京，北京大學出版社，2009年），頁375。
〔註73〕　番禺的海外貿易情形，參見本節的第二小節「廣州地區的商業貿易」詳論。
〔註74〕　參見關履權，《宋代廣州的海外貿易》（廣州，廣東人民出版社，2013年），「宋代以前廣州的海外貿易」一節，頁31～32。

時的 10 郡增爲 18 郡，〔註75〕所增加的 8 郡，其中大部分爲舊郡析置，也有部分郡爲新設。

　　本節將對廣州地區的交通路線及交通運輸情形、商業貿易及區域內戶口的變化及分佈等課題進行論述。

一、廣州地區的交通運輸

　　廣州南海郡的番禺，擁有極爲優越的地理位置，且番禺港在城南不僅可以珠江與腹地連結，且海潮可直入港內，兼有河港與海港之利。〔註76〕對於廣州、交州與寧州間的交通情形，史載三國時交州牧陶璜上言敘之其詳，其云：

> 交、廣東西數千里，不賓屬者六萬餘戶，至於服從官役，纔五千餘
> 家。二州脣齒，唯兵是鎮。又，寧州諸夷，接據上流，水陸並通，
> 僕水、葉榆水、勞水、橋水皆出寧州界，入交、廣界。又霍弋自寧州遣楊稷等經略
> 交、廣，是水陸並通也。〔註77〕

史云廣州和寧州間的交通是「水陸並通」，〔註78〕足見廣州與上游寧州間的交通運輸均十分便捷，在與淮南地區的交通運輸情形，劉宋時詩人鮑照的《蕪城賦》云「灂池平原，南馳蒼梧漲海，北走紫塞鴈門」，〔註79〕文中所提及的漲海即緊臨番禺的大海，可見與廣陵間亦維持著交通往來。

　　珠江是廣州地區的主要河川，其主要支流有鬱水（西江）、溱水（北江）及涅水（東江）等。鬱水發源於寧州西平郡附近，於南海郡番禺附近入海。鬱水的主要支流有侵離水、〔註80〕牂柯水、潭水及灘水等；鬱水及其支流，連通了廣州西部地區的晉興、寧浦、鬱林、桂林、永平、蒼梧及南海等郡。南海郡的番禺可以說是廣州地區水上交通的樞紐，如番禺可由溱水〔註81〕（北

<hr>

〔註75〕　參見《晉書》，卷 15，〈地理志·廣州〉，頁 466～468 及《宋書》，卷 38，〈州郡志〉，頁 1189～1204。

〔註76〕　參見王元林，《國家祭祀與海上絲路遺跡——廣州南海神廟研究》（北京，中華書局，2006 年），頁 94。

〔註77〕　司馬光（宋）等撰，胡三省（元）注，《資治通鑑》（臺北，世界書局，民國 63 年），卷 81，〈晉紀三〉，武帝太康元年（280）冬十月，頁 2575。

〔註78〕　《資治通鑑》，卷 81，〈晉紀三〉，武帝太康元年（280）冬十月，頁 2575。

〔註79〕　鮑照（南朝宋），《蕪城賦》，收入《文選》，卷 11，頁 166 下。

〔註80〕　酈道元（北魏）注，楊守敬、熊會貞（清）疏，段熙仲點校，陳橋驛復校，《水經注疏》（江蘇古籍出版社，1986 年），卷 40，〈侵離水〉，頁 3340。

〔註81〕　酈道元（北魏）注，楊守敬、熊會貞（清）疏，段熙仲點校，陳橋驛復校，《水經注疏》，卷 38，〈溱水〉，頁 3174～3189。

江）北連始興郡，亦可由涅水（東江）聯絡東官郡；由於番禺位於上述西江、北江及東江三江的會合點，因此可說是整個廣州地區交通上的樞紐。

再者，蒼梧郡則可北由零渠（靈渠）通於湘水，零渠開鑿於秦始皇時期，秦始皇在統一六國後，爲運送所需的軍隊和物資，便命史祿開鑿河渠以溝通長江水系的湘水、和珠江水系的灕水，〔註82〕《水經注》載湘水、灕水二水爲同源。〔註83〕零渠在秦始皇二十三年（前 215 年）修成後，就一直是嶺南地區往北及嶺北通往嶺南地區的交通要道。

在海上交通方面，自三國以來由於航海技術的逐漸成熟，軍事行動常走海道到達目的地，〔註84〕如孫皓在建衡元年（269）十一月「遣監軍虞汜、威南將軍薛珝、蒼梧太守陶璜由荊州，監軍李勗、督軍徐存從建安海道，皆就合浦擊交趾」，〔註85〕建安郡在今福建地區，合浦在雷州半島之西，可以說已有相當的距離。劉宋時期劉裕遣將從海道攻廣州，其距離較孫皓時由建安進攻合浦尤遠。《宋書》，卷一，〈武帝紀〉云：

> 公還東府，大治水軍，皆大艦重樓，高者十餘丈。……初循之走也，公知其必寇江陵，登遣淮陵內史索邈領馬軍步道援荊州。又遣建威將軍孫季高率眾三千，自海道襲番禺。……循廣州守兵，不以海道爲防。是月，建威將軍孫季高乘海奄至，而城池峻整，兵猶數千。
>
> 季高焚賊舟艦，悉力而上，四面攻之，即日屠其城。〔註86〕

此條史料並未說明孫季高（孫處）水軍是由何處出發，據《資治通鑑》載「劉裕還東府，胡注：盧循退，裕乃還東府。大治水軍，遣建威將軍會稽孫處、振武將軍沈田子帥眾三千自海道襲番禺。」〔註87〕東府，據胡注係位在建康臺城之東，〔註88〕足見當時建威將軍孫季高應是從建康出長江，再走海路南下進攻

〔註82〕 參見酈道元（北魏）注，楊守敬、熊會貞（清）疏，段熙仲點校，陳橋驛復校，《水經注疏》，卷38，〈灕水〉，頁3165 注載全云：「其必引湘水而通之灕者，秦史祿運漕之故也」。

〔註83〕 酈道元（北魏）注，楊守敬、熊會貞（清）疏，段熙仲點校，陳橋驛復校，《水經注疏》，卷38，〈湘水〉，頁3121。

〔註84〕 不過衡量當時的船隻結構和航海技術，較遠程的海上航行應以沿岸的方式航行。

〔註85〕 見《三國志》，卷48，〈孫皓傳〉，頁1167。

〔註86〕 《宋書》，卷1，〈武帝紀〉，頁21～22。

〔註87〕 《資治通鑑》，卷115，〈晉紀三七〉，安帝義熙六年（410）八月，頁3636。

〔註88〕 《資治通鑑》，卷104，〈晉紀二六〉，孝武帝太元二年（377）十月壬寅條胡注，頁3284。

廣州，〔註89〕《宋書‧孫處傳》載高祖劉裕表曰：「季高汎海萬里，投命洪流，波激電邁，指日遄至，遂奄定南海，覆其巢窟，使循進退靡依，輕舟遠迸，曾不旬月，妖凶殲殄」。〔註90〕

查《宋書‧武帝紀》及《資治通鑑‧晉紀》，劉裕在八月還東府，大治水軍，並遣孫處從海道襲番禺，十一月時抵番禺，即日攻下番禺。雖未能確定孫處的出發時間，不過以劉裕所言「大軍十二月之交必破妖虜，卿至時，先傾其巢窟，使彼走無所歸也」，〔註91〕孫處應是在八月即出長江走海道，因此算起來至少花了二個月始抵番禺。若孫處由建康泛長江走贛水、越大庾嶺經韶州抵廣州，所費時日亦相當可觀，〔註92〕且極有可能還會讓盧循得到消息，遣軍回防。因此走海道的主要目的，應是出其不意進佔盧循老巢，爲避免打草驚蛇，才未走較穩妥的長江及贛水等水路；復因盧循軍未料想到晉軍會從海上進攻，未有準備而取得勝利。

從前述二例可以看出，雖當時仍可能是使用沿岸航行的方式到達廣州地區，但也可見當時航海及造船技術已較前有所進步，才會選擇以海道進軍，同時也顯示近海航行已逐漸成爲可選擇的交通方式之一。

在三國時期以後，由於越洋航路的逐漸形成，致使船舶的航行路線改變，〔註93〕廣州的番禺對外貿易的地位逐漸上升，並漸漸取代龍編，成爲最重要的對外貿易港口。

二、廣州地區的商業貿易

在商業貿易方面，在魏晉南北朝時期，廣州地區的商業貿易已逐步有相當的發展。二國時期孫吳與曹魏雖屬敵國，但吳與魏間仍存在大宗貿易，如《三國志‧吳志‧吳主傳》載：「魏使以馬求珠璣、翡翠、瑇瑁，權曰：『此

〔註89〕 考量到當時的船舶在海上航行的穩定性及航海技術尚未成熟，孫處所率船隻應是以沿岸方式航行。

〔註90〕 《宋書》，卷49，〈孫處傳〉，頁1436。

〔註91〕 《資治通鑑》，卷115，〈晉紀三七〉，安帝義熙六年（410）八月，頁3637。

〔註92〕 因即使到了唐代，大庾嶺路重修後，據李翱〈來南錄〉記載這段路程仍約需二個月，見董誥（清）等編，《全唐文》（上海，上海古籍出版社，1993年），卷638，李翱，〈來南錄〉，頁2853下～2854上。

〔註93〕 廖幼華氏指出，因三國以後越洋航路的逐漸形成，自此「大型船舶逐漸捨棄沿海航線，轉走新的南海航線，自此廣州取代徐聞，成爲嶺南最大的貿易港口」，參見廖幼華，〈唐宋之際北部灣沿海交通發展〉，頁5。

皆孤所不用，而可得馬，何苦而不聽其交易？』」，〔註 94〕而文中所提及的珠璣、翡翠、瑇瑁，從《史記‧貨殖列傳》〔註 95〕及《隋書‧食貨志》云「又嶺外酋帥，因生口、翡翠、明珠、犀象之饒，雄於鄉曲者，朝廷多因而署之，以收其利。歷宋、齊、梁、陳，皆因而不改」〔註 96〕等記載來看，大部分爲來自海外的珍貨，〔註 97〕足見從番禺輸入的舶來品已成爲吳魏間貿易的重要商品。當時吳國及魏國間私人貿易雖屬非法，但吳國及魏國間官方及私人互市卻未曾中斷。〔註 98〕

東晉時廣州地區的商業貿易有進一步發展，當時南海郡的番禺是「包帶山海，珍異所出，一篋之寶，可資數世」，〔註 99〕所述「一篋之寶，可資數世」等語，是形容廣州因海外貿易因素，故珍寶甚多，雖稍嫌誇大，然也是當時番禺乃至南海郡商業貿易繁榮的寫照。《南齊書‧州郡志》亦云：「廣州，鎮南海，濱際海隅，……捲握之資，富兼十世，尉他（佗）餘基，亦有霸迹」，〔註 100〕所言「富兼十世」，雖稍嫌誇大，卻足以說明當時已然相當富庶。《南齊書‧王琨傳》亦載劉宋時王琨：

> 出爲持節、都督廣、交二州軍事，建威將軍，平越將軍，平越中郎〔將〕，廣州刺史。南土沃實，在任者常致巨富，世云「廣州刺州但經城門一過，便得三千萬」也。琨無所取納，表獻祿俸之半。〔註 101〕

足見劉宋時期，因「南土沃實，在任者常致巨富」，〔註 102〕足見廣州刺史已成爲收入豐厚的官職，王琨卻一介不取，堪爲官吏表率。

在南北分立時期越境互市是違法的，但經過政府同意也可以經商往來，〔註 103〕尤其統治階級對於「南貨」的需求可謂未曾中斷，史載北魏「又

〔註 94〕《三國志》，卷 47，〈吳主傳〉，頁 1141。

〔註 95〕《史記‧貨殖列傳》云：「番禺亦其一都會也，珠璣、犀、瑇瑁、果、布之湊」，見《史記》，卷 129，〈貨殖列傳〉，頁 3268。

〔註 96〕見《隋書》，卷 24，〈食貨志〉，頁 673。

〔註 97〕雖珍珠大部分爲海外貿易所得，但據《廣州記》載：「海中有大珠，明月珠、水精珠」，顧微（晉）撰，陶宗儀輯（元），楊偉群點校，《廣州記》，收入《歷代嶺南筆記八種》，頁 3，足見廣州亦有珍珠之生產。

〔註 98〕馬植杰，《三國史》（北京，人民出版社，1994 年 1 月），頁 271。

〔註 99〕《晉書》，卷 90，〈良吏‧吳隱之傳〉，頁 2341。

〔註 100〕《南齊書》，卷 14，〈州郡志〉，頁 262。

〔註 101〕《南齊書》，卷 32，〈王琨傳〉，頁 578。

〔註 102〕《南齊書》，卷 32，〈王琨傳〉，頁 578。

〔註 103〕韓國磐，《南北朝經濟史略》（廈門，廈門大學出版社，1990 年），頁 323。

於南垂立互市，以致南貨，羽毛齒革之屬無遠不致」，〔註104〕足見北魏的立互市主要是對「南貨」有所需求。三國時期魏國所要求的「珠璣、翡翠、瑇瑁」〔註105〕等物品，以及北魏所欲致的「羽毛齒革」等南貨，大都是來自海外的舶來品，這些「南貨」，主要是經由番禺海外貿易管道而得到的奇貨異寶。

其後降至蕭梁時期，番禺的海外貿易仍持續發展，當時的情況是「郡常有高涼生口及海舶每歲數至，外國賈人以通貨易」，〔註106〕並且「舊時州郡以半價就市，又買而即賣，其利數倍，歷政以爲常」，〔註107〕王僧孺到職後因爲政清廉，故在朝廷下詔徵還時，郡民詣闕請留，〔註108〕足見百姓對王僧孺的愛戴。梁武帝時「廣州邊海，舊饒，外國舶至，多爲刺史所侵，每年舶至不過三數」，〔註109〕蕭勱時任廣州刺史，因爲官清廉，且「纖豪（毫）不犯」，〔註110〕海舶乃「歲十餘至」〔註111〕，可謂有相當大的改變。

從上述數例可以看出從東晉至南朝時期，每遇爲官清廉者，海舶則大至，可見爲政者的清廉與否，是長期影響番禺的海外貿易成效良窳的最主要原因。

六朝時期，番禺的對外貿易地位逐漸上升，並漸漸取代龍編，成爲嶺南地區最重要的外貿港口。故《隋書‧地理志下》云：

> 南海、交趾，各一都會也，並所處近海，多犀象瑇瑁珠璣，奇異珍瑋，故商賈至者，多取富焉。〔註112〕

史言「故商賈至者，多取富焉」，〔註113〕足見廣州地區南海郡的番禺在六朝時期，因受惠於良好的地理位置，故商業貿易十分活絡，城市經濟也已有相當的發展。

〔註104〕《魏書》，卷110，〈食貨志〉，頁2858。

〔註105〕《三國志》，卷47，〈吳主傳〉，頁1141。

〔註106〕姚思廉（唐）撰，《梁書》（臺北，鼎文書局，民國82年），卷33，〈王僧孺傳〉，頁470。

〔註107〕《梁書》，卷33，〈王僧孺傳〉，頁470。

〔註108〕《梁書》，卷33，〈王僧孺傳〉，頁470。

〔註109〕《南史》，卷51，〈吳平侯景附子勱傳〉，頁1262。

〔註110〕《南史》，卷51，〈吳平侯景附子勱傳〉，頁1262。

〔註111〕《南史》，卷51，〈吳平侯景附子勱傳〉，頁1262。

〔註112〕《隋書》，卷31，〈地理志〉，頁887～888。

〔註113〕《隋書》，卷31，〈地理志〉，頁886～887。

對南洋諸國的貿易方面，劉宋末年，扶南王僑陳如闍耶跋摩就曾遣商貨至廣州，天竺道人那伽仙於廣州附舶欲到扶南國，但回程遇風飄流至林邑，爲人所掠財物皆盡，〔註114〕足見劉宋時廣州（番禺）和扶南國之間貿易往來相當密切。史云：「商舶遠屆，委輸南州，故交、廣富實，牣積王府」，〔註115〕廣州主要係指南海郡的番禺，顯示當時海外貿易方面相當興盛。當時獅子國和天竺等地的商船和客旅，多循印度洋、麻六甲及爪哇島等地到達廣州地區的番禺，〔註116〕如南天竺普提達摩就是在蕭梁時泛海至廣州，再向北行的。〔註117〕南海諸國中的扶南國及林邑國等國與廣州的貿易來往亦相當頻繁。

此外，由於在南朝墓葬曾發現數枚波斯薩珊銀幣，〔註118〕同時在今廣東肇慶市坪石崗東晉墓〔註119〕及廣州市下塘獅帶崗晉墓〔註120〕等數個墓葬中，亦發現西亞玻璃器，其中廣東肇慶市坪石崗東晉墓的玻璃器皿爲廣東首次發現，〔註121〕由這些舶來品的發現，顯見東晉南朝時期波斯等海外商船，來到廣州地區的番禺等地進行貿易者不在少數。

三、廣州地區戶口的變化及分佈不均衡性

雖中古時期的戶口數不能完全呈現實際情形，然從戶數的成長，亦可對劉宋時期廣州地區的經濟發展有所瞭解，再者，由舊縣析置新縣或新置郡縣

〔註114〕《南齊書》，卷58，〈南夷‧扶南國〉，頁1014～1015。

〔註115〕《南齊書》，卷58，〈南夷傳〉，頁1018。

〔註116〕參見高敏主編，《魏晉南北朝經濟史》（上海，上海人民出版社，1996年），頁999。

〔註117〕參見高敏主編，《魏晉南北朝經濟史》，頁998。

〔註118〕參見廣東省博物館，〈廣東曲江南華寺古墓發掘簡報〉，收入廣東省文物局、廣東省文物考古研究所及廣州市文物考古研究所等編，《廣東文物考古三十年》（廣州，暨南大學出版社，2009年），頁415、417。薩珊王朝，國祚始自公元224年，651年亡，與魏晉南北朝時期（220～589）大約爲同時期。

〔註119〕參見廣東省文物考古研究所、肇慶市博物館，〈廣東肇慶市坪石崗東晉墓〉，收入廣東省文物局、廣東省文物考古研究所，廣州市文物考古研究所等編，《廣東文物考古三十年》，頁434。

〔註120〕參見廣州市文物管理委員會，〈廣州市下塘獅帶崗晉墓發掘簡報〉，收入廣東省文物局、廣東省文物考古研究所、廣州市文物考古研究所等編，《廣東文物考古三十年》，頁441及443。

〔註121〕參見廣東省文物考古研究所、肇慶市博物館，〈廣東肇慶市坪石崗東晉墓〉，頁434。

的分佈，〔註122〕可看出當時廣州地區人口較集中於中部地區，西部地區及東部地區則明顯地廣人稀。舉例來說，晉代廣州南海郡幅員甚廣，劉宋時析置新會郡、東官郡及義安郡等三郡。東官郡及義安郡在本區的東部地區緊臨大海，但置郡位置相對分散，顯見戶口並非很多，新會郡則在番禺西南方與番禺距離較近。而蒼梧郡同樣析置永平、新寧及晉康等三郡，不過這三郡從地理位置來看分佈較爲集中，顯示與人口增長有相當關係。〔註123〕

　　在本區西部的鬱林郡析出晉興郡，鬱林郡地區佔地甚廣，然只析置一個新郡，可謂地廣人稀。桂林郡一帶亦復如此，僅在蕭齊時析置齊熙郡一郡。此外，尚有由高涼郡析出宋康郡，晉代高涼附近本有高興郡，後裁併到高涼郡，劉宋時又由高涼析置新郡。再者，宋熙郡是宋文帝時以交州流寓新置，〔註124〕足見由交州進入廣州地區，且滯留於當地的外來人口不在少數。

附表 1-2　晉、劉宋時期廣州地區各郡戶數變化表〔註125〕

晉時郡名	戶　數	劉宋時郡名	劉宋戶數	劉宋口數	備　註
南海郡	9500	南海郡	8,574	49,157	
		新會郡	1,739	10,509	
		東官郡	1,332	15,696	
		義安郡	1,119	5,522	
蒼梧郡	7700	蒼梧郡	6,593	11,753	
		永平郡	1,609	17,202	
		新寧郡	2,653	10,514	
		晉康郡	4,547	17,710	
鬱林郡	6000	鬱林郡	1,121	5,727	
		晉興郡	---	----	戶口數缺載
桂林郡	2000	桂林郡	558	2,205	

〔註122〕雖在南北分立時期析置或新設郡縣未必與戶口增加有直接關係，然透過相關考察，仍可對於區域經濟的發展以及各地區經濟發展的不均衡有所瞭解。
〔註123〕參見《宋書》，卷38，〈州郡志〉，頁1189～1204。
〔註124〕《宋書》，卷38，〈州郡志〉，頁1201～1202。
〔註125〕本表資料來源：《晉書》，卷15，〈地理志‧廣州〉，頁466～468及《宋書》，卷38，〈州郡志〉，頁1189～1204。並參見孔祥軍，《晉書地理志校注》，頁209～217及胡阿祥，《宋書州郡志匯釋》，頁295～315。

高涼郡	2000	高涼郡	1,429	8,123	
		宋康郡	1,513	9,131	
寧浦郡	1220	寧浦郡	---	---	戶口數缺載
高興郡	1200				併入高涼郡
臨賀郡	2500	臨慶內史	3,715	31,587	改屬湘州
始安郡	6000	始建內史	3,830	22,490	改屬湘州
始興郡	5000	廣興公相	11,756	76,328	改屬湘州
		海昌郡	1,724	4,074	新設郡
		綏建郡	3,764	14,491	新設郡
		宋熙郡	2,084	6,450	新設郡
		樂昌郡	---	---	新設郡、戶口數缺載
合計	43,120		69,027	337,099	

若從《宋書·州郡志》所載廣州地區 18 郡總戶數爲 49,726 戶來看，晉代及劉宋時期廣州地區的總戶數，雖自 43,120 戶增加到 49,726 戶，僅增加 15.32% 左右，似乎變化不大，但如加上之前割屬湘州的始安、始興及臨賀等三郡的戶數，則原廣州地區戶數增幅爲 60.08%，如再考慮戶口數缺載的寧浦郡等三郡，戶數增長可謂相當可觀，雖當時的戶口統計因戶口隱匿等因素未必十分精準，仍可作爲地區經濟成長的一個重要的參考指標。

第五節　歷任牧守治行

廣州地區因位於嶺南，地處偏遠，瘴氣疾疫時有所聞，因此當時求官廣州者，大多是爲了「求富」，因此前後牧守多貪瀆枉法，已成積習。然亦有清廉之士，其中東晉時吳隱之是清官中的一個顯例，吳隱之素「以寒素博學知名於世」，〔註126〕因此朝廷爲了肅清吏治，以吳隱之爲廣州刺史，其始末，《晉書》，卷九十，〈良吏·吳隱之傳〉載之甚詳：

> 廣州包帶山海，珍異所出，一篋之寶，可資數世，然多瘴疫，人情憚焉。唯貧窶不能自立者，求補長史，故前後刺史皆多贓貨。朝廷欲革嶺南之弊，隆安中，以隱之爲龍驤將軍、廣州刺史、假節，領

〔註126〕《晉書》，卷 83，〈車胤傳〉，頁 2177。

平越中郎將。未至州二十里，地名石門，有水曰貪泉，飲者懷無厭
之欲。隱之既至，語其親人曰：「不見可欲，使心不亂。越嶺喪清，
吾知之矣。」乃至泉所，酌而飲之，因賦詩曰：「古人云此水，一歃
懷千金。試使夷齊飲，終當不易心。」及在州，清操踰屬，常食不
過菜及乾魚而已，帷帳器服皆付外庫，時人頗謂其矯，然亦終始不
易。帳下人進魚，每剔去骨存肉，隱之覺其用意，罰而黜焉。〔註127〕

晉安帝賞其「清節厲乎風霜，實立人之所難，而君子之美致也」，〔註128〕詔表
彰其節行，其文曰：「龍驤將軍、廣州刺史吳隱之孝友過人，祿均九族，菲己
潔素，儉愈魚飧。夫處可欲之地，而能不改其操，饗惟錯之富，而家人不易
其服，革奢務嗇，南域改觀，朕有嘉焉。可進號前將軍，賜錢五十萬、穀千
斛。」〔註129〕與吳隱之同樣清廉自持，著名於時的尚有王鎮之，《宋書》，卷
九十二，〈良吏・王鎮之傳〉云：

出爲使持節、都督交廣二州諸軍事、建威將軍、平越中郎將、廣州
刺史。高祖謂人曰：「王鎮之少著清績，必將繼美吳隱之。嶺南之弊，
非此不康也。」在鎮不受俸祿，蕭然無所營，去官之日，不異始至。
〔註130〕

王鎮之果名實相符，任內不僅無劣跡，甚至任內也不受俸給，可以說是符合
劉裕的期望。

　　東晉吳隱之飲貪泉之事可謂相當著名，降至唐代君臣仍常引以爲戒。如
唐初任廣州都督的馮立「出牧南海，前後牧守率多貪冒，蠻夷患之，數爲叛
逆。立不營生業，衣食取給而已嘗至貪泉，嘆曰『此吳隱之所酌泉也。飲一
杯何足道哉？吾當汲而爲食』，飲畢而去」。〔註131〕再者，宣宗時廣州節度使
紇干臮以貪猥聞，貶慶王府長史、分司東都，〔註132〕宣宗制文曰：「鍾陵問俗，
澄清之化靡聞，南海撫封，貪瀆之聲何甚！而又交通詭遇，溝壑無厭。跡固異

〔註127〕《晉書》，卷90，〈良吏・吳隱之傳〉，頁2341～2342。
〔註128〕《晉書》，卷90，〈良吏・吳隱之傳〉，頁2342。
〔註129〕《晉書》，卷90，〈良吏・吳隱之傳〉，頁2342。
〔註130〕《宋書》，卷92，〈良吏・王鎮之傳〉，頁2263。
〔註131〕劉肅（唐）撰，許德楠等點校，《大唐新語》（北京，中華書局，1997年），
　　　　卷3，〈清廉〉，頁49。
〔註132〕見裴庭裕（唐）撰，田廷柱點校，《東觀奏記》（北京，中華書局，1994年），
　　　　卷中，頁112。

於澹臺，道殊乖於吳隱」，〔註133〕由於紇干臮辜負了朝廷的深切期望，〔註134〕因而朝廷有此制文。

劉宋時尚有一位以「廉清勤恪，著稱所司」〔註135〕的徐豁，原爲始興太守，有治績。宋太祖劉裕本以徐豁「擢授南服，申其才志」，〔註136〕但未拜即不幸亡故，故特賜錢十萬布百匹，以營葬事。〔註137〕

劉宋時王琨爲廣州刺史，時「南土沃實，在任者常致巨富」，〔註138〕王琨卻「無所取納，表獻祿俸之半」，〔註139〕是時廣州刺史已成爲收入豐厚的官職，王琨卻一介不取，堪爲官吏表率。

降至蕭梁時，王僧孺任廣州刺史，當時對於外商及海外珍貨的態度是「以半價就市，又買而即賣，其利數倍，歷政以爲常」，〔註140〕王僧孺對此種陋習感嘆的說：「昔人爲蜀部長史，終身無蜀物，吾欲遺子孫者，不在越裝，並無所取」，〔註141〕因此種作法贏得外商信服及百姓愛戴，故王僧孺雖僅到任一個月，在朝廷下詔徵還時，郡民道俗達六百人詣闕請留，〔註142〕足見當時在廣州爲官清廉者如王僧孺尚不多見。梁武帝時蕭勱任職廣州刺史，蕭勱爲官清廉，且一改過去侵擾外商的陋習，對於海舶至者「纖豪（毫）不犯」，〔註143〕因此蕭勱到任前，海舶至者原先不過三數；因蕭勱的新作法減少過去對海商的侵擾及剝削，達到了海舶每年來者十餘艘的良好成效〔註144〕，並且蕭勱尚對朝廷「歲中數獻」〔註145〕，可謂良吏之典範。

〔註133〕 見裴庭裕（唐）撰，《東觀奏記》，卷中，頁112。
〔註134〕 沈珣，〈授紇干臮嶺南節度使制〉云：「朕以瀨江之西，悍俗難理，輟爾禁掖，委之藩條。果能宣愷悌之風，著循良之跡。南臺起部，無展爾庸。所宜將我舊章，化彼南服。……況駱越故地，蠻夷錯居。尤須謹廉，以察封部。……爾其往哉！勉移風俗，不抱於貪泉；無使珠璣，獨還於合浦。」見《全唐文》，卷763，頁3513上～3513中。制文對於唐宣宗望治之心，可謂表露無遺。
〔註135〕 《宋書》，卷92，〈良吏·徐豁傳〉，頁2267。
〔註136〕 《宋書》，卷92，〈良吏·徐豁傳〉，頁2267。
〔註137〕 《宋書》，卷92，〈良吏·徐豁傳〉，頁2267。
〔註138〕 《南齊書》，卷32，〈王琨傳〉，頁578。
〔註139〕 《南齊書》，卷32，〈王琨傳〉，頁578。
〔註140〕 《梁書》，卷33，〈王僧孺傳〉，頁470。
〔註141〕 《梁書》，卷33，〈王僧孺傳〉，頁470。
〔註142〕 《梁書》，卷33，〈王僧孺傳〉，頁470。
〔註143〕 《南史》，卷51，〈吳平侯景附勱傳〉，頁1262。
〔註144〕 《南史》，卷51，〈吳平侯景附勱傳〉，頁1262。
〔註145〕 《南史》，卷51，〈吳平侯景附勱傳〉，頁1262。

廣州刺史被視為肥缺的情形，自東晉時，歷經劉宋、蕭齊、蕭梁，一直到南朝末年仍然如此，如南朝陳時廣州刺史馬靖，因戰功遭朝廷猜忌，乃以收受賕物之名，迫使馬靖送人質，史云廣州刺史馬靖：

> 得嶺表人心，兵甲精練，數有戰功。朝廷疑之，遣吏部侍郎蕭引觀靖舉措，諷令送質，外託收督賕物，蠻、蜑所貨物曰賕。一曰：夷人以財贖罪曰賕。引至番禺。靖即遣子弟入質。〔註146〕

足見降至南朝陳時，朝廷對廣州刺史仍以肥缺視之，否則不會以「收督賕物」〔註147〕之名義，來威脅馬靖送人質。

第六節　結　論

廣州地區在魏晉南北朝戰爭頻仍之際，除孫恩、盧循之亂雙方曾反覆爭奪番禺鄰近地區外，基本上較淮南等前線地區為安寧，有利於區域經濟的發展。本區農業的發展受惠於溫暖多雨的氣候，及南海郡等地區使用牛耕等較進步的耕作技術的影響，故在農業生產方面有持續的發展。同時廣州地區的冶金業、鑄錢業、製鹽業、紡織業及造船業等手工業，在製造技術方面亦有所進步，上述手工業製品進入市場後，豐富了市面流通商品的品項及數量，對商業貿易的繁榮有正面的影響。

廣州地區河川密佈，尤以鬱水連通了廣州地區的七個郡，可以說是廣州地區交通的主要動脈，而溱水及涅水亦為主要河川，對於廣州地區的交通運輸有很大的助益。南海郡的番禺是廣州地區水上交通的樞紐，如番禺可由鬱水聯絡廣州地區的西部地區，並可經溱水〔註148〕北連始興郡，亦可由涅水向東聯絡東官郡；並且因番禺位於上述鬱水、溱水及涅水三江的會合點，因此可說是整個廣州地區交通上的樞紐。

魏晉南北朝時期因航海技術及造船技術有進一步的發展，因此遠來海舶航行路線，已逐漸由沿岸航行，調整為越洋航行。早期受惠於沿岸航行路線位於雷州半島上的徐聞及交趾郡龍編等地，因此漸不受重視，遠來的海舶逐

〔註146〕《資治通鑑》，卷175，〈陳紀九〉，宣帝太建十三年（581）十二月，頁5448。
〔註147〕《資治通鑑》，卷175，〈陳紀九〉，宣帝太建十三年（581）十二月，頁5448。
〔註148〕酈道元（北魏）注，楊守敬、熊會貞（清）疏，段熙仲點校，陳橋驛復校，《水經注疏》，卷38，〈溱水〉，頁3174～3189。

漸改由南海郡番禺一帶登岸進行交易〔註 149〕，因此番禺的商業貿易日益繁榮；到了唐代，番禺可以說取代了交趾的海上絲綢之路終點站的位置。

〔附註〕本章原刊於《史學彙刊》第三十四期（2015 年 12 月），承蒙兩位匿名審稿人惠賜寶貴意見，特此敬申謝忱。

〔註149〕 參見廖幼華，〈唐宋之際北部灣沿海交通發展〉，頁 5 及李孝聰，《中國區域歷史地理》，頁 375。

參考書目

一、史　籍

1. 王溥（宋）撰，《唐會要》，一○○卷，上海，上海古籍出版社，1991 年初版。

2. 王溥（宋）撰，《五代會要》，三○卷，臺北，世界書局，1979 年 2 月 4 版。

3. 王讜（宋）撰，周勛初校證，《唐語林校證》（上、下），八卷，北京，中華書局，1997 年 12 月初版 2 刷。

4. 王夫之（清）撰，《讀通鑑論》，三○卷，臺北，漢京文化事業公司，1984 年 7 月再版。

5. 王定保（五代）撰，姜漢椿校注，《唐摭言校注》，一五卷，上海，上海社會科學院出版社，2003 年 1 月初版。

6. 王欽若、楊億（宋）等編，《冊府元龜》，一○○○卷，北京，中華書局，1988 年 8 月 3 版。

7. 王象之（宋）撰，《輿地紀勝》，二○○卷，臺北，文海出版社，1971 年 10 月 2 版。

8. 王韶之（劉宋）撰，曾釗輯（清）輯，《始興記》，收入《歷代嶺南筆記八種》，廣州，廣東人民出版社，2011 年 3 月初版。

9. 元開（日）撰，汪向榮校注，《唐大和上東征傳》，一卷，北京，中華書局，2000 年 4 月初版，與《日本考》合刊。

10. 元稹（唐）撰，《元稹集》，六○卷，附《外集》八卷及篇目索引，臺北，漢京文化出版公司，1983 年 10 月初版。

11. 方愷（清），《新校晉書地理志》，一卷，收入《二十五史補編》第三冊，頁 3561～3577；中華書局據上海開明書店《二十五史補編》本重印，北京，中華書局，1991 年 3 月初版 6 刷。

12. 白居易（唐）撰，顧學頡點校，《白居易集》，七一卷，北京，中華書局，1991 年 7 月。

13. 司馬光（宋）撰，胡三省（元）注，《資治通鑑》，二九四卷，附胡氏《通鑑釋文辨誤》十二卷，陳垣《通鑑胡注表微》二十篇，臺北，世界書局，1974 年 3 月 6 版。

14. 司馬遷（漢）撰，《史記》，一三〇卷，臺北，鼎文書局，1986 年 10 月 3 版。

15. 成孺（清）撰，《宋州郡志校勘記》，一卷，收入《二十五史補編》第三冊，頁 4289～4297；中華書局據上海開明書店《二十五史補編》本重印，北京，中華書局，1991 年 3 月初版 6 刷。

16. 伊本・胡爾達茲比赫（阿拉伯）撰，宋峴譯注，《道里邦國志》，北京，中華書局，1991 年 12 月初版。

17. 朱彧（宋）撰，李偉國點校，《萍州可談》（與《後山談叢》合刊），北京，中華書局，2011 年 4 月初版。

18. 宋綬、宋敏求（宋）編，《唐大詔令集》，一三〇卷，臺北，鼎文書局，1978 年 4 月再版。

19. 杜佑（唐）撰，王文錦等點校，《通典》，二〇〇卷，北京，中華書局，1992 年再版。

20. 杜牧（唐）撰，斐延翰編，陳允吉校注，《樊川文集》，二〇卷，附《外集》、《別集》，臺北，漢京文化出版公司，1983 年 11 月初版。

21. 李白（唐）撰，王琦（清）注，《李太白全集》，三六卷，北京，中華書局，2003 年 10 月初版 8 刷。

22. 李昉、宋白（宋）等輯，《文苑英華》，一〇〇〇卷，臺北，大化書局，1977 年 5 月。

23. 李昉（宋）等編，《太平廣記》，五〇〇卷，臺北，文史哲出版社，1987 年 5 月再版。

24. 李昉（宋）等編，《太平御覽》，一〇〇〇卷，臺北，大化書局，1977 年 5 月初版。

25. 李華（唐）撰，《李遐叔文集》，四卷，收入《文淵閣四庫全庫》，臺北，臺灣商務印書館，1983 年。

26. 李肇（唐）撰，《唐國史補》，三卷，收入楊家駱主編，《唐國史補等八種》；臺北，世界書局，1991 年 6 月 4 版。

27. 李吉甫（唐）撰，賀次君點校，《元和郡縣圖志》，今存三四卷，附繆荃孫《元和郡縣圖志闕卷逸文》三卷，北京，中華書局，1995 年 1 月初版 2 刷。

28. 李希泌主編，《唐大詔令集》（補編），上海，上海古籍出版社，2003 年 12 月初版。

29. 李林甫（唐）等撰，《唐六典》，三○卷，北京，中華書局，1992 年 1 月初版。

30. 李延壽（唐）撰，《南史》，八○卷，北京，中華書局，1992 年。

31. 李慈銘（清）撰，《晉書札記》，五卷，收入《二十五史三編》，長沙市，嶽麓書社，1994 年。

32. 李慈銘（清）撰，《宋書札記》，一卷，收入《二十五史三編》，長沙市，嶽麓書社，1994 年。

33. 沈約等（南朝梁）撰，《宋書》，一○○卷，臺北，鼎文書局，1987 年 1 月 5 版。

34. 吳縝（宋）撰，《新唐書糾繆》，二○卷，附錄一卷，收入《新舊唐書合鈔並附編十六種》第七冊；臺北，鼎文書局，1973 年 5 月初版。

35. 吳鋼主編，《全唐文補遺》（1-8），西安，三秦出版社，1994 年～2005 年。

36. 吳鋼主編，《全唐文補遺‧千唐誌齋新藏專輯》，西安，三秦出版社，2006 年 6 月。

37. 吳任臣（清）撰，徐敏霞、周瑩點校，《十國春秋》，一一六卷，四冊，北京，中華書局，2010 年 9 月 2 版。

38. 吳廷燮（清）撰，《唐方鎮年表》，附《考證》二卷，上海開明書店《二十五史補編本》，北京，中華書局，1991 年 3 月初版 6 刷。

39. 吳松弟編撰，《兩唐書地理志匯釋》，合肥市：安徽教育出版社，2002 年 7 月初版，849 頁。

40. 周去非（宋）撰，楊武泉校注，《嶺外代答校注》，北京，中華書局，1999 年 9 月初版。

41. 周紹良、趙超等編，《唐代墓誌匯編》，二冊，上海，上海古籍出版社，1992 年 11 月初版。

42. 周紹良、趙超等編，《唐代墓誌匯編續集》，上海，上海古籍出版社，2001 年 12 月初版。

43. 周勛初主編，《唐人軼事匯編》（上、下），上海，上海古籍出版社，1995 年 12 月初版，2236 頁。

44. 柳宗元（唐）撰，王國安箋釋，《柳宗元詩箋釋》，四卷，附《諸家評論輯要》，上海，上海古籍出版社，1993 年 9 月初版。

45. 韋應物（唐）撰，陶敏、王友勝校注，《韋應物集校注》，一○卷，附《拾遺》及《附錄》，上海，上海古籍出版社，1998 年 12 月初版。

46. 房玄齡（唐）等撰，《晉書》，一三○卷，臺北，鼎文書局，1976 年 10 月初版。

47. 姚思廉（唐）撰，《陳書》，三六卷，鼎文書局，1986 年 10 月 5 版。

48. 洪邁（宋）撰，《容齋隨筆》，共五集七四卷，附《宋史洪邁傳》，上海，上海古籍出版社，1996 年 3 月初版。

49. 洪亮吉（清）撰，謝鍾英（清）補注，《補三國疆域志補注》，一五卷，收入《二十五史補編》第三冊，頁 2997～3160；中華書局據上海開明書店《二十五史補編》本重印，北京，中華書局，1991 年 3 月初版 6 刷。

50. 洪亮吉（清）撰，《東晉疆域志》，四卷，收入《二十五史補編》第三冊，頁 3579～3648；中華書局據上海開明書店《二十五史補編》本重印，北京，中華書局，1991 年 3 月初版 6 刷。

51. 范曄（南朝宋）、司馬彪（西晉）等撰，《後漢書》，一三〇卷，臺北，鼎文書局，1977 年 9 月初版。

52. 范成大（宋），胡起望、覃起廣校注，《桂海虞衡志輯佚校注》，一卷，成都，四川民族出版社，1986 年 9 月初版。

53. 計有功（宋）撰，王仲鏞校勘箋證，《唐詩紀事校箋》（二冊），八一卷，附錄一五篇；成都：巴蜀書社，1989 年 8 月初版。

54. 班固（漢）等撰，《漢書》，一〇〇卷，臺北：鼎文書局，1991 年 9 月 7 版。

55. 孫光憲（五代）撰，賈二強點校，《北夢瑣言》，二〇卷，北京：中華書局，2002 年 6 月初版。

56. 孫思邈（唐）撰，沈澍農、錢婷婷評注，《千金方、千金翼方》，北京：中華書局，2013 年 1 月初版。

57. 馬令（宋）撰，《南唐書》，三〇卷，《四部叢刊續編・史部》，臺北：商務印書館，1976 年 6 月臺 2 版，第 11 冊，頁 5157～5274。

58. 徐文范（清）撰，《東晉南北朝輿地表》，二八卷，收入《二十五史補編》第五冊，頁 6717～7216；中華書局據上海開明書店《二十五史補編》本重印，北京，中華書局，1991 年 3 月初版 6 刷。

59. 高適（唐）撰，劉開揚箋注，《高適詩集編年集注》，臺北：漢京文化事業公司，1983 年 9 月初版。

60. 畢沅（清），《晉書地理志新補正》，五卷，收入《二十五史補編》第三冊，頁 3529～3559；中華書局據上海開明書店《二十五史補編》本重印，北京，中華書局，1991 年 3 月初版 6 刷。

61. 張鷟（唐）撰，趙守儼點校，《朝野僉載》（與《隋唐嘉話》合刊），北京，中華書局，1997 年 12 月初版 2 刷。

62. 張鷟（唐）撰，田濤、郭成偉校注，《龍筋鳳髓判校注》，北京，中國政法大學出版社，1996 年 1 月初版。

63. 張九齡（唐）撰，熊飛校注，《張九齡集校注》，北京，中華書局，2008 年 11 月初版。

64. 張宏庸輯注，《陸羽全集》，桃園，茶學文學出版社，1985 年 3 月初版。

65. 張敦頤（宋）撰，張忱石點校，《六朝事跡編類》，上海，上海古籍出版社，1995 年 1 月初版。

66. 彭定求、沈三曾（清）等纂修，《全唐詩》，九〇〇卷，附知不足齋本日本上毛河世寧輯《全唐詩逸》三卷，共二冊；上海，上海古籍出版社，1990 年 4 月初版 6 刷。

67. 黃永武主編，《敦煌寶藏》，130 冊，臺北，新文豐出版事業公司，1981 年初版。

68. 陳壽（西晉）撰、裴松之（南朝宋）注，《三國志》，六五卷，臺北，洪氏出版社，1984 年 8 月 2 版。

69. 陳尚君輯校，《全唐詩補編》，三冊，北京，中華書局，1992 年 10 月初版。

70. 崔致遠（新羅）撰，黨銀平校注，《桂苑筆耕集校注》，二〇卷，北京，中華書局，2007 年 8 月初版。

71. 傅璇琮、徐海榮、徐吉軍主編，《五代史書彙編》，共十冊，杭州，杭州出版社，2004 年初版。

72. 路振（宋）撰，《九國志》，一二卷，收入《宛委別藏叢書》，第 43 冊；臺北，臺灣商務印書館，1981 年 10 月初版。

73. 陸游（宋）撰，《南唐書》，一五卷，收錄於《四部叢刊‧史部》，第 11 冊，頁 5275～5372；臺北：臺灣商務印書館，1976 年 6 月臺 2 版。

74. 陸贄（唐）撰，劉澤民點校，《陸宣公集》，二二卷，附輯補及附錄；杭州，浙江古籍出版社，1988 年 10 月初版。

75. 董誥（清）等編，《全唐文》，一〇〇〇卷，附陸心源輯，《唐文拾遺》七二卷、《唐文續拾遺》一六卷；勞格、岑仲勉兩位學者〈讀全唐文札記〉及全唐文作者索引，共五冊；上海，上海古籍出版社，1993 年 11 月初版 2 刷。

76. 樂史（宋）撰，王文楚等點校，《太平寰宇記》，二〇〇卷，北京，中華書局，2007 年 10 月初版。

77. 歐陽修、宋祁（宋）等撰，《新唐書》，二二五卷，臺北，鼎文書局，1992 年 1 月 7 版。

78. 歐陽修（宋）撰，徐無黨（宋）注，《新五代史》，七四卷，附吳任臣（清）《十國春秋》，一一四卷；臺北，鼎文書局，1994 年 6 月 6 版。

79. 劉昫（後晉）等撰，《舊唐書》，二〇〇卷，臺北，鼎文書局，1992 年 5 月 7 版。

80. 劉恂（唐）撰，魯迅校勘，《嶺表錄異》，廣東，廣東人民出版社，1983 年 6 月初版。

81. 劉肅（唐）撰，許德楠等點校，《大唐新語》，北京，中華書局，1997 年 12 月初版 3 刷。

82. 劉長卿（唐）撰，儲仲君箋注，《劉長卿詩編年箋注》，北京，中華書局，1996 年 7 月初版。

83. 劉禹錫（唐）撰，《劉賓客集》，臺北，臺灣中華書局，1983 年 12 月臺 2 版。

84. 劉禹錫（唐）撰，蔣維崧等箋注，《劉禹錫詩集編年箋注》，濟南，山東大學出版社，1997 年 9 月初版。

85. 劉義慶（南朝宋）撰，余嘉錫箋疏，《世說新語箋疏》，臺北，仁愛書局，1984 年 10 月初版。

86. 劉緯毅，《漢唐方志輯佚》，北京，北京圖書館出版社，1997 年 12 月初版。

87. 鄭熊（唐）撰，陶宗儀（元）輯，《番禺雜記》，收入《歷代嶺南筆記八種》，廣州，廣東人民出版社，2011 年 3 月初版。

88. 盧照鄰（唐）撰，祝尚書箋注，《盧照鄰集箋注》，上海，上海古籍出版社，1994 年 12 月初版。

89. 蔡次薛編，《中國工商稅收史資料選編》第三輯隋唐五代部分，北京，中國財政經濟出版社，1992 年 9 月初版。

90. 錢易（宋）撰，黃壽成點校，《南部新書》，北京，中華書局，2002 年 6 月初版。

91. 戴孚（唐）撰，方詩銘輯校，《廣異記》，原二○卷，方氏自《太平廣記》等書輯校（與唐臨，《冥報記》合刊），北京，中華書局，1992 年 3 月初版。

92. 薛居正（宋）等撰，邵晉涵（清）輯，《舊五代史》，一五○卷，臺北，鼎文書局，1992 年 4 月 7 版。

93. 蕭統（南朝梁）編，李善（唐）注，《文選》，六○卷，臺北，華正書局，1984 年初版。

94. 蕭子顯（南朝梁）撰，《南齊書》，五九卷，臺北，鼎文書局，1987 年 1 月 5 版。

95. 裴庭裕（唐）撰，田廷柱點校，《東觀奏記》，三卷；與鄭處誨（唐）《明皇雜錄》合刊；北京，中華書局，1994 年 9 月初版。

96. 魏收（北齊）撰，《魏書》，一三○卷，附謝啟崑（清）撰，《西魏書》，二四卷；臺北，鼎文書局，1993 年 10 月 7 版。

97. 魏徵、令狐德棻（唐）等撰，《隋書》，八五卷，臺北，鼎文書局，1987 年 5 月 5 版。

98. 韓愈（唐）撰，馬通伯校注，《韓昌黎文集校注》，八卷，附《外集》二卷及附錄，香港，中華書局，1991 年 11 月重印。

99. 魏徵（唐）等撰，《隋書》，臺北，鼎文書局，1992 年 7 版。

100. 羅隱（唐）撰，潘慧惠校注，《羅隱集校注》，含《甲乙集》、《讒書》、《兩同書》及《廣陵妖亂志》等及雜撰、附錄；杭州，浙江古籍出版社，1995 年 6 月初版。

101. 釋圓仁（日）撰，白化文等校註，周一良審閱，《入唐求法巡禮行記校注》，四卷，河北，花山文藝出版社，1992 年初版。

102. 顧微（晉）撰，陶宗儀輯（元），楊偉群點校，《廣州記》，收入《歷代嶺南筆記八種》，廣州，廣東人民出版社，2011 年 3 月初版。

103. 顧祖禹（清）撰，《讀史方輿紀要》，一三〇卷，附錄四卷；臺北，樂天出版社，1973 年 10 月初版。

104. 權德輿（唐）撰，《權載之文集》，一九卷，收入《宋蜀刻本唐人集叢刊》，上海，上海古籍出版社，1994 年 9 月初版。

105. 酈道元（北魏）注，楊守敬、熊會貞（清）疏，段熙仲點校，陳橋驛復校，《水經注疏》，四〇卷，南京市，江蘇古籍出版社，1986 年 6 月初版。

二、一般論著

（一）中 文

1. 王恢撰，《中國歷史地理》，二冊，臺北，學生書局，1976 年出版。

2. 王元林撰，《國家祭祀與海上絲路遺跡——廣州南海神廟研究》，北京，中華書局，2006 年 8 月初版，516 頁。

3. 王永平撰，《漢晉間社會階層升降與歷史變遷》，北京，社會科學文獻出版社，2011 年 12 月初版，538 頁。

4. 王永興撰，《陳門問學叢稿》，江西，江西人民出版社，1993 年 11 月初版，443 頁。

5. 王吉林撰，《唐代宰相與政治》，臺北，文津出版社，1999 年 6 月初版，263 頁。

6. 王吉林撰，《安史亂後的北庭》，臺北，蒙藏委員會，2003 年 4 月初版，27 頁。

7. 王仲犖撰，《隋唐五代史》，二冊，上海，上海人民出版社；上冊，1992 年 3 月初版 2 刷；下冊，1990 年 12 月初版，共 1444 頁。

8. 王仲犖撰，《魏晉南北朝史》，二冊，上海，上海人民出版社，1990 年 3 月初版 6 刷，1069 頁。

9. 王仲犖撰，《敦煌石室地志殘卷考釋》，上海，上海古籍出版社，1993 年 9 月初版，317 頁。

10. 王仲犖撰，《金泥玉屑叢考》，北京，中華書局；1998 年 8 初版，440 頁。

11. 王怡辰撰，《魏晉南北朝貨幣交易和發行》，臺北，文津出版社，2007 年 1 月初版，370 頁。

12. 王賽時撰，《唐代飲食》，濟南，齊魯書社，2003 年 3 月初版，276 頁。

13. 王壽南撰，《唐代政治史論集》，臺北，臺灣商務印書館，1977 年 7 月初版，241 頁。

14. 王壽南撰，《唐代藩鎮與中央關係之研究》，臺北，大化書局，1980 年 9 月初版，1020 頁。

15. 王壽南撰，《隋唐史》，臺北，三民書局，1986 年 12 月初版。

16. 王壽南撰，《唐代宦官權勢之研究》，臺北，正中書局，1992 年 4 月臺初版 3 刷，181 頁。

17. 甘懷眞撰，《身分、文化與權力：士族研究新探》，臺北，國立臺灣大學出版中心，2012 年 2 初版，445 頁。

18. 木宮泰彥（日）撰，陳捷譯，《中日交通史》，臺北，三人行出版社，1974 年 7 月初版，462 頁。

19. 中村圭爾（日）、辛德勇編，《中日古代城市研究》，北京，中國社會科學出版社，2004 年 3 月初版，290 頁。

20. 中國社會科學院歷史研究所，魏晉隋唐史研究室編，《隋唐五代史論撰目錄》，蘇州，江蘇古籍出版社，1985 年 4 月初版，602 頁。

21. 中國唐史學會編，《中國唐史學會論文集》，西安，三秦出版社，1991 年 9 月初版，265 頁。

22. 中國硅酸鹽學會主編，《中國陶瓷史》，北京，文物出版社，1997 年 6 月初版 3 刷，494 頁。

23. 天一閣博物館、中國社會學院歷史研究所天聖令整理課題組校證，《天一閣藏明鈔本天聖令校證》，北京，中華書局，2006 年 10 月初版。上冊，圖版；下冊，《校錄本》、《清本》及《唐令復原研究》，753 頁。

24. 牛致功撰，《唐代碑石與文化研究》，西安，三秦出版社，2002 年 3 月初版，510 頁。

25. 方豪撰，《中西交通史》（2 冊），臺北，中國文化大學出版社，1983 年 12 月新一版。

26. 古瀬奈津子（日）撰，高泉益譯，《遣唐使眼中的中國》，臺北，臺灣商務印書館，2005 年初版，192 頁。

27. 平岡武夫（日）編，《唐代的曆》，上海，上海古籍出版社，1990 年 9 月初版，381 頁。

28. 平岡武夫、市原亨吉（日）編，《唐代的行政地理》，上海，上海古籍出版社，1989 年 11 月初版，382 頁。

29. 平岡武夫、市原亨吉（日）編，《唐代的詩人》，上海，上海古籍出版社，1991 年 1 月初版，178 頁。

30. 平岡武夫、市原亨吉、今井清（日）等編，《唐代的詩篇》（二冊），上海，上海古籍出版社，1991 年 1 月初版，1822 頁。

31. 加藤繁（日）撰，譯者不詳，《唐宋時代之金銀研究》，臺北，新文豐出版社，1974 年 12 月初版，551 頁。

32. 加藤繁（日）撰，陳裕菁譯訂，《中國經濟史考證》，臺北，稻鄉出版社，1991 年 2 月初版，854 頁。

33. 孔祥軍撰，《晉書地理志校注》，北京，新世界出版社，2012 年 1 月初版，229 頁。

34. 孔祥軍撰，《漢唐地理志考校》，北京，新世界出版社，2012 年 1 月初版，283 頁。

35. 史念海撰，《中國史地論稿（河山集）》，臺北，弘文館出版社，1986 年 1 月初版，329 頁。

36. 史念海主編，《唐史論叢》（第二輯），西安，陝西人民出版社，1987 年 1 月，356 頁。

37. 史念海主編，《唐史論叢》（第三輯），西安，三秦出版社，1987 年 1 月初版，340 頁。

38. 史念海主編，《唐史論叢》（第四輯），西安，三秦出版社，1988 年 6 月初版，306 頁。

39. 史念海主編，《唐史論叢》（第五輯），西安，三秦出版社，1990 年 7 月初版，304 頁。

40. 史念海撰，《中國歷史人口地理和歷史經濟地理》，臺北，學生書局，1991 年 11 月初版，289 頁

41. 史念海撰，《河山集》（第五輯），山西，山西人民出版社，1991 年 12 月初版，571 頁。

42. 史念海主編，《唐史論叢》（第六輯），西安，三秦出版社，1995 年 12 月初版，517 頁。

43. 史念海撰，《唐代歷史地理研究》，北京，中國社會科學出版社，1998 年 12 月初版，533 頁。

44. 史念海撰，《河山集》（第七輯），西安，陝西師大出版社，1999 年 1 月初版，588 頁。

45. 司徒尚紀撰，《嶺南史地論集》，廣州市，廣東省地圖出版社，1994 年 10 月初版，462 頁。

46. 孔祥星、劉一曼撰，《中國古代銅鏡》，臺北，藝術圖書公司，1994 年 1 月初版，157 頁。

47. 任育才撰，《唐史研究論集》，臺北，鼎文書局，1975 年初版，264 頁。

48. 任育才撰，《醋貫古今：醋文化的發展》，南投市：南投縣文化局出版，2012 年 4 月初版，348 頁。

49. 朱雷主編，《唐代的歷史與社會》，武漢，武漢大學出版社，1997 年 4 月初版，580 頁。

50. 朱大渭等撰，《魏晉南北朝社會生活史》，北京，中國社會科學出版社，1998 年 8 月初版，527 頁。

51. 朱玉龍撰，《五代十國方鎮年表》，北京：中華書局，1997 年 6 月初版，654 頁。

52. 朱振宏撰，《隋唐政治、制度與外交關係》，臺北市，文津出版社，2010 年 8 月初版，420 頁。

53. 朱振宏撰，《西突厥與隋朝關係史研究（581～617）》，臺北市，稻鄉出版社，2015 年 5 月，469 頁。

54. 朱祖德撰，《唐五代兩浙地區經濟發展之研究》，臺北縣，花木蘭文化出版社，2009 年 3 月初版，243 頁。

55. 朱祖德撰，《唐五代時期淮南地區經濟發展之研究》，新北市，花木蘭文化出版社，2013 年 9 月初版，265 頁。

56. 朱惠勇撰，《中國古船與吳越古橋》，杭州：浙江大學出版社，2001 年 12 月初版 2 刷，399 頁。

57. 伯希和（法）撰，馮承鈞譯，《交廣印度兩道考》，與《鄭和下西洋考》合刊，北京，中華書局，2003 年 6 月初版。

58. 全漢昇撰，《中國經濟史論叢》，二冊，香港，新亞研究所，1972 年 8 月初版，815 頁。

59. 全漢昇撰，《中國經濟史研究》，二冊，臺北，稻鄉出版社，1991 年 1 月初版，1015 頁。

60. 池田溫（日）撰，龔澤銑譯，《中國古代籍帳研究》，北京，中華書局，2007 年 5 月初版；正文 196 頁，錄文及插圖 523 頁。

61. 江蘇省六朝史研究會、江蘇省社科院歷史所編，《古代長江下游的經濟開發》，西安，三秦出版社，1989 年 8 月初版，292 頁。

62. 江蘇省社聯歷史學會、江蘇省社科院歷史所編，《江蘇史論考》，南京市，江蘇古籍出版社，1989 年 10 月初版，503 頁。

63. 安格斯·麥迪森（英）撰，伍曉鷹、馬德斌譯，王小魯校，《中國經濟的長期表現（公元 960～2030）》，上海市，上海人民出版社，2009 年 1 月初版 3 刷，209 頁。

64. 呂思勉撰，《呂思勉讀史札記》，共 3 冊，上海，上海古籍出版社，2006 年 2 月初版 2 刷，1443 頁。

65. 何一民主編,《近代中國衰落城市研究》,成都,巴蜀書社,2007 年 1 月初版,662 頁。

66. 宋德熹編,《中國中古社會與國家史料典籍研讀會成果論文集》,臺北,稻鄉出版社,2009 年 7 月初版,619 頁。

67. 宋德熹撰,《唐史識小:社會與文化的探索》,臺北,稻鄉出版社,2009 年 8 月初版,421 頁。

68. 岑仲勉撰,《岑仲勉史學論文選集》,北京,中華書局,1990 年 7 月初版,797 頁。

69. 岑仲勉撰,《岑仲勉史學論文續集》,北京,中華書局,2004 年 8 月初版,408 頁。

70. 岑仲勉撰,《唐史餘瀋》,臺北,弘文館出版社,1985 年 9 月初版,278 頁。

71. 岑仲勉撰,《通鑑隋唐紀比事質疑》,臺北,九思出版公司,1978 年 5 月臺 1 版,420 頁。

72. 岑仲勉撰,《隋書求是》,北京,中華書局,2004 年 4 月新 1 版,378 頁。

73. 吳楓撰,《隋唐歷史文獻集釋》,河南,中州古籍出版社,1987 年 9 月初版,349 頁。

74. 吳玉貴撰,《資治通鑑疑年錄》,北京,中國社會科學出版社,1994 年 7 月初版,318 頁。

75. 吳必虎撰,《歷史時期蘇北平原地理系統研究》,上海,華東師大出版社,1996 年 3 月初版,178 頁。

76. 吳子輝撰,《揚州建置筆談》,南京,江蘇古籍出版社,2002 年 4 月初版,269 頁。

77. 吳汝煜等編,《唐五代交往詩索引》,上海:上海古籍出版社,1993 年 5 月初版,1503 頁。

78. 吳松弟撰,《中國移民史》(隋唐五代卷),福州市:福建人民出版社,1997 年 7 月初版,458 頁。

79. 吳覺農主編,《茶經述評》,北京,中國農業出版社,2005 年 3 月第 2 版,370 頁。

80. 李世亮撰,《張九齡年譜》,廣州,廣東高等教育出版社,1994 年 4 月初版,74 頁。

81. 李孝聰主編,《唐代地域結構與運作空間》,上海,上海辭書出版社,2003 年 8 月初版,463 頁。

82. 李孝聰撰,《中國區域歷史地理》,北京,北京大學出版社,2009 年 9 月初版 5 刷,503 頁。

83. 李寅生撰,《論唐代文化對日本文化的影響》,成都,巴蜀書社出版社,2001 年 11 月初版,216 頁。

84. 李新玲撰,《詩化的品茗藝術——從唐代茶詩看唐代茶藝》,西安,中國農業出版社,2008 年 10 月初版,154 頁。

85. 李萬生撰,《南北朝史拾遺》,西安,三秦出版社,2003 年 4 月初版,188 頁。

86. 李錦繡撰,《唐代財政史稿》(上卷),三冊,北京,北京大學出版社,1995 年 7 月初版,1277 頁。

87. 李錦繡撰,《唐代財政史稿》(下卷),二冊,北京,北京大學出版社,2001 年 6 月初版,1357 頁。

88. 李學勤、徐吉軍主編,《長江文化史》(上、下冊),南昌,江西教育出版社,1996 年 10 月 2 版,1362 頁。

89. 杜瑜撰,《中國經濟重心南移——唐宋間經濟發展的地區差異》,臺北,五南出版社,2005 年 4 月初版,546 頁。

90. 杜希德(英)撰,丁俊譯,《唐代財政》,上海,中西書局,2016 年 5 月,368 頁。

91. 伯希和(法)撰,馮承鈞譯,《交廣印度兩道考》,北京,中華書局,2003 年 6 月,308 頁。

92. 谷川道雄(日)編,《日中國際共同研究——地域社會在六朝政治文化所起的作用》,東京,玄文社,1989 年 3 月初版,292 頁。

93. 谷川道雄(日)撰,馬彪譯,《中國中世社會與共同體》,北京,中華書局,2002 年 12 月初版,333 頁。

94. 谷川道雄(日)撰,李濟滄譯,《隋唐帝國形成史論》,上海,上海古籍出版社,2004 年 10 月初版,362 頁。

95. 牟發松、陳江主編,《歷史時期江南的經濟、文化與信仰》,上海,華東師範大學出版社,2014 年 12 月初版,441 頁。

96. 汪向榮撰,《古代中日關係史話》,上海古籍出版社,1999 年 2 月初版,232 頁。

97. 邱添生撰,《唐宋變革期的政經與社會》,臺北,文津出版社,1999 年 6 月初版,229 頁。

98. 周長山撰,《漢代城市研究》,北京,人民出版社,2001 年 10 月初版,196 頁。

99. 周勛初撰,《唐人筆記小說考索》,江蘇,江蘇古籍出版社,1996 年 5 月初版,294 頁。

100. 周紹良撰,《資治通鑑唐紀勘誤》,北京,北京師範大學出版社,2001 年 6 月初版,607 頁。

101. 周藤吉之（日）等撰，姜鎮慶、那向芹譯，《郭煌學譯文集：敦煌吐魯番出土社會經濟文書研究》，蘭州，甘肅人民出版社，1985 年 4 月初版。

102. 武秀成撰，《『舊唐書』辨証》，上海，上海古籍出版社，2003 年 5 月初版，353 頁。

103. 武漢大學中國三至九世紀研究所編，《中國前近代史理論國際學術研討會論文集》，漢口，湖北人民出版社，1997 月初版，865 頁。

104. 房仲甫、李二和撰，《中國水運史》，北京，新華出版社，2003 年 1 月初版，334 頁。

105. 柳春藩撰，《秦漢魏晉經濟制度研究》，哈爾濱，黑龍江人民出版社，1993 年 10 月初版，339 頁。

106. 姜錫東撰，《宋代商人和商人資本》，北京，中華書局，2002 年 12 月初版，415 頁。

107. 胡戟等主編，《二十世紀唐研究》，北京，中國社會科學出版社，2001 年 1 月初版，958 頁。

108. 胡如雷撰，《隋唐五代社會經濟史論稿》，北京，中國社會科學出版社，1996 年 12 月初版，394 頁。

109. 胡阿祥撰，《宋書州郡志匯釋》，合肥，安徽教育出版社，2006 年 6 月初版，382 頁。

110. 侯江紅撰，《唐朝政府農業經濟職能研究》，北京，光明日報出版社，2013 年 7 月初版，219 頁。

111. 施和金撰，《中國歷史地理研究（續集）》，北京，中華書局，2009 年 11 月初版，314 頁。

112. 施堅雅（美）主編，葉光庭等譯，陳橋驛校，《中華帝國晚期的城市》，北京，中華書局，2002 年 4 月初版 2 刷，832 頁。

113. 郁賢皓撰，《唐刺史考全編》（1-5 冊），合肥市，安徽大學出版社，2000 年 1 月初版，3489 頁，附索引一冊，368 頁。

114. 桂齊遜撰，《國法與家禮之間：唐律有關家族倫理的立法規範》，臺北縣，龍文出版：萬億圖書總經銷，2007 年 3 月初版，251 頁。

115. 桑原隲藏（日）撰，楊鍊譯，《唐宋貿易港研究》，臺北，臺灣商務印書館，1966 年 8 月台 1 版，154 頁。

116. 桑原隲藏（日）撰，陳裕菁譯訂，《蒲壽庚考》，北京，中華書局，2009 年 5 月，187 頁。

117. 秦浩撰，《隋唐考古》，南京，南京大學出版社，1992 年 8 月初版，558 頁。

118. 徐連達撰，《唐朝文化史》，上海，復旦大學出版社，2003 年 11 月初版，514 頁。

119. 徐俊祥撰，《漢代揚州區域文明發展》，北京，社會科學文獻出版社，2013年4月初版，202頁。

120. 徐庭雲主編，《中國社會通史‧隋唐五代卷》，太原，山西教育出版社，1996年初版，557頁。

121. 高敏主編，《魏晉南北朝經濟史》，上海，上海人民出版社，1996年9月初版，1093頁。

122. 高敏撰，《南北史掇瑣》，鄭州市，中州古籍出版社，2003年8月初版，702頁。

123. 高明士撰，《戰後日本的中國史研究》，臺北，明文書局，1986年6月增訂新版，417頁。

124. 高明士撰，《東亞古代的政治與教育》，臺北，臺灣大學出版中心，2004年初版，446頁。

125. 高明士撰，《中國中古的教育與學禮》，臺北，臺灣大學出版中心，2005年9月初版，750頁。

126. 高明士編，《東亞傳統家禮、教育與國法（一）家族、家禮與教育》，臺北，臺灣大學出版中心，2005年9月初版，348頁。

127. 高明士編，《東亞傳統家禮、教育與國法（二）家內、秩序與國法》，臺北，台灣大學出版中心，2005年9月初版，450頁。

128. 高明士撰，《中國中古政治的探索》，臺北，五南出版事業公司，2006年10月初版，305頁。

129. 唐宋運河考察隊編，《運河訪古》，上海，人民出版社，1985年5月出版，427頁。

130. 唐文基主編，《福建古代經濟史》，福州，福建教育出版社，1995年初版，643頁。

131. 唐任伍撰，《唐代經濟思想研究》，北京，北京師範大學出版社，1996年3月初版，287頁。

132. 唐長孺撰，《三至六世紀江南大土地所有制的發展》，上海，人民出版社，1957年初版，103頁。

133. 唐長孺撰，《魏晉南北朝史論拾遺》，北京，中華書局，1983年5月初版，285頁。

134. 唐長孺撰，《山居存稿》，北京，中華書局，1989年7月初，596頁。

135. 唐長孺撰，《魏晉南北朝隋唐史三論》，武漢，武漢大學出版社，1992年12月初版，493頁。

136. 唐長孺撰，《魏晉南北朝史論叢》（外一種），河北，河北教育出版社，2002年1月初版2刷，651頁。

137. 宮崎市定（日）撰，邱添生譯，《中國史》，臺北，華世出版社，1980 年初版，637 頁。

138. 馬正林編撰，《中國城市歷史地理》，濟南，山東教育出版社，1999 年 9 月初版 2 刷，478 頁。

139. 馬植杰撰，《三國史》，北京，人民出版社，1994 年 1 月初版 1 刷，465 頁。

140. 郭鋒撰，《唐史與敦煌文獻論稿》，北京，中國社會科學出版社，2002 年 10 月初版，506 頁。

141. 孫洪升撰，《唐宋茶葉經濟》，北京，社會科學文獻出版社，2001 年 1 月初版，366 頁。

142. 凍國棟撰，《唐代的商品經濟與經營管理》，武昌，武漢大學出版社，1990 年初版，197 頁。

143. 凍國棟撰，《唐代人口問題研究》，武昌，武漢大學出版社，1993 年 2 月初版，490 頁。

144. 凍國棟撰，《中國人口史》第二卷（隋唐五代時期），上海，復旦大學出版社，2002 年 11 月初版，677 頁。

145. 凍國棟撰，《中國中古經濟與社會史論稿》，武漢市，湖北教育出版社，2005 年 12 月初版，617 頁。

146. 翁俊雄撰，《唐初政區與人口》，北京，北京師範大學，1990 年 8 月初版，291 頁。

147. 翁俊雄撰，《唐朝鼎盛時期政區與人口》，北京，首都師範大學，1995 年 9 月初版，282 頁。

148. 翁俊雄撰，《唐代人口與區域經濟》，臺北，新文豐出版事業公司，1995 年 9 月初版，653 頁。

149. 翁俊雄撰，《唐後期政區與人口》，北京，首都師範大學，1999 年 12 月初版，314 頁。

150. 堀敏一（日）撰，韓昇編，韓昇、彭建英譯，《隋唐帝國與東亞》，昆明，雲南人民出版社，2002 年 1 月初版，163 頁。

151. 陳欣撰，《南漢國史》，廣州市，廣東人民出版社，2010 年 2 月初版，463 頁。

152. 陳文華撰，《農業考古》，北京，文物出版社，2002 年 2 月初版，205 頁。

153. 陳文華撰，《長江流域茶文化》，武漢市，湖北教育出版社，2004 年初版。

154. 陳尚君撰，《唐代文學叢考》，北京，中國社會科學出版社，1997 年 10 月初版，548 頁。

155. 陳明光撰，《漢唐財政史論》，長沙，嶽麓出版社，2003 年 10 月初版，330 頁。

156. 陳寅恪撰，《隋唐制度淵源略論稿》、《唐代政治史述論稿》（合刊），臺北，里仁書局，1984 年 8 月再版，304 頁。

157. 陳寅恪撰，《陳寅恪讀書札記——新舊唐書之部》，上海，上海古籍出版社，1989 年 4 月再版，397 頁。

158. 陳寅恪撰，《元白詩箋證稿》，北京，三聯書店，2001 年 4 月初版，383 頁。

159. 陳登武撰，《地獄.法律.人間秩序：中古中國的宗教、社會與國家》，臺北市，五南出版公司，2009 年 9 月初版，449 頁。

160. 陳衍德、楊權撰，《唐代鹽政》，西安，三秦出版社，1990 年 12 月初版，186 頁。

161. 陳國燦、劉健明撰，《全唐文職官叢考》，武昌，武漢大學出版社，1997 年 5 月初版，502 頁。

162. 陳國燦撰，《斯坦因所獲吐魯番文書研究》，武昌，武漢大學出版社，1997 年初版，584 頁。

163. 陳萬里撰，《瓷器與浙江》，上海，中華書局，1946 年。

164. 陳橋驛撰，《陳橋驛方志論集》，杭州，杭州大學出版社，1997 年 8 月初版，514 頁。

165. 陳橋驛主編，《中國運河開發史》，北京，中華書局，2008 年 9 月初版，578 頁。

166. 張弓撰，《唐朝倉廩制度初探》，北京，中華書局，1986 年初版，175 頁。

167. 張金龍主編，《黎虎教授古稀紀念——中國古代史論叢》，北京市，世界知識出版社，2006 年初版，764 頁。

168. 張星烺編注，朱杰勤校訂，《中西交通史料匯編》（4 冊），北京，中華書局，2003 年 6 月初版。

169. 張榮芳撰，《秦漢史與嶺南文化論稿》，北京，中華書局，2005 年初版。

170. 張雁南撰，《唐代消費經濟研究》，臺北，齊魯書社，2009 年 8 月初版，425 頁。

171. 張國剛撰，《唐代藩鎮研究》，長沙，湖南教育出版社，1987 年 12 月初版，269 頁。

172. 張國剛主編，《隋唐五代史研究概要》，天津，天津教育出版社，1996 年 9 月初版，1185 頁。

173. 張澤咸撰，《唐五代賦役史草》，北京，中華書局，1989 年 10 月初版，498 頁。

174. 張澤咸撰，《唐代工商業》，北京，中國社會科學出版社，1995 年 12 月初版，498 頁。

175. 張澤咸撰，《唐代階級結構研究》，鄭州市，中州古籍出版社，1996 年 1 月初版，516 頁。

176. 張澤咸撰，《隋唐時期農業》，臺北，文津出版社，1999 年 6 月初版，369 頁。

177. 張澤咸撰，《晉唐史論集》，北京，中華書局，2008 年 9 月初版，439 頁。

178. 張學恕撰，《中國長江下游經濟發展史》，南京，東南大學出版社，1990 年初版，869 頁。

179. 黃正建撰，《唐代衣食住行研究》，北京，首都師範大學出版社，1998 年 4 月初版，221 頁。

180. 黃永年撰，《唐代史事考釋》，臺北，聯經文化事業公司，1998 年 1 月初版，643 頁。

181. 黃約瑟、劉健明合編，《隋唐史論集》，香港，香港大學亞洲研究中心，1993 年初版，324 頁。

182. 黃約瑟撰、劉健明編，《黃約瑟隋唐史論集》，北京，中華書局，1997 年 12 月初版，226 頁。

183. 黃玫茵撰，《唐代江西地區開發研究》，臺北，國立臺灣大學出版社，1996 年初版，275 頁。

184. 黃純艷撰，《宋代海外貿易》，北京，社會科學文獻出版社，2003 年 3 月初版，316 頁。

185. 黃淑梅撰，《六朝太湖流域的發展》，臺北，聯鳴文化有限公司，1982 年 3 月再版，189 頁。

186. 黃惠賢、李文瀾編，《古代長江中游的經濟開發》，漢口，武漢出版社，1988 年 1 月初版，482 頁。

187. 黃新亞撰，《消逝的太陽──唐代城市生活長卷》，長沙，湖南出版社，1996 年 9 月初版，272 頁。

188. 黃展岳撰，《先秦兩漢考古與文化》，臺北，允晨文化，1999 年 8 月初版，595 頁。

189. 陶希聖、武仙卿撰，《南北朝經濟史》，臺北，食貨出版社，1979 年 4 月。

190. 陶希聖、鞠清遠撰，《唐代經濟史》，太原，山西人民出版社，2014 年 12 月重印，184 頁。

191. 許輝、蔣福亞主編，《六朝經濟史》，江蘇，江蘇古籍出版社，1993 年 7 月初版，404 頁。

192. 馮先銘撰，《中國陶瓷》，上海，上海古籍出版社，1997 年 10 月初版 7 刷，656 頁。

193. 斯波義信（日）撰，方健、何忠禮譯，《宋代江南經濟史研究》，南京，江蘇人民出版社，2001 年 1 月初版，646 頁。

194. 斯波義信（日）撰，布和譯，《中國都市史》，北京，北京大學出版社，2013 年 10 月初版，257 頁。

195. 瑞特（Arthur F. Wright）（美）等撰，陶晉生等譯，《唐史論文選集》，臺北，幼獅文化事業有限公司，1990 年 12 月初版，339 頁。

196. 程民生撰，《宋代地域經濟》，開封，河南大學出版社，1996 年 5 月初版 2 刷，358 頁。

197. 程存潔撰，《唐代城市史研究初篇》，北京，中華書局，2002 年 11 月初版，296 頁。

198. 馮承鈞撰，《中國南洋交通史》，上海，上海古籍出版社，2005 年 9 月初版，229 頁。

199. 馮爾康等撰，《揚州研究——江都陳軼羣先生百齡冥誕紀念論文集》，臺北，聯經出版事業公司，1996 年 8 月初版，751 頁。

200. 曾一民撰，《唐代廣州考》，香港，珠海大學中國歷史研究所博士論文，1983 年初版，881 頁。

201. 曾一民撰，《唐代廣州之內陸交通》，臺中，國彰出版，1987 年初版，117 頁。

202. 曾華滿撰，《唐代嶺南發展的核心性》，香港，中文大學出版社，1973 年 1 月初版，81 頁。

203. 傅宗文撰，《宋代草市鎮研究》，福州，福建人民出版社，1991 年 9 月初版，604 頁。

204. 雷家驥撰，《隋唐中央權力結構及其演進》，臺北，東大，1995 年初版，552 頁。

205. 雷家驥撰，《中古史學觀念史》，二冊，臺北，花木蘭文化出版社，2011 年 9 月初版。

206. 寧可主編，《中國經濟通史——隋唐五代經濟卷》，北京，經濟日報出版社，2000 年 8 月初版，703 頁。

207. 寧欣撰，《唐史識見錄》，北京，商務印書館，2009 年 1 月初版，405 頁。

208. 廖幼華撰，《歷史地理學的應用：嶺南地區早期發展之探討》，臺北，文津，2004 年初版，297 頁。

209. 楊遠撰，《西漢至北宋中國經濟文化向南發展》，二冊，臺北，臺灣商務印書館，1991 年初版，826 頁。

210. 楊遠撰，《唐代的鑛產》，臺北：臺灣學生書局，1982 年初版，175 頁。

211. 楊寬撰，《中國古代冶鐵技術發展史》，上海，上海人民出版社，2004 年 9 月修訂再版，323 頁。

212. 費瑯（法）撰，耿昇、穆根來等譯，《阿拉伯波斯突厥人東方文獻輯注》，北京，中華書局，1989 年，908 頁。

213. 齊濤撰，《漢唐鹽政史》，濟南，山東大學出版社，1994 年 4 月初版，273 頁。

214. 齊濤撰，《魏晉隋唐鄉村社會研究》，濟南，山東人民出版社，1995 年 1 月初版，246 頁。

215. 齊東方撰，《唐代金銀器》，北京，中國社會科學出版社，1999 年 5 月初版，464 頁。

216. 齊東方撰，《隋唐考古》，北京，文物出版社，2002 年 10 月初版，242 頁。

217. 萬繩楠等撰，《中國長江流域開發史》，合肥，黃山書社，1997 年 6 月初版，383 頁。

218. 葛劍雄撰，《中國移民史》（先秦至魏晉南北朝時期），福州市，福建人民出版社，1997 年 7 月初版。

219. 裴安平、熊建華撰，《長江流域的稻作文化》，武漢，湖北教育出版社，2004 年 8 月初版，513 頁。

220. 趙岡撰，《中國城市發展史論集》，臺北，聯經出版事業公司，1995 年 5 月初版，231 頁。

221. 廣州省文物局、廣東省文物考古研究所、廣州市文物考古研究所、深圳市文物考古鑒定所編，《廣東文物考古三十年》，廣州，暨南大學出版社，2009 年 8 月初版，608 頁。

222. 黎虎撰，《魏晉南北朝史論》，北京，學苑出版社，1999 年 7 月初版 2 刷，622 頁。

223. 劉玉峰撰，《唐代工商業形態論稿》，濟南，齊魯書社，2002 年 9 月初版，310 頁。

224. 劉志寬等主編，《十大古都商業史略》，北京，中國財政經濟出版社，1990 年 5 月初版，538 頁。

225. 劉希爲撰，《隋唐交通》，臺北，新文豐出版社，1992 年 3 月臺 1 版，296 頁。

226. 劉昭民撰，《中國歷史上氣候之變遷》，臺北，臺灣商務印書館，1992 年 12 月修訂版 1 刷，307 頁。

227. 劉俊文主編，《日本中青年學者論中國史》（六朝隋唐卷），上海，上海古籍出版社，1995 年 12 月初版，553 頁。

228. 劉俊文撰，《唐律疏議箋解》，二冊，北京，中華書局，1996 年 6 月初版，2148 頁。

229. 劉樸兵撰，《唐宋飲食文化比較研究》，北京，中國社會科學出版社，2010 年 11 月初版，528 頁。

230. 劉淑芬撰，《六朝的城市與社會》，臺北，學生書局，1992 年 10 月初版，480 頁。

231. 賴亮郡撰,《唐宋律令法制考釋——法令實施與制度變遷》,臺北,元照出版公司,2010 年 7 月初版,354 頁。

232. 賴瑞和撰,《唐代基層文官》,北京市,中華書局,2008 年 5 月初版,344頁。

233. 賴瑞和撰,《唐代中層文官》,臺北,聯經出版,2008 年 12 月初版,624頁。

234. 賴瑞和撰,《唐代高層文官》,臺北市,聯經出版,2016 年 5 月初版,586頁。

235. 潘鏞撰,《隋唐時期的運河與漕運》,西安,三秦出版社,1986 年 5 月,128 頁。

236. 鄭學檬撰,《五代十國史研究》,上海,上海人民出版社,1991 年 4 月初版,236 頁。

237. 鄭學檬主編,《中國賦役制度史》,廈門,廈門大學出版社,1994 年 8 月初版,726 頁。

238. 鄭學檬、冷敏述主編,《唐文化研究論文集》,上海,上海人民出版社,1994 年 11 月初版,603 頁。

239. 鄭學檬撰,《中國古代經濟重心南移和唐宋江南經濟研究》,長沙,嶽麓出版社,2003 年 10 月修訂再版,382 頁。

240. 鄭學檬、徐東升撰,《唐宋科學技術與經濟發展的關係研究》,廈門,廈門大學出版社,2013 年 1 月初版,284 頁。

241. 鄭學檬撰,《點濤齋史論集:以唐五代經濟史為中心》,廈門,廈門大學出版社,2016 年 3 月初版,663 頁。

242. 臧嶸撰,《隋唐五代史論》,石家莊,河北教育出版社,2000 年 1 月初版,405 頁。

243. 熊海堂撰,《東亞窯業技術發展與交流史研究》,南京,南京大學出版社,1995 年 1 月初版,343 頁。

244. 盧華語撰,《唐代桑蠶絲綢研究》,北京,首都師範大學出版社,1995 年 11 月初版,198 頁。

245. 謝和耐(法)撰,耿昇譯,《中國五～十世紀的寺院經濟》,臺北,商鼎文化出版社,1993 年初版,419 頁。

246. 瞿林東主編,向燕南、李峰(分卷主編),《新舊「唐書」與新舊「五代史」研究》,北京:中國大百科全書出版社,2009 年 1 月初版,588 頁。

247. 戴偉華撰,《唐方鎮文職僚佐考》,天津,天津古籍出版社,1994 年 1 月初版,683 頁。

248. 戴偉華撰,《唐代使府與文學研究》,桂林,廣西師範大學出版社,1998年 5 月初版,278 頁。

249. 錢穆撰，《古史地理論叢》，北京，三聯出版社，2004 年 8 月初版，302 頁。

250. 藤田豐八（日）撰，何健民譯，《中國南海古代交通叢考》，三冊，太原，山西人民出版社，2015 年 12 月初版，582 頁。

251. 鞠清遠撰，《唐代財政史》，臺北，食貨出版社，1978 年 12 月臺再版，170 頁。

252. 鞠清遠撰，《唐宋官私工業》，太原，山西人民出版社，2014 年 12 月重印，196 頁。

253. 薛愛華（美）撰，吳玉貴譯，《撒馬爾罕的金桃——唐代舶來品研究》，北京，社會科學文獻出版社，1989 年初版，933 頁。

254. 魏斌主編，《古代長江中游社會研究》，上海，上海古籍出版社，2013 年 2 月初版，423 頁。

255. 魏明孔撰，《隋唐手工業研究》，甘肅人民出版社，1999 年初版。

256. 魏全瑞主編，《隋唐史論——牛致功教授八十華誕祝壽文集》，西安，三秦出版社，2007 年 1 月初版，447 頁。

257. 魏嵩山主編，《中國古典詩詞地名辭典》，南昌，江西教育出版社，1989 年初版，933 頁。

258. 蕭建樂撰，《唐代城市經濟研究》，北京，人民出版社，2009 年 2 月初版，195 頁。

259. 羅宗真撰，《魏晉南北朝考古》，北京，文物出版社，2001 年 6 月初版，235 頁。

260. 羅彤華撰，《唐代民間借貸之研究》，臺北市：臺灣商務印書館，2005 年初版，453 頁。

261. 羅彤華撰，《唐代民間借貸之研究》，北京市，北京大學出版社，2009 年 7 月，410 頁。

262. 羅彤華撰，《貞觀之治與儒家思想》，臺北縣，花木蘭文化出版社，2010 年 3 月初版。

263. 羅傳棟主編，《長江航運史》（古代部分），北京，人民交通出版社，1991 年 6 月，460 頁。

264. 譚其驤撰，《長水集》，二冊，上海，上海人民出版社，1987 年初版。

265. 譚其驤撰，《長水集》（續編），北京，人民出版社，1994 年 12 月初版，494 頁。

266. 譚其驤撰，《長水粹編》，石家莊，河北教育出版社，2001 年 5 月初版 2 刷，494 頁。

267. 譚英華撰，《兩唐書食貨志校讀記》，成都，四川大學出版社，1988 年 12 月初版，296 頁。

268. 穆根來等譯，《中國印度見聞錄》，北京，中華書局，1983 年。

269. 韓國磐撰，《南北朝經濟史略》，廈門，廈門大學出版社，1990 年 10 月初版，351 頁。

270. 嚴耕望撰，《中國歷史地理～隋‧唐‧五代十國篇》，收入中國歷史地理（二），臺北，中華文化出版事業委員會，1954 年初版。

271. 嚴耕望撰，《唐史研究叢稿》，香港，新亞研究所，1969 年初版，656 頁。

272. 嚴耕望撰，《嚴耕望史學論文選集》，臺北，聯經出版事業公司，1991 年 5 月初版，658 頁。

273. 龔向農撰，《舊唐書札迻》，成都，四川大學出版社，1990 年 4 月初版，199 頁。

274. 關履權撰，《宋代廣州的海外貿易》，廣州，廣東人民出版社，2013 年 9 月 2 版，220 頁。

（二）日　文

1. 大澤正昭撰，《唐宋變革期農業社會史研究》，汲古書院，1996 年 7 月初版，336 頁。

2. 日野開三郎，《續唐代邸店の研究》，自版，昭和 45 年 12 月初版，708 頁。

3. 仁井田陞撰，《唐令拾遺》，東京，東京大學出版會，1964 年，1006 頁。

4. 佐伯　富撰，《中國鹽政史の研究》，京都，法律文化社，1988 年 9 月第 2 刷，807 頁，索引 105 頁。

5. 李知宴、程雯撰，林國本、楊國光翻譯，《中国陶磁史》，京都，美乃美株式會社，1981 年 6 月初版，175 頁。

6. 周藤吉之撰，《唐宋社會經濟史研究》，東京，東京大學出版會，1965 年 3 月發行，上、下卷，929 頁；索引 12 頁。

7. 周藤吉之撰，《宋代經濟史研究》，東京，東京大學出版會，1971 年 7 月第 2 刷，816 頁。

8. 青山定雄撰，《唐宋時代の交通と地誌地圖の研究》，東京，吉川弘文館，昭和 44 年（1969）8 月再版，617 頁。

9. 宮崎市定撰，《東洋的近世》，收入《宮崎市定全集》第二卷（東京，岩波書店，1992 年初版）。

10. 梅原　郁編，《中國近世の都市と文化》，京都大學人文科學研究所，1984 年 3 月版，518 頁。

11. 愛宕　元撰，《中國的城郭城市》，中央公論社，1991 年，220 頁。

12. 愛宕　元撰，《唐代地域社會史研究》，京都，同朋舍出版，1997 年 2 月，506 頁。

（三）英　文

1. Edited by Arthur F. Wright & Denis Twitchett, *Perspectives on the T'ang*, New Haven and London： Yale University Press, 1973.

2. Eisenstadt, S.N., *The Political Systems of Empires*, New York： The Free Press of Glencoe, 1967.

3. Skinner, G. William ed., *The City in Late Imperial China*, Stanford： Stanford University Press, 1977.

三、期刊論文

（一）中　文

1. 大澤正昭（日）撰，牟發松譯，〈唐宋時代的小生產方式及其發展階段〉，收入武漢大學中國三至九世紀研究所編，《中國前近代史理論國際學術研討會論文集》（漢口，湖北人民出版社，1997 年 5 月初版），頁 443～465。

2. 日野開三郎（日）撰，黃正建譯，〈唐代商稅考〉，收入劉俊文主編，《日本學者研究中國史論著選譯》第四卷（六朝隋唐）（北京，中華書局，1992 年 7 初版），頁 405～444。

3. 王平撰，〈「安史之亂」對唐朝對外交通的影響〉，《黔南民族師專學報》（哲社版），1996 年 1 月，頁 77～80；87。

4. 王子今撰，〈試論秦漢氣候變遷對江南經濟文化發展的意義〉，《學術月刊》，1994 年 9 月，頁 62～69。

5. 王力平撰，〈唐肅、代、德時期的南路運輸〉，收入《古代長江中游的經濟開發》（漢口，武漢出版社，1988 年 1 月），頁 331～345。

6. 王元林撰，〈淺議地理環境對北方、南方陸上絲路及海上絲路的影響〉，《新疆大學學報》，2006 年第 6 期，頁 60～65。

7. 王元林撰，〈論唐代廣州內外港與海上交通的關係〉，《唐都學刊》第 22 卷第 6 期（2006 年 11 月），頁 22～28。

8. 王吉林撰，〈南詔與晚唐關係之研究〉，《華岡學報》第七期（1973 年 7 月），頁 283～353。

9. 王永興撰，〈唐代土貢資料繫年——唐代土貢研究之一〉，收入《北京大學學報》，1982 年第 4 期，頁 60～65；59。

10. 王永興撰，〈敦煌寫本唐開元水部式校釋〉，收入《敦煌吐魯番文獻研究論集》第三輯（北京，北京大學，1986 年 2 月），頁 4～67。

11. 王永興撰，〈試論唐代紡織業的地理分佈〉，收入《陳門問學叢稿》（江西，江西人民出版社，1993 年 11 月初版），頁 309～336。

12. 王仲犖撰，〈唐天寶初年地志殘卷考釋〉，收入氏撰，《敦煌石室地志殘卷考釋》（上海，上海古籍出版社，1993 年 9 月），頁 1～75。

13. 王仲犖撰，〈唐和南海各國的經濟文化交流〉，《唐史論叢》第 2 輯（西安，陝西人民出版社，1987 年 1 月初版），頁 278～298。

14. 王仲犖撰，〈從茶葉經濟發展歷史看中國封建社會的一個特徵〉，收入氏撰，《𪩘華山館叢稿》（北京：中華書局，1987 年 4 月初版），頁 119～155。

15. 王怡辰撰，〈唐代後期鹽務組織及其崩壞〉，《晚唐的社會與文化》（臺北，學生書局，1990 年 9 月初版），頁 273～327。

16. 王怡辰撰，〈由武宗會昌錢看經濟領域的割據〉，《中國歷史學會史學集刊》第 37 期，2005 年 7 月，頁 1～32。

17. 王曾瑜撰，〈宋金時代的淮南經濟述略〉，收入中國社會科學院歷史所隋唐遼宋金元史研究室編，《隋唐遼宋金元史論叢》第一輯（北京市，紫禁城出版社，2011 年 2 初版），頁 295～347。

18. 王洪軍撰，〈唐代的茶葉生產──唐代茶葉史研究之一〉，《齊魯學刊》，1987 年第 6 期，頁 14～21。

19. 王洪軍撰，〈唐代水利管理及其前後期興修重心的轉移〉，《齊魯學刊》，1999 年 4 月，頁 77～81。

20. 王朝中撰，〈唐安史亂後漕糧年運量驟降原因初探〉，《中國社會經濟史研究》，1984 年 3 月，頁 67～76。

21. 王承文撰，〈晉唐時代嶺南地區金銀的生產和流通〉，《唐研究》第 13 卷（2007 年），頁 505～548。

22. 王賽時撰，〈論唐代的造船業〉，《中國史研究》，1998 年第 2 期，頁 70～78。

23. 王賽時撰，〈唐代的酒肆〉，《中國飲食文化基金會訊》，2001 年 11 月，頁 39～45。

24. 王壽南撰，〈唐代藩鎮與宦官〉，《思與言》，第七卷第一期，1969 年 5 月，頁 45～49。

25. 王壽南撰，〈從藩鎮之選任看安史之亂後唐中央政府對地方之控制〉，《國立政治大學歷史學報》第六期，1988 年 9 月，頁 1～18。

26. 甘懷真撰，〈唐代官人的宦遊生活──以經濟生活爲中心〉，載《第二屆唐代文化研討會論文集》（臺北，中國唐代學會出版，1995 年 9 月），頁 39～60。

27. 牛致功撰，〈圓仁目睹的唐武宗滅佛〉，載《陝西師範大學歷史系學術論文集》（西安，陝西人民教育出版社，1994 年 1 月初版），頁 242～255。

28. 牛致功撰，〈圓仁筆下的「茶」〉，載氏撰《唐代碑石與文化研究》（西安，三秦出版社，2002 年 3 月初版），頁 273～283。

29. 牛致功撰,〈圓仁目睹的新羅人──讀《入唐求法巡禮行記》札記〉,載氏撰《唐代碑石與文化研究》(西安,三秦出版社,2002 年 3 月初版),頁 260～272。

30. 介永強撰,〈唐代的外商〉,《晉陽學刊》(太原)1995 年 1 月,頁 98～103。

31. 孔祥星撰,〈唐代江南和四川地區絲織業的發展──兼論新疆吐魯番出土的絲織品〉,收入《唐史研究論文集》(西安,陝西人民出版社,1983 年 9 月),頁 64～80。

32. 卞孝萱撰,〈唐代揚州手工業與出土文物〉,《文物》,1977 年第 9 期,頁 31～38。

33. 尹若春、姚政權、李迎華、汪常明撰,〈壽州窯瓷器的測試與初步分析〉,《中國科學技術大學學報》,第 41 卷第 1 期(2011 年 1 月),頁 22～28。

34. 方亞光撰,〈隋唐揚州歷史二題〉,收入《江蘇史論考》(江蘇,江蘇古籍出版社,1989 年),頁 143～150。

35. 方亞光撰,〈六朝隋唐時期的金陵與廣陵〉,收入《古代長江下游的經濟開發》(西安,三秦出版社,1989 年 8 月初版),頁 92～102。

36. 方亞光撰,〈論唐代江蘇地區的經濟實力〉,《中國史研究》,1993 年第 1 期,頁 31～41。

37. 石雲濤撰,〈唐後期方鎮使府僚佐遷轉〉,載《魏晉南北朝隋唐史資料》,第十四期(1996 年),頁 140～152。

38. 石墨林撰,〈《吐魯番出土文書》錄文本、圖文本簡明目錄對照表〉,載《魏晉南北朝隋唐史資料》,第十五期(1997 年),頁 206～210。

39. 石墨林撰,〈《吐魯番出土文書》錄文本、圖文本簡明目錄對照表(續完)〉,載《魏晉南北朝隋唐史資料》,第十六期(1998 年),頁 354～355。

40. 石墨林撰,〈三種新出版吐魯番文書人名地名索引〉,載《魏晉南北朝隋唐史資料》,第十八期(2001 年),頁 218～252。

41. 史少卿撰,〈簡析唐中後期揚州城市工商業流動人口〉,《常德師範學院學報》,第 26 卷第 5 期(2001 年 9 月),頁 69～71。

42. 史念海撰,〈論唐代揚州和長江下游的經濟地區〉,原刊《揚州師院學報》,1982 年第 2 期,頁 21～27;後收入氏著,《唐代歷史地理研究》(北京,中國社會科學出版社,1998 年 12 月初版),頁 234～249。

43. 史念海撰,〈春秋戰國時代農工業的發展及其地區的分佈〉,收入氏撰《中國史地論稿(河山集)》(臺北,弘文館出版社,1986 年 1 月初版),頁 87～118。

44. 史念海撰,〈隋唐時期長江下游農業的發展〉,收入氏撰,《中國史地論稿(河山集)》(臺北,弘文館出版社,1986 年 1 月初版),頁 239～254。

45. 史念海撰,〈隋唐時期自然環境的變遷及與人為作用的關係〉,《歷史研究》,1990 年第 1 期,頁 51～63。

46. 史念海撰，〈森林地區的變遷及其影響〉，《河山集》第五輯（山西，山西人民出版社，1991 年 12 月初版），頁 58～72。

47. 史念海撰，〈歷史時期森林變遷的研究及有關的一些問題〉，《河山集》第五輯（山西，山西人民出版社，1991 年 12 月初版），頁 73～91。

48. 史念海撰，〈兩《唐書》列傳人物本貫的地理分佈〉，《河山集》第五輯（山西，山西人民出版社，1991 年 12 月初版），頁 402～501。

49. 史念海撰，〈隋唐時期的交通與都會〉，《唐史論叢》第六輯（西安，三秦出版社，1995 年 12 月初版），頁 1～57。

50. 史念海撰，〈隋唐時期運河和長江的水上交通及其沿岸的都會〉，《河山集》第七輯（西安，陝西師大出版社，1999 年 1 月初版），頁 174～211。

51. 田廷柱撰，〈新羅僧人入唐求法與佛教東漸〉，收入朱雷主編，《唐代的歷史與社會》（武漢，武漢大學出版社，1997 年 4 月初版），頁 430～440。

52. 司徒尚紀撰，〈歷史時期廣東農業區的形成、分佈和變遷〉，《中國歷史地理論叢》1987 年第一輯，頁 77～96。

53. 全漢昇撰，〈唐宋時代揚州經濟景況的繁榮與衰落〉，收入氏撰，《中國經濟史論叢》（香港，新亞研究所，1972 年 8 月），上冊，頁 1～28。

54. 全漢昇撰，〈唐宋帝國與運河〉，收入氏撰，《中國經濟史研究》（臺北，稻鄉出版社，1991 年 1 月），上冊，頁 265～396。

55. 朱江撰，〈朝鮮半島和揚州的交通〉，《揚州師院學報》，1988 年第 1 期，頁 126～129 及頁 132。

56. 朱江撰，〈唐揚州揚子縣考〉，《文物》，1977 年第 9 期，頁 38～39。

57. 朱雷撰，〈唐代「均田制」實施過程中「受田」與「私田」的關係及其他〉，載《魏晉南北朝隋唐史資料》，第十四期（1996 年），80～85。

58. 朱鵬撰，〈淺議唐代廣東的海上絲綢貿易〉，《五邑大學學報》，第 5 卷第 1 期（2003 年 2 月），頁 54～57。

59. 朱祖德撰，〈三國時期孫吳的經濟發展〉，載《興大人文學報》第三十八期（2007 年 3 月），頁 371～396。

60. 朱祖德撰，〈唐代江西地區的經濟發展〉，載《淡江史學》第十九期（2008 年 9 月），頁 37～56。

61. 朱祖德撰，〈試論唐代廣州在中西交通史上的地位〉，載《白沙歷史地理學報》第七期（2009 年 4 月），頁 129～172。

62. 朱祖德撰，〈近年來（2005～2011）台灣地區唐代區域史研究概況〉載《中國唐代學會會刊》第十九期（2012 年 12 月），頁 41～59。

63. 朱祖德撰，〈慕容氏與拓跋氏的關係辨析——以什翼犍時期婚姻關係爲核心〉，載《環球科技人文學刊》，第十八期（2014 年 3 月），頁 65～80。

64. 朱祖德撰，〈唐代淮南地區手工業的發展——並論對自然生態的影響〉，《淡江史學》第二十六期（2014 年 9 月），頁 31～63。

65. 朱祖德撰，〈「三國演義」經典課程的設計與規劃〉，《環球科技人文學刊》，第十九期（2014 年 11 月），頁 21～39。

66. 朱祖德撰，〈唐代壽州窯瓷器的生產與銷售〉，收入凍國棟、李天石主編，《「唐代江南社會」國際學術研討會暨中國唐史學會第十一屆年會第二次會議論文集》（南京，江蘇人民出版社，2015 年 7 月），頁 81～92。

67. 朱祖德撰，〈唐代兩浙地區經濟發展對自然生態的影響——以手工業為中心之研究〉，《環球科技人文學刊》，第二十二期（2016 年 5 月），頁 13～36。

68. 朱祖德撰，〈唐五代時期壽州窯瓷器的生產與運銷——並論瓷器生產的自然資源〉，《淡江史學》第二十八期（2016 年 9 月），頁 63～82。

69. 向安強、張巨保撰，〈淺論廣東出土的漢晉水田模型〉，《農業考古》，2007 年第一期，頁 60～65。

70. 何海燕撰，〈近二十餘年來中國漢唐城市地理研究概述〉，載中村圭爾、辛德勇編，《中日古代城市研究》（北京，中國社會科學出版社，2004 年 3 月初版），頁 58～83。

71. 何榮昌撰，〈隋唐運河與長江中下游航運的發展〉，收入《古代長江中游的經濟開發》（漢口，武漢出版社，1988 年），頁 371～381。

72. 何榮昌撰，〈六朝時期長江下游商業的發展〉，收入《古代長江下游的經濟開發》（西安，三秦出版社，1989 年 8 月初版），頁 247～255。

73. 成一農撰，〈唐代的地緣政治結構〉，載李孝聰主編，《唐代地域結構與運作空間》（上海，上海辭書出版社，2003 年 8 月初版），頁 8～159。

74. 江蘇文物管理委員會，〈江蘇高郵邵家溝漢代遺址的清理〉，《考古》，1960 年第 10 期。

75. 岑仲勉撰，〈唐代兩稅基礎及其牽連的問題〉，收入氏撰，《岑仲勉史學論文續集》（北京，中華書局，2004 年 8 月初版），頁 17～36。

76. 辛德勇撰，〈唐高僧籍貫及駐錫地分佈〉，載史念海主編，《唐史論叢》（第四輯）（西安，三秦出版社，1988 年 6 月初版）頁 287～306。

77. 牟發松撰，〈略論唐代的南朝化傾向〉，《中國史研究》，1996 年第 2 期，頁 51～64。

78. 吳震撰，〈敦煌石室寫本唐天寶初年『郡縣公廨本錢簿』校注並跋〉，《文史》第十三輯，頁 89～145；《文史》第十四輯，頁 67～112。

79. 吳松弟撰，〈盛唐時期的人口遷移及其地域特點〉，載李孝聰主編，《唐代地域結構與運作空間》（上海，上海辭書出版社，2003 年 8 月初版），頁 151～217。

80. 李文瀾撰，〈唐代長江中游水患與生態環境諸問題的歷史啓示〉，《江漢論壇》（武漢），1999 年第 1 期，頁 60～64。

81. 李天石撰，〈唐代江蘇地區農業經濟發展述論〉，《南京師大學報》（社科版），1991 年第 3 期，頁 43～49。

82. 李伯重撰，〈略論唐代的「日絹三尺」〉，收入《唐史論叢》第二輯（西安，陝西人民出版社，1987 年 1 月），頁 101～118。

83. 李孝聰撰，〈唐代城市的形態與地域結構——以坊市制的演變爲線索〉，載李孝聰主編，《唐代地域結構與運作空間》（上海，上海辭書出版社，2003 年 8 月初版），頁 248～1306。

84. 李廷先撰，〈唐代江、淮地區的賦稅〉，《揚州師院學報》，1990 年第 3 期，頁 119～123。

85. 李金明撰，〈唐代廣州與阿拉伯的海上交通〉，《湛江師範學院學報》，第 23 卷第 2 期（2002 年 4 月），頁 1～6。

86. 李季平、王洪軍撰，〈唐代淮南、江南兩道的茶葉生產〉，收入江蘇省六朝史研究會、江蘇省社科院歷史所編，《古代長江下游的經濟開發》（西安，三秦出版社，1989 年 8 月初版），頁 184～194。

87. 李裕群撰，〈隋唐時代的揚州城〉，《考古》，2003 年第 3 期，頁 69～76。

88. 李慶新撰，〈略論南漢時期的嶺南經濟〉，載《廣東社會科學》，第 1992 年第 6 期，頁 70～76。

89. 李慶新撰，〈論唐代廣州的對外貿易〉，《中國史研究》，第 1992 年第 4 期，頁 12～21。

90. 杜文玉撰，〈唐五代時期江西地區社會經濟的發展〉，《江西社會科學》，1989 年第 4 期，頁 103～108。

91. 祁守華撰，〈關於古代用煤燒瓷〉，《陶瓷研究與職業教育》，1985 年第 4 期，頁 8～9。

92. 林立平撰，〈唐代主糧生產的輪作複種制〉，載《暨南學報》（哲社版），1984 年第 1 期，頁 41～48。

93. 林立平撰，〈試論唐宋之際城市分佈重心的南遷〉，《暨南學報》，1989 年第 2 期，頁 71～81。

94. 林立平撰，〈中唐後城市生活的「俗世化」趨向〉，載中國唐史學會編，《中國唐史學會論文集》（西安，三秦出版社，1991 年 9 月初版），頁 229～247。

95. 林文勛撰，〈唐代茶葉產銷的地域結構及對全國經濟聯繫的影響〉，載李孝聰主編，《唐代地域結構與運作空間》（上海，上海辭書出版社，2003 年 8 月初版），頁 218～247。

96. 邱添生撰，〈由政治形態看唐宋間的歷史演變〉，《大陸雜誌》第四九卷第六期，1974 年 12 月，頁 14～35。

97. 邱添生撰，〈由田制與稅法看唐宋間的歷史演變〉，《師大歷史學報》第四期，1976 年 4 月，頁 103～140。

98. 邱添生撰，〈由貨幣經濟看唐宋間的歷史演變〉，《師大歷史學報》第五期，1977 年 4 月，頁 229～252。

99. 邱添生撰，〈論唐宋間的歷史演變〉，《幼獅月刊》第四七卷第五期，1978 年 5 月，頁 45～50。

100. 邱添生撰，〈論唐宋變革期的歷史意義－以政治、社會、經濟之演變爲中心〉，《師大歷史學報》第七期（1979 年 5 月），頁 83～111。

101. 金相範（韓）撰，〈唐代後期揚州的發展和外國人社會〉，《台灣師大歷史學報》，第 44 期，頁 37～66。

102. 周益撰，〈從長安、揚州城的繁榮看唐代城市個人消費的特點〉，《康定民族師範高等專科學校學報》，第 10 卷第 2 期（2001 年 6 月），頁 81～84。

103. 周少華撰，〈古銀錠湖青瓷窯址考古記——兼談越窯相關問題〉，《中國古陶瓷研究》（第五輯）（北京，紫禁城出版社，1999 年 11 月初版），頁 125～133。

104. 周東平撰，〈唐代淮南地區之商業的發展與繁華〉，《中國社會經濟史研究》，1986 年第 3 期，頁 15～25。

105. 周東平撰，〈唐代淮南道區劃、人口考〉，收入《中國唐史學會論文集》（西安，三秦出版社，1989 年 1 月），頁 148～160。

106. 周長源、束家平、馬富坤撰，〈鑄鏡廣陵市，菱花匣中發——析揚州出土的唐代銅鏡〉，《藝術市場》，第 2006 年第 1 期，頁 63～64。

107. 周偉洲撰，〈唐朝與南海諸國通貢關係研究〉，《中國史研究》，第 2002 年第 3 期，頁 59～74。

108. 武仙卿撰，〈隋唐時代揚州的輪廓〉，《食貨》半月刊，五卷一期（1937 年 1 月），頁 7～25。

109. 武漢市博物館，〈閱馬場五代吳國墓〉，收入《江漢考古》，1998 年 3 期，頁 67～72。

110. 查屏球撰，〈新補《全唐詩》102 首——高麗《十抄詩》中所存唐人佚詩〉，《文史》，2003 年第 1 期，頁 140～168。

111. 俞永炳撰，〈試談絲綢之路上的唐城〉，收入《漢唐與邊疆考古研究》（第一輯）（北京，科學出版社，1994 年 8 月），頁 169～172。

112. 袁英光、李曉路撰，〈唐代文風南興及其經濟原因管窺〉，載江蘇省六朝史研究會、江蘇省社科院歷史所編，《古代長江下游的經濟開發》（西安，三秦出版社，1989 年 8 月初版），頁 277～291。

113. 倪根金撰，〈試論氣候變遷對我國古代北方農業經濟的影響〉，載《農業考古》，1988 年第 1 期，頁 292～299。

114. 胡悅謙撰,〈談壽州瓷窯〉,《考古》,1988 年 8 月,頁 735～750。

115. 胡悅謙撰,〈壽州瓷窯址調查記略〉,《文物》,1961 年 12 月,頁 60～66。

116. 施和金撰,〈唐宋時期經濟重心南移的地理基礎〉,《南京師範大學學報》,1991 年第 3 期,頁 35～42。

117. 施和金撰,〈安徽歷史氣候變遷的初步研究〉,收入氏著,《中國歷史地理研究 (續集)》(北京,中華書局,2009 年 11 月初版),頁 12～26。

118. 施和金撰,〈江蘇歷史氣候變遷及其與農業災害關係研究〉,收入氏著,《中國歷史地理研究 (續集)》(北京,中華書局,2009 年 11 月初版),頁 27～50。

119. 施和金撰,〈江蘇長江岸線的歷史變遷與沿江開發應注意的問題〉,收入氏著,《中國歷史地理研究 (續集)》(北京,中華書局,2009 年 11 月初版),頁 63～75。

120. 馬文寬撰,〈從考古資料看中國唐宋時期與伊斯蘭世界的文化交流〉,收入《漢唐與邊疆考古研究》(第一輯)(北京,科學出版社,1994 年 8 月),頁 231～249。

121. 徐成撰,〈南朝政區研究五題〉,《歷史地理》第 27 輯 (2013 年 6 月),頁 12～21。

122. 徐定寶撰,〈越窯青瓷衰落的主因〉,《復旦學報 (社會科學版)》,2002 年第 6 期,頁 139～140。

123. 徐孝忠撰,〈淮南市出土的壽州窯瓷器選介〉,《文物》,1992 年 9 月,頁 95～96 及 48。

124. 徐孝忠撰,〈淺識壽州窯〉,《中國古陶瓷研究》(第五輯)(北京,紫禁城出版社,1999 年 11 月初版),頁 19～22。

125. 徐明德撰,〈論唐代揚州國際大港的繁榮與歷史地位〉,載《揚州研究》(臺北,聯經出版事業公司,1996 年 8 月初版),頁 139～178。

126. 高明士撰,〈隋唐使臣赴倭及其禮儀問題〉,《台大歷史學報》第 23 期(1999 年 6 月),頁 199～238。

127. 高明士撰,〈從律令制的演變看唐宋間的變革〉,《台大歷史學報》第 32 期 (2003 年 12 月),頁 1～31。

128. 唐任伍撰,〈唐代「抑工商」國策與「重商」社會觀念的對立〉,《河北師範大學學報 (社科版)》,1995 年 3 月,頁 58～64。

129. 唐剛卯撰,〈「庫露眞」與「襄祥」──唐代漆器研究之一〉,載《魏晉南北朝隋唐史資料》,第十七期 (2000 年),頁 178～187。

130. 唐啓淮撰,〈唐五代時期湖南地區社會經濟的發展〉,《中國社會經濟史研究》,1985 年第 4 期,頁 22～34。

131. 夏善宏撰,〈從唐詩看唐代商業〉,《社會科學學報》,1999 年 7 月。

132. 費省撰，〈論唐代的人口分佈〉，《中國歷史地理論叢》，1988 年第 2 輯，頁 111～158。

133. 費省撰，〈唐代藝術家籍貫的地理分佈〉，載史念海主編，《唐史論叢》（第四輯）（西安，三秦出版社，1988 年 6 月初版），頁 109～146。

134. 桑原隲藏（日）撰，黃約瑟譯，〈歷史上所見的南北中國〉，收入劉俊文編，《日本學者研究中國史論著選譯》第一卷（通論）（北京，中華書局，1992 年 7 初版），頁 19～68。

135. 宮崎市定（日）撰，黃約瑟譯，〈東洋的近世〉，收入劉俊文編，《日本學者研究中國史論著選譯》第一卷（通論）（北京，中華書局，1992 年 7 初版），頁 153～242。

136. 翁俊雄撰，〈唐代長江三角洲核心地區經濟發展初探〉，載江蘇省六朝史研究會、江蘇省社科院歷史所編，《古代長江下游的經濟開發》（西安，三秦出版社，1989 年 8 月初版），頁 15～36。

137. 翁俊雄撰，〈唐後期民戶遷徙與兩稅法〉，收入氏撰，《唐代人口與區域經濟》（臺北，新文豐出版事業公司，1995 年 9 月初版），頁 211～248。

138. 翁俊雄撰，〈開元、天寶之際的逃戶〉，收入氏撰，《唐代人口與區域經濟》（臺北，新文豐出版事業公司，1995 年 9 月初版），頁 199～210。

139. 翁俊雄撰，〈唐代虎、象的行蹤〉，載《唐研究》第三卷（北京，北京大學，1997 年初版），頁 381～394。

140. 凍國棟撰，〈唐代的小農經濟與經營方式管見〉，收入《中國前近代史理論國際學術研討會論文集》，頁 477～500。

141. 凍國棟撰，〈唐代長江下游地區的開發與市場的擴展〉，收入《古代長江下游的經濟開發》，頁 222～239。

142. 凍國棟撰，〈隋代人口的若干問題管見〉，載《魏晉南北朝隋唐史資料》，第十四期（1996 年），頁 109～121。

143. 凍國棟撰，〈隋唐時期的人口政策與家族法——以析戶、合貫（戶）爲中心〉，載《唐研究》第四卷（1998 年 12 月初版），頁 319～335。

144. 孫永如、張建生撰，〈論唐代後期淮南道鹽業與社會經濟的發展〉，收入《古代長江下游的經濟開發》，頁 195～203。

145. 孫永如撰，〈高駢史事考辨〉，收入《唐史論叢》，第五輯（西安，三秦出版社，1990 年 7 月），頁 208～222。

146. 莊華峰撰，〈五代時期東南諸國的政策與經濟開發〉，《中國史研究》，1998 年第 4 期，頁 96～106。

147. 曾一民撰，〈唐代廣州之內陸交通〉，《華學季刊》，5 卷第 4 期（1984 年 12 月），頁 13～54。

148. 曾一民撰，〈唐魯國公孔戣治廣州之政績〉，收入黃約瑟、劉健明編，《隋唐史論集》（香港，香港大學亞洲研究中心出版，1993 年），頁 93～105。

149. 曾一民撰,〈李唐對嶺南的經營〉,收入朱雷主編,《唐代的歷史與社會》（武漢,武漢大學出版社,1997 年 4 月初版）,頁 150～172。

150. 曹爾琴撰,〈唐代經濟重心的南移〉,《歷史地理》,第二輯,頁 147～155。

151. 曹爾琴撰,〈唐長安的商人與商業〉,收入《唐史論叢》第二輯（西安,陝西人民出版社,1987 年 1 月）,頁 118～136。

152. 梁勵撰,〈南唐建國史略〉,《歷史教學》,1997 年第 9 期,頁 46～47。

153. 陶治強撰,〈簡論隋唐時期壽州窯的發展〉,《文物春秋》,2011 年 1 月,頁 39～44。

154. 陳勇撰,〈唐代長江下游大地產的發展〉,《四川師範學院學報》,1996 年第 4 期。

155. 陳勇撰,〈唐後期的人口南遷與長江下游的經濟發展〉,《華東師大學報》,1996 年第 5 期,頁 84～90。

156. 陳勇、劉秀蘭撰,〈唐後期長江下游戶口考〉,《中國史研究》,1997 年第 4 期,頁 84～97。

157. 陳勇、黃修明撰,〈唐代長江下游的茶葉生產與茶葉貿易〉,《中國社會經濟史研究》,2003 年第 1 期,頁 11～22。

158. 陳鋒撰,〈試論唐宋時期漕運的沿革與變遷〉,《中國經濟史研究》,1999 年第 3 期,頁 83～93。

159. 陳文華撰,〈我國飲茶方法的演變〉,《農業考古》,2006 年第 2 期,頁 118～124。

160. 陳文華撰,〈中國古代茶具演變簡史〉,《農業考古》,2006 年第 2 期,頁 131～140。

161. 陳仲安、牟發松撰,〈《隋書·地理志》州郡縣名便檢（州名編）〉,載《魏晉南北朝隋唐史資料》,第十六期（1998 年）,頁 223～268。

162. 陳明光、靳小龍撰,〈論唐代廣州的海外交易、市舶制度與財政〉,《中國經濟史研究》2005 年第 1 期,頁 107～115。

163. 陳尚君撰,〈唐詩人占籍考〉,收入《唐代文學叢考》（北京,中國社會科學出版社,1997 年 10 月初版）,頁 138～170。

164. 陳尚君撰,〈毛文錫《茶譜》輯考〉,收入《唐代文學叢考》（北京,中國社會科學出版社,1997 年 10 月初版）,頁 421-432。

165. 陳尚勝撰,〈唐代的新羅僑民社區〉,《歷史研究》,1996 年第 1 期,頁 161

166. 陳衍德撰,〈唐代專賣收入初探〉,《中國經濟史研究》,1988 年第 1 期,頁 30～37。

167. 陳弱水撰,〈隋代唐初道性思想的特色與歷史意義〉,收入《第四屆唐代文化學術研討會論文集》（臺南,國立成功大學教務處出版組,1999 年 1 月初版）,頁 469～494。

168. 陳俊強撰，〈唐代「重罪」的探討——以恩赦爲中心〉，收入《第四屆唐代文化學術研討會論文集》（臺南，國立成功大學教務處出版組，1999年1月初版），頁891-924。

169. 陳雙印撰，〈五代時期的揚州城考〉，《中國歷史地理論叢》，第20卷第3輯（2005年7月），頁101～108。

170. 陳國燦撰，〈吐魯番出土漢文文書與唐史研究〉，收入黃約瑟、劉健明編，《隋唐史論集》（香港，香港大學亞洲研究中心出版，1993年），頁295～301。

171. 陳懷荃撰，〈楚在江淮地區的開發和孫叔敖開芍陂〉，《歷史地理》第九期，頁275～281。

172. 張春蘭撰，〈「城市革命」與管理轉型：由唐入宋都城管理的變革〉，收入《唐長孺先生百年誕辰紀念國際學術研討會暨中國唐史學會第十一屆年會》（武漢，武漢大學人文社會科學研究院，2011年7月），頁305～319。

173. 張國剛撰，〈唐代藩鎮類型及其動亂特點〉，《歷史研究》，1983年4期，頁98～110。

174. 張澤咸撰，〈漢唐時期的茶葉〉，載《文史》，第十一輯（1981年3月），頁61～79。

175. 張澤咸撰，〈試論漢唐間的水稻生產〉，載《文史》，第十八輯，頁33～68。

176. 張澤咸撰，〈唐代的誕節〉，《魏晉南北朝隋唐史資料》，第十一輯（1991年6月），頁129～137。

177. 張澤咸撰，〈唐代的五金生產〉，《新史學》，第二卷第三期（1991年9月），頁67～98。

178. 張澤咸撰，〈唐代的五金生產〉，收入張金龍主編，《黎虎教授古稀紀念——中國古代史論叢》（北京市，世界知識出版社，2006年初版），頁70～86。

179. 張澤咸撰，〈重讀《太平寰宇記》札記〉，收入中國社會科學院歷史所隋唐遼宋金元史研究室編，《隋唐遼宋金元史論叢》第一輯（北京市，紫禁城出版社，2011年2月初版），頁234～267。

180. 張劍光撰，〈唐代藩鎮割據與商業〉，《文史哲》，1997年4月，頁74～80。

181. 張偉然撰，〈唐人心目中的文化區域及地理意象〉，載李孝聰主編，《唐代地域結構與運作空間》（上海，上海辭書出版社，2003年8月初版），頁307～412。

182. 黃正建撰，〈韓愈日常生活研究〉，載《唐研究》第四卷（北京，北京大學，1998年12月初版），頁251～273。

183. 黃宣佩、吳貴芳、楊嘉祐等撰，〈從考古發現談上海成陸年代及港口發展〉，《文物》，1976年第11期，頁45～55。

184. 黃盛璋撰，〈唐代礦冶分布與發展〉，《歷史地理》第七輯，頁 1～13。

185. 黃清連撰，〈高駢縱巢渡淮——唐代藩鎮對黃巢叛亂的態度研究之一〉，《大陸雜誌》，八〇卷一期，1990 年 1 月，頁 3～22。

186. 康才媛撰，〈唐代文人飲茶文化——以茶器爲探討中心〉，載《中國歷史學會史學集刊》第 30 期（1998 年 10 月），頁 113～137。

187. 康才媛撰，〈陸羽以前飲茶文化之探討——以《茶經》的〈七之事〉爲探討對象〉，載，《宋旭軒教授八十榮壽論文集》（臺北，宋旭軒教授八十榮壽論文集編輯委員會，2001 年 11 月初版），頁 379～414。

188. 康才媛撰，〈陸羽《茶經》茶文化探討〉，載《銘傳大學通識學報》創刊號（2004 年 5 月）。

189. 康才媛撰，〈弘仁茶詩與大唐茶文化〉，載《淡江史學》第 21 期（2009 年 9 月），頁 85～109。

190. 康才媛撰，〈唐代文人飲茶文化——以《茶經·四之器》爲探討對象〉，載《淡江史學》第 24 期（2011 年 9 月），頁 97～122。

191. 許輝撰，〈東晉、南朝前期徐、揚地區經濟的發展及其產生的影響〉，收入谷川道雄編，《日中國際共同研究——地域社會在六朝政治文化上所起的作用》（東京，玄文社，1989 年 3 月初版），頁 243～251。

192. 許懷喜撰，〈壽州窯初探〉，《裝飾》，2002 年第 12 期，頁 64～65。

193. 許萬里撰，〈唐代揚州商業探析〉，載《北京商學院學報》1989 年第 3 期，頁 29～67。

194. 郭黎安撰，〈魏晉隋唐之間江淮地區水利業發展述論〉，《江海學刊》（南京），1988 年第 3 期，頁 118～124。

195. 清泉撰，〈古代燒煤的瓷窯遺址〉，《當代礦工》，2000 年 6 月，頁 34～35。

196. 華林甫撰，〈唐代粟、麥生產的地域佈局初探〉，載《中國農史》，1990 年第 2 期，頁 33～42。

197. 華林甫撰，〈唐代粟、麥生產的地域佈局初探（續）〉，載《中國農史》，1990 年第 3 期，頁 23～39。

198. 華林甫撰，〈唐代水稻生產的地理布局及其變遷初探〉，載《中國農史》，1992 年第 2 期，頁 27～39。

199. 揚州博物館，〈揚州施橋發現了古代木船〉，《文物》，1961 年第 6 期，頁 52～54。

200. 揚州博物館、周欣、周長源，〈揚州出土的唐代銅鏡〉，《南京博物館集刊》第三輯（1980 年 3 月），頁 154～156。

201. 萇嵐撰，〈中國唐五代時期外銷日本的陶瓷〉，載《唐研究》第四卷（北京，北京大學出版社，1998 年初版），頁 461～511。

202. 越王宮博物館籌建處,〈廣州秦代造船遺址第三次發掘〉,收入廣州省文物局、廣東省文物考古研究所及廣州市文物考古研究所等編,《廣東文物考古三十年》(廣州,暨南大學出版社,2009 年),頁 277～285。

203. 童光俠撰,〈唐代陶瓷與陶瓷詩歌〉,《中國陶瓷工業》,第 6 卷 1 期(1999年 3 月),頁 44～47。

204. 童超撰,〈東吳屯田制述論〉,收入谷川道雄編,《日中國際共同研究——地域社會在六朝政治文化所起的作用》(東京,玄文社,1989 年 3 月初版),頁 84～95。

205. 馮漢鏞撰,〈唐宋時代的造船業〉,《歷史教學》,1957 年第 10 期,頁 10～14。

206. 廖幼華撰,〈唐宋時代鬼門關及瘴江水路〉,收入《第四屆唐代文化學術研討會論文集》(臺南,國立成功大學教務處出版組,1999 年 1 月初版),頁 547～590。

207. 廖幼華撰,〈隋唐時期廣東地域發展與特色〉,發表於 2003 年 11 月 6 日中國文化大學史學系、中國唐代學會主辦「第六屆唐代文化學術研討會」,收錄於《第六屆唐代文化學術研討會(二)》論文集,臺北市,中國文化大學史學系出版,2003 年 11 月,頁 21～37。

208. 廖幼華撰,〈唐宋之際北部灣沿海交通發展〉,載《白沙歷史地理學報》,第 7 期(2009 年 4 月),頁 1～32。

209. 廖幼華撰,〈唐宋時期邕交之間陸路三道〉,載宋德熹編,《中國中古社會與國家——中國中古「社會與國家」史料典籍研讀會成果論文集》(臺北,稻鄉出版社,2009 年 8 月初版),頁 91～112。

210. 斯波義信(日)撰,郁越祖譯,盧雲校,〈長江下游地區的城市化和市場發展〉(摘譯),載復旦大學歷史地理研究所編,《歷史地理研究》第 1 輯(上海,復旦大學出版社,1986 年 5 月初版),頁 392～404。

211. 斯波義信(日)撰,洪偶譯,〈長江下游城市化和市場的發展〉(摘譯),載復旦大學歷史地理研究所編,《歷史地理研究》第 2 輯(上海,復旦大學出版社,1990 年 9 月初版),頁 399～407。

212. 楊志玖撰,〈試論唐代藩鎮割據的社會基礎〉,《歷史教學》,1980 年 6 期,頁 24～28。

213. 楊希義撰,〈略論唐代的漕運〉,《中國史研究》,1984 年第 2 期,頁 53～66。

214. 詹宗佑撰,〈《新唐書》史文校正整理初稿——紀、傳之部 1980-1999〉,《建國學報》第 19 期(2000 年 6 月),頁 39～47。

215. 詹宗佑撰,〈《新唐書》史文校正整理初稿——志之部 1980-2000〉,《建國學報》第 20 期(2001 年 6 月),頁 27～36。

216. 詹宗佑撰,〈《新唐書》史文校正整理初稿——表之部 1980-2000〉,《建國學報》第 20 期（2001 年 6 月）,頁 37～47。

217. 熊海堂撰,〈中國古代的窯具與裝燒技術研究（前編）〉,《東南文化》,1991年第 6 期,頁 85～113。

218. 熊海堂撰,〈中國古代的窯具與裝燒技術研究（後編）〉,《東南文化》,1992年第 1 期,頁 222～238。

219. 臧嶸撰,〈關於五代十國時期北方和南方經濟發展估價的幾點看法〉,收入氏撰,《隋唐五代史論》（石家莊,河北教育出版社,2000 年 1 月初版）,頁 326～333。

220. 廣州市文物考古研究所,〈廣州市西湖路三國錢幣窖藏和唐代鑄幣遺址〉,收入廣州省文物局、廣東省文物考古研究所及廣州市文物考古研究所等編,《廣東文物考古三十年》,頁 455～472。

221. 廣州市文物管理委員會,〈廣州市下塘獅帶崗晉墓發掘簡報〉,收入廣東省文物局、廣東省文物考古研究所、廣州市文物考古研究所等編,《廣東文物考古三十年》,頁 437～444。

222. 廣東省文物考古研究所、肇慶市博物館,〈廣東肇慶市坪石崗東晉墓〉,收入廣東省文物局、廣東省文物考古研究所、廣州市文物考古研究所等編,《廣東文物考古三十年》,頁 428～436。

223. 廣東省文物管理委員會,〈廣東佛山市郊瀾石東漢墓發掘報告〉,《考古》,1964 年第 9 期,頁 448～460。

224. 廣東省博物館,〈廣東曲江南華寺古墓發掘簡報〉,收入廣東省文物局、廣東省文物考古研究所及廣州市文物考古研究所等編,《廣東文物考古三十年》（廣州,暨南大學出版社,2009 年）,頁 413～418。

225. 劉希為撰,〈隋唐交通的特點及其歷史地位〉,載中國唐史學會編,《中國唐史學會論文集》（西安,三秦出版社,1991 年 9 月初版）,頁 213～228。

226. 劉錫濤撰,〈從森林分佈看唐代環境質量狀況〉,收入魏全瑞主編,《隋唐史論——牛致功教授八十華誕祝壽文集》（西安,三秦出版社,2007 年 1月初版）,頁 362～369。

227. 黎虎撰,〈唐代的酒肆及其經營方式〉,《浙江學刊》,1998 年第 3 期,頁104～109。

228. 黎虎撰,〈唐代的市舶使與市舶管理〉,《歷史研究》,1998 年第 3 期,頁21～37。

229. 鄭學檬撰,〈五代時期長江流域及江南地區的農業經濟〉,《歷史研究》,1985 年 4 期,頁 32～44。

230. 鄭學檬撰,〈唐代、德兩朝黨爭和兩稅法〉,收入黃約瑟、劉健明編,《隋唐史論集》（香港,香港大學亞洲研究中心出版,1993 年）,頁 76～83。

231. 鄭學檬撰，〈唐五代長江中游經濟發展的新動向〉，收入《中國古代經濟重心南移和唐宋江南經濟研究》（長沙，嶽麓出版社，1996 年 6 月初版），頁 177～192。

232. 鄭學檬撰，〈鑒真和尚東渡日本與唐代的航海技術〉，收入張金龍主編，《黎虎教授古稀紀念——中國古代史論叢》（北京市，世界知識出版社，2006 年初版），頁 109～115。

233. 鄭學檬，〈「安南通天竺道」與「海上絲綢之路」補論〉，收入氏著《點濤齋史論集：以唐五代經濟史爲中心》（廈門，廈門大學出版社，2016 年 3 月初版），頁 518～521。

234. 鄭學檬，〈唐五代海上絲路研究的若干問題補論〉，《歷史教學》，2016 年第 24 期，頁 3～12。

235. 鄭學檬，〈唐宋元海上絲綢之路和嶺南、江南社會經濟研究〉，《中國經濟史研究》，2017 年第 2 期，頁 5～23。

236. 蔣忠義、王勤金、李久海、俞永炳撰，〈近年揚州城址的考古收穫與研究〉，《東南文化》，第 1992 年第 2 期，頁 145～157。

237. 齊勇鋒撰，〈中晚唐賦入「止於江南八道」說辨疑〉，收入《唐史論叢》第二輯（西安，陝西人民出版社，1987 年 1 月），頁 80～100。

238. 瞿安全、楊小旻撰，〈《五代史》州郡縣名索引（州名編）〉，載《魏晉南北朝隋唐史資料》，第十六期（1998 年），頁 269～341。

239. 謝元魯撰，〈揚一益二〉，收入《唐史論叢》第三輯（西安，三秦出版社，1987 年 1 月），頁 231～273。

240. 謝明良撰，〈記黑石號（BatuHitam）沈船中的中國陶瓷器〉，收入《美術史研究集刊》第十三期（2002 年），頁 1～60。

241. 顏亞玉撰，〈唐中後期淮南農業的發展〉，《中國社會經濟史研究》，1984 年 4 期，頁 72～77。

242. 簡修煒、葛壯撰，〈六朝工商業與長江下游的經濟開發〉，收入《古代長江下游的經濟開發》（西安，三秦出版社，1989 年 8 月初版），頁 204～221。

243. 簡修煒撰，〈漢唐間生產關係的變革和六朝經濟的發展〉，《學術研究》，1994 年第 1 期，頁 86～93。

244. 藍勇撰，〈唐代氣候變化與唐代歷史興衰〉，《中國歷史地理論叢》，2001 年 3 月，頁 4～15。

245. 譚其驤撰，〈自漢至唐海南島歷史政治地理〉，收入《長水集》（續編）（北京，人民出版社，1994 年 12 月初版），頁 88～114。

246. 譚其驤撰，〈再論海南島建置沿革〉，收入《長水集》（續編）（北京，人民出版社，1994 年 12 月初版），頁 115～124。

247. 韓茂莉撰，〈唐宋之際揚州經濟興衰的地理背景〉，《中國歷史地理論叢》，1987 年第 1 輯，頁 109～118。

248. 韓國磐撰，〈五代時南中國的經濟發展及其限度〉，原刊《歷史教學》，1958 年 8 月號；收入氏撰，《隋唐五代史論集》（北京，三聯書店，1979 年 10 月），頁 234～266。

249. 韓國磐撰，〈隋唐五代時的生產力發展〉，收入氏撰，《隋唐五代史論集》（北京，三聯書店，1979 年 10 月），頁 88～132。

250. 韓國磐撰，〈唐代宣歙鎮之雄富〉，《江海學刊》，1992 年第 3 期，頁 133～139。

251. 韓國磐撰，〈南北朝隋唐與百濟新羅的往來〉，《歷史研究》，1994 年第 2 期，頁 21～42。

252. 魏明孔撰，〈略論唐代的手工業作坊與行會〉，《西北師範大學學報》，1989 年 2 月，頁 91～95。

253. 魏明孔撰，〈隋代的軍事手工業初探〉，載朱雷主編，《唐代的歷史與社會》（武漢，武漢大學出版社，1997 年 4 月初版），頁 304～316。

254. 魏明孔撰，〈隋唐手工業與居家飲食結構的改善〉，《首都師範大學學報》，1997 年 6 月。

255. 魏明孔撰，〈隋唐手工業與我經濟重心的南北易位〉，《中國經濟史研究》，1999 年第 2 期，頁 49～58。

256. 羅宗眞撰，〈六朝時期全國經濟重心的南移〉，《江海學刊》，1984 年第 3 期。

257. 羅宗眞撰，〈從出土的瓷器看唐代揚州的繁榮〉，《龍語文物藝術》，第 8 期（1991 年 8 月），頁 108～114。

258. 羅彤華撰，〈唐代官本放貸初探——州縣公廨本錢之研究〉，收入《第四屆唐代文化學術研討會論文集》（臺南，國立成功大學教務處出版組，1999 年 1 月初版），頁 637～686。

259. 嚴耕望撰，〈景雲十三道與開元十六道〉，原刊《中研院史語所集刊》三六本，1965 年 12 月，頁 115～121。後收入氏撰，《嚴耕望史學論文選集》（臺北，聯經出版事業公司，1991 年 5 月初版），頁 193～200。

260. 嚴耕望撰，〈唐代紡織工業之地理分佈〉，原刊《大陸雜誌》第 13 卷第 17 期，後收入氏撰，《唐史研究叢稿》（香港，新亞研究所，1969 年初版），頁 645～656。

261. 嚴耕望撰，〈唐代揚州南通大江三渠道〉，《新亞學報》第 17 期（1994 年 8 月），頁 185～236。

262. 權奎山撰，〈關於唐宋瓷器上的「官」和「新官」字款問題〉，《中國古陶瓷研究》（第五輯）（北京，紫禁城出版社，1999 年 11 月初版），頁 222～229。

（二）日　文

1. 日野開三郎撰，〈五代鎭將考〉，《東洋學報》，第二五卷二號，頁 54～85，1938 年 2 月。

2. 日野開三郎撰，〈兩税法以前に於ける唐の権鹽法〉，載《社会經濟史學》第 26 卷第 2 期，頁 51～78，1960 年。

3. 日野開三郎撰，〈唐代嶺南に於ける金銀の流通〉，載《續唐代邸店の研究》（作者自版，昭和 45 年 12 月初版），頁 416～508。

4. 中村久四郎撰，〈唐時代の廣東〉，載《史學雜誌》，第 28 編（1927）第 3、4、5、6 期；頁 36～52；28～48；67～75；1～24。

5. 石橋五郎撰，〈唐宋時代の支那沿海貿易並貿易港に就て〉，載《史學雜誌》第 12 編（1901）第 8、9、11 期；頁 48～71；33～59；50～66。

6. 佐藤武敏撰，〈敦煌發現唐水部式殘卷譯註──唐代水利史料研究の二──〉，《中國水利史研究》二，頁 42～56，1967 年。

7. 佐藤武敏撰，〈唐代地方における水利設施の管理〉，《中國水利史研究》三，頁 1～19，1967 年 12 月。

8. 青山定雄撰，〈唐宋時代の轉運使及び發運使に就いて〉，《史學雜誌》第四四編第九號，頁 35～59，昭和 8 年 9 月；後收入氏著，《唐宋時代の交通と地誌地圖の研究》（東京，吉川弘文館，1963 年）。

9. 金井之忠撰，〈唐代鹽法〉，《文化》5-5（1938 年 5 月）。

10. 周藤吉之撰，〈唐末淮南高駢の藩鎭體制と黃巢徒黨との關係について──新羅末の崔致遠の撰『桂苑筆耕集』を中心として──〉，《東洋學報》，第六八卷第三、四號，頁 1～36，1987 年。

11. 妹尾達彥撰，〈唐代後半期における江淮鹽税機関の立地と職能〉，載《史學雜誌》第 91 編第 2 期（1982 年 2 月）；頁 1～37。

12. 高橋繼男撰，〈劉晏の巡院設置について〉，《集刊東洋學》二八，頁 1～27，1972 年。

13. 高橋繼男撰，〈唐後半期に於ける度支使・塩鉄転運使系巡院の設置について〉，《集刊東洋學》三〇，頁 23～41，1973 年 12 月。

14. 高橋繼男撰，〈唐代の地方鹽政機構──とくに鹽監・（鹽院）・巡院等について〉，《歷史》49，1976 年。

15. 高橋繼男撰，〈唐代後半期における爲巡院の地方監察業務について〉，收入《星博士退官紀念中國史論集》，頁 41～60，1978 年。

16. 高橋繼男撰，〈唐後半期，度支使・鹽鐵轉運使系巡院名增補攷〉，《東洋大學文學部紀要》三九（史學科篇 11），頁 31～58，1986 年。

17. 高橋繼男撰，〈唐代後半期の度支‧鹽鐵轉運巡院制に關する若干の考察〉，《第三屆中國唐代文化學術研討會論文集》（臺北，中國唐代學會出版，1997 年 6 月），頁 443～464。

18. 宮崎市定撰，〈部曲から佃户へ（上）（下）——唐宋間社會變革の一面一〉，《東洋史研究》，二九卷四號，頁 30～65，1971 年 3 月；三〇卷一號，頁 1～32，1971 年 6 月。

19. 宮薗和禧撰，〈唐代における造船所の分佈について－特に木材との關連において－〉，《九州共立大學紀要十三卷一號》，頁 33-57，1978 年 12 月。

20. 堀敏一撰，〈藩鎮親衛軍の權力構造〉，《東洋文化研究所紀要》二〇，頁 75～149，1960 年 3 月。

21. 愛宕元撰，〈唐代の揚州城とその郊區〉，收入梅原郁編，《中國近世の都市と文化》（京都大學人文科學研究所，1984 年 3 月），頁 247～288；修訂後收入氏著，《唐代地域社會史研究》（京都，同朋舍出版，1997 年 2 月），頁 357～413。

22. 愛宕元撰，〈唐代州縣城郭の規模と構造〉，載《第一屆國際唐代學術會議論文集》（臺北，學生書局，1989 年 2 月初版），頁 647～695。

四、學位論文

1. 江宜華撰，《唐代長江中游地區士族之研究》，嘉義，國立中正大學歷史學研究所博士論文，2003 年 6 月。

2. 桂齊遜撰，《唐代「判」的研究——以唐律與皇權的互動關係爲中心》，臺北，中國文化大學史研所博士論文，1996 年 6 月。

3. 陳瑋靜撰，《唐代長江中下游地區瓷器手工業之研究》，臺北，中國文化大學史研所博士論文，2001 年 3 月。

4. 黃玫茵撰，《唐宋間長江中下游新興官僚研究（755～960AD）》，臺北，國立臺灣大學歷史學研究所博士論文，2006 年 7 月。

5. 康才媛撰，《唐代越窯青瓷的研究》，臺北，中國文化大學史學所博士論文，1997 年 6 月。

6. 楊淑洪撰，《唐代漕運運輸之研究》，臺北，中國文化大學史研所博士論文，1994 年 6 月。

後　記

　　曾有師長問我，你升等論文寫的是淮南地區，應還有不少可以發揮的餘地，可以再繼續寫下去，為何要重起爐灶，選擇過去較少接觸的嶺南地區作為研究範疇？其實數年前曾發表過一篇〈試論唐代廣州在中西交通史上的地位〉，從中受到啟發，同時也開始收集相關史料，加以近年來南海問題逐漸成為各方的焦點，著眼於此，因此選擇嶺南地區作為研究主題，本書是個人數年來研究所累積的一點成果。

　　本書所收錄的五篇論文，均曾在發表於學術性期刊，尚有一些與廣州有關的論文，未收入本書。此次並利用出版機會，將全部內容重新增修、潤色，不僅增補了最新的研究成果，一些論述也進行了修改調整。當然，這並不代表說所有的論述均已臻於完善，僅是將數年來的研究成果，做了一次檢討和回顧。

　　從淡江大學歷史系負笈求學到今日，已有近三十年的時間，在這期間內，指導教授王吉林老師，一直鼓勵我要掌握好基本史料，並在政治史上多下功夫，以作為將來研究區域史及區域經濟史的準備。猶記得在碩士班第二年要決定題目時，王老師要我先將《資治通鑑》的唐紀部分讀一遍，作成筆記後再決定題目，在這過程中對史料有進一步的瞭解和掌握。其後考入史學所博士班，因係放棄原專職工作，攻讀學位，因此也必需全力以赴。終究皇天不負苦心人，順利完成論文，通過口試，獲得文學博士學位。

　　一路走來，首先要感謝我碩、博士論文指導老師王吉林教授，雖在學校公務最繁忙之際，仍對我的論文多所批注，並提示修改之處，使論文的品質得以提升。

　　高明士教授嚴謹的治學態度和實事求是的治學方法，並指示我要從不同

角度去解讀及瞭解歷史事件，使我獲益匪淺。同時參加高老師所領導的唐律及天聖令研讀會，在研讀的過程中使個人受益匪淺。邱添生教授原是我在淡江求學時的隋唐史授課老師，更先後擔任我的博、碩士論文口試委員，對論文多所建議，同時對於可取之處，亦不吝予以肯定，邱老師的風範，使我深自感佩。任育才教授亦對我的論文，亦多所提點及指正，不但惠賜大作，並常鼓勵我對問題要做深入研究。王怡辰教授、桂齊遜教授二位教授，對我的碩、博士論文及後續研究，一直保持著高度的關注，並不時加以指正。臺灣師範大學陳登武教授、政治大學羅彤華教授、臺北大學陳俊強教授、臺北市立大學耿振華教授、朝陽科技大學耿慧玲教授、中正大學雷家驥教授、廖幼華教授，臺東大學賴亮郡教授、淡江大學羅運治教授、周宗賢教授、黃繁光教授及環球科大詹卓穎教授等多位師長，長期以來，對我在學術界的發展十分關心，我會永遠銘記在心。此外，個人曾多次參與由中興大學歷史系宋德熹教授所主持的中國中古「社會與國家」史料典籍研讀會，並發表研究論文，宋老師對我的愛護，個人由衷感激。

廈門大學歷史研究所鄭學檬老師，為具有相當知名度的經濟史專家，亦是我此次選擇嶺南地區作為研究範疇的主要推手之一。鄭老師以他深厚的學識素養，提示我從事廣州及嶺南的研究，不僅是聚焦於廣州的城市經濟研究，而是擴大到整個嶺南地區的整體經濟研究。鄭老師年初並惠賜新作及與嶺南地區研究有密切關連的兩篇論文，特此致謝。

謹以此書獻給年逾八十的家母，以及三年多前過世的家父。父母親辛苦養育我長大，並包容我，讓我可以棄原專職工作，就讀博士班，並從事學術研究，倘若沒有父母親的支持與鼓勵，無法成就今天的我。謹以此書獻給我的父母親，以表達對他們的敬愛與感恩。

二〇一七年仲夏
謹誌於臺北